U0583830

丛书编委会

荣新江　徐　健　董经胜　党宝海　昝　涛

北京大学海上丝路与区域历史研究丛书

菲律宾史

新论

包茂红 / 主编

社会科学文献出版社
SOCIAL SCIENCES ACADEMIC PRESS (CHINA)

北京大学海上丝路与区域历史研究丛书
总序

中国是一个幅员辽阔的大国，也是一个拥有漫长海岸线的国家。溯至远古时期，我国先民就已开始了对海洋的探索。秦汉以降，经由海路与外部世界的交往，更成为一种国家行为，秦始皇派徐福东渡，汉武帝遣使西到黄支，孙吴时有朱应、康泰前往南洋，唐朝时则有杨良瑶远赴大食，直到明初郑和七下西洋，官方主导的外交与外贸持续不断。而民间的交往虽然被史家忽略，但仍然有唐之张保皋，明之郑芝龙家族等，民间的向海而生，时时跃然纸上。特别是唐宋以降，海上"丝绸之路"的迅猛发展，使得中国官民通过海路与沿线国家进行着频繁的政治、文化交往，海上贸易也呈现出一片繁荣的景象。

这条海上"丝绸之路"，联通东北亚、日本、南洋、波斯、阿拉伯世界，远到欧洲、东非，并以此为跳板，连接到世界更广阔的地域与国家，它不仅仅是东西方商业贸易的桥梁，也是沿线各国政治经济往来、文化交流的重要纽带。海上"丝绸之路"沿线的国家，也同样是面向海洋的国度，它们各自的发展与壮大，也见证了海上"丝绸之路"的发展；这些国家的民众，也曾积极参与海上贸易，特别是在大航海时代到来之后，逐步营建出"全球化"的新时代。

古为今用，我国共建"一带一路"倡议的提出，旨在借用古代"丝绸之路"的历史符号，积极发展与共建国家的经济合作伙伴关系，彰显我国在国际社会中的担当精神。

2019 年初，北大历史学系受学校委托，承担大型专项课题"海上丝绸之路及其沿线国家和地区历史文化研究"，我们深感这一研究的时代意义以及史学工作者承载的历史使命。重任在肩，我们积极组织系内有生力量，打通中外，共同攻关；与此同时，我们也寻求合作伙伴，拓展渠道，与校内外同行共襄盛举。以此项目启动为契机，我们筹划了"北京大学海上丝路与区域历史研究丛书"，希望在课题研究深入的同时，有助于推动历史学系的学科建设，利用这套丛书，发表本系及其他参与人员的研究成果，共同推进海上丝绸之路与沿线区域的历史研究。

让我们共同翻开史学研究的新篇章！

丛书编委会（荣新江 执笔）

2020 年 6 月 6 日

·目 录·

绪　论

　　菲律宾与中国一衣带水，比邻而居，历史上交往频繁，在中国古籍中留下了丰富记载。但是，在真正史学意义上，中国学者对菲律宾史的研究还很薄弱，这与改革开放后中国不断增加的了解菲律宾的需求很不适应，也与中菲不断增长的战略关系的重要性不相适应。每次到菲律宾访问研究，不论是当地人还是华侨，都喜欢问我一个同样的问题，那就是为什么要研究菲律宾史。这个问题既反映了他们希望了解我对菲律宾的认识，又说明他们对菲律宾史的重要性认识不足或不到位。

　　我总是回答他们三点。第一，菲律宾的地缘战略地位非常重要，尤其是对今天的中国而言，越来越重要。从历史上看，菲律宾是中国历代王朝下西洋的重要一站，也是中国人深入了解东南亚民族和文化的海上前哨基地。进入近代以后，菲律宾成为西方殖民者挺进远东地区的桥头堡和加油站，也是美帝国主义企图进入亚洲大陆的一个跳板。有学者甚至认为，"全球化始于马尼拉 1571 年建城，因为建城和此后的马尼拉大帆船贸易在早期资本主义世界体系中织下了最后也是作用最大的一针"。[1]冷战时期，菲律宾更是美国在亚洲围堵中国和进行朝鲜战争与越南战争的战略基地之一。冷战结束后，虽然美军一度撤出了在菲律宾的军事基地，但不久开始的反恐战争和阻遏中国和平发展的企图又让美国"重返亚太"。现在，菲律宾不但在美国的印太战略以及日本政府构筑的所谓"亚洲民主之弧"中，占据重要的地位，甚至在某种程度上对中国的发展和统一形成掣肘。在这样一个与中国核心战略利益息息相关的复杂环境中，菲律宾是不能不深入研究的国家。

第二，菲律宾的独特历史遭遇使之形成了独具魅力的文化，吸引着东西方的学者进行比较研究。菲律宾最早的居民信奉万物有灵论，后来随着伊斯兰教的东来，菲律宾南部逐渐伊斯兰化，随着中国人移入菲律宾，佛教和儒家文化也在菲律宾落地生根。最大的变化则是由殖民者造成的。西班牙殖民者带来了天主教，并以宗教为武器辅助殖民统治，人为在菲律宾制造了两个界限分明的文化区。美国殖民者自称是"上帝的使者"，为完成"天定之命运"，对菲律宾原有文化和政治经济体制进行改造，移植了美国三权分立的体制和英语流行文化等。菲律宾独立后，民族意识高涨，将菲律宾语定为自己的国语，对政治经济和文化进行民族化改造。随着全球化进程的加快，菲律宾国际化的程度加深，其独特文化也随着菲佣、选美文化和菲律宾优质产品扬名海外。菲律宾在历史上形成的这种"既不东也不西，但既东又西"的混合文化无疑具有独特的魅力，吸引着关注民族文化融合的人们的注意。同时菲律宾也是了解西方和东方文化的桥梁。

第三，国际菲律宾史研究正在转型，中国学者，尤其是青年学者

1　Barry K. Gills and William R. Thompson, "Globalization began in 1571," in Barry K. Gills and William R. Thompson, eds., *Globalization and Global History*, London: Routledge, 2006, pp.232-238.

正好可以汇入新潮，乘势而起。经历了殖民主义史学和民族主义史学之后，后殖民主义史学勃兴，菲律宾史研究进入了新阶段。其突出特征就是重新认识史料与历史编撰的关系，重新定位菲律宾历史的主体，采用跨学科的研究方法拓展菲律宾史研究的深度和广度，力图构建全面、复杂、动态、真实的菲律宾史。在这个进程中，前宗主国学者和菲律宾学者都踊跃参与，还不时爆发激烈争论，在辩难中寻求共识，共同推进菲律宾史研究。中国的菲律宾史研究基本上与民族主义史学和后殖民主义史学同步开展，但由于独特的位置性和学术背景而表现出不同的思路和形态。改革开放后不久，中国经历了一场思想启蒙，但主要是引进和学习西方的"老三论"（系统论、控制论、信息论）和"新三论"（耗散结构论、协同论、突变论）以及与此相关的经济发展战略和政治文化。随着中国经济的高速发展和国际影响力的增大，了解发展中国家尤其是周边国家的历史的需求增多，中国学者的菲律宾史研究自然要加入这个"大合唱"，并发出自己的声音。但这是一种不同于前宗主国学者的"外部视界"（outsider）的研究，可以与菲律宾学者的"内部视界"（insider）的研究形成有机合奏。

本书由十章构成。除第十章之外，其他各章都是从各位作者的博士学位论文中抽出一章改写或延展研究而成，基本能够反映青年学者的新尝试。总体而言，本书的主要内容表现出如下特点。

第一，全书各章论题既新颖又重要，大体上可以分为三部分，分别是环境史、经济史和文化史。在菲律宾史研究中，环境史毫无疑问是个新兴的研究领域，但主要是由外国学者推动，菲律宾学者基本上是缺位的。另外，他们的研究偏重文化环境史。本书中的四章分别研究了烟草专卖史、农业水利史、医疗卫生史和海洋环境史，从不同方面触及菲律宾环境与菲律宾人生计和生命保障的关系史。可以说，这些内容深入环境史研究的基本面，也在一定程度上补充了外国学者尚未注意或注意不够的领域。经济史也是菲律宾史研究中的一个重要领域，但学界对美国殖民统治时期的菲律宾经济史研究要么从宗主国角度出发，要么从殖民地角度出发，形成一种二元对立的思考模式。应该说，这两种思路都有利有弊，也都是可以修正的。本书中经济史部分两章对美国殖民者建立土地市场的尝试失败和菲律宾国家银行的危机这两个菲律宾经济史中关键的老问题采用新思路进行了新探索。文化史中的三章涉及书籍史和流行文化史，前者是近年来新兴起的研究领域，重在从书籍流通中观察不同文化的交流和混杂，后者是从大众喜闻乐见的论题中寻找当时的时代精神，展现宗教与伦理的变异和衍生。显然，本书的研究拓宽了菲律宾史研究的范围，也有助于重新认识已有的菲律宾史研究成果。

第二，本书各章在注重对基本史料进行收集和理解的同时，采用了跨学科的研究方法，引进了多学科的研究概念和思路。利用原始资料研究历史本是历史学的基本功，但对中国研究外国史的学者来说，这却经历了一个艰难的过程。改革开放之前，我们很难利用原始资料进行研究。改革开放后，我们利用各种访学机会，想尽各种办法搜集史料，但对于研究亚非拉历史来说这还是不够的。到了 21 世纪，随着中国综合国力的上升，北京大学的博士生大概都能利用国家留学基金委提供的资助去发达国家或所研究的对象国搜集资料，甚至进行田野调查，获取当地人对历史问题的真实认识。换言之，对这一代青年学者而言，基本不存在史料不足的问题。与此同时，他们的外语能力和知识结构也发生了很大变化。本书 9 位作者都能熟练利用英语进行阅读和交流，同时有些作者还学会了西班牙语和菲律宾语。外语不仅是知识的载体，同时也是一种文化，利用多语种资料不但保障了他们可以选择西班牙统治时期和菲律宾独立后等以往受到语言限制的不同时段进行研究，更重要的是他们获得了语言所代表的不同文化视角，有助于他们从更为综合、平衡的视角认识菲律宾历史。除了历史学的知识和理论积累之外，他们还利用综合性大学学科齐全的优势自觉学习了经济学、环境科学、生态学、人类学、文化研究等学科的知识，这种多元协调的知识结构一方面保证了他们的选题多样化，另一方面也为他们采用跨学科方法研究复杂问题提供了保障。从他们的研究中可以看出，在坚守历史学的规范的同时，他们构建的历史确实不同于传统的历史，丰富了菲律宾历史的面相。

第三，在充分占有史料和采用新的研究思路基础上，本书各章的作者都提出了自己的独特观点。他们或辨析既有观点，或重新理解史料，或提出新观点，展露了新一代学者的学术锋芒。几乎每一章在研究具体问题时都并不局限于就事论事，而是瞄准一个更大的理论关怀，从而把自己的具体研究置于相关学术研究的谱系中。他们提出的观点也建立在多维度分析基础上，或者是不同地域范围（如西班牙殖民帝国、世界金融体系、东南亚农业社会、天主教世界、西班牙语世界、华语世界等），或者是不同学科维度（如历史、金融、农业、水利工程、医学、电影、书籍、文化交流等）。这些新观点无疑会更新我们对菲律宾史的认识，有助于我们把菲律宾史置于更宽广的背景中来认识，从而使之具有世界历史意义和理论价值。当然，这些新观点肯定都具有时代特点和年轻人的特点，还需要历史的进一步检验，而这正是历史学发展的活力所在。

就作者而言，除我之外，其他 9 位都是在 21 世纪相继获得博士学位的青年学者，其中，霍然和许瀚艺是从北京大学外国语学院毕业的博士生，导师是梁敏和教授，我参与了他们的培养全过程，最后还担任他们博士学位论文答辩委员会的主席；严旋萍在加拿大英属哥伦比亚大学获得博士学位，导师是卜正民（Timothy Brook）教授，但她对于菲律宾史的兴趣和研究基础是在我开设的"菲律宾史研究"课程上打下的；其他各位都是我在北京大学历史学系指导的博士生。本书作者的相关情况如下。

第一章作者是张蔻，博士学位论文题目是《王室烟草专卖制和菲律宾吕宋社会生态系统的变迁（1782—1882）》，现为北京大学历史学系博士生。

第二章作者是王跻崭，博士学位论文题目是《美国殖民时期马尼拉的城市给排水工程研究——基于城市环境史的视角》，现为华南农业大学人文与法学学院历史系讲师。

第三章作者是王晨燕，博士学位论文题目是《美国殖民时期菲律宾各阶层对西医传入的反应（1898—1941）》，现为中国国家博物馆策展工作部馆员。

第四章作者是刘宏焘，博士学位论文题目是《菲律宾渔业危机的形成与社会应对（1946—2010）》，现为杭州师范大学人文学院历史系讲师。本章也是杭州师范大学科研启动项目"二战后菲律宾渔业危机的应对及启示"（项目号：4065C50221204093）的阶段性研究成果。

第五章作者是董仲瑜，博士学位论文题目是《美国在菲律宾构建自由市场制度研究（1901—1935）》，现为中国联通公司纪检部干部。

第六章作者是肖艺伟，博士学位论文题目是《美国殖民时期菲律宾金融危机起因再研究（1919—1922）》，现为暨南大学国际关系学院博士后。

第七章作者是严旎萍，博士学位论文题目是 Making the Boxer Codex : sixteenth-century book cultures and Sino-Hispanic interactions in the Philippines，现为澳门大学人文与艺术学院助理教授。

第八章作者是霍然，博士学位论文题目是《文化展演视角下的菲律宾乡镇节庆选美活动研究——以北伊洛戈省为例》，现为北京外国语大学亚洲学院副教授。本章也是作者承担的 2019 年教育部人文社科青年基金项目"海上丝绸之路女神信仰研究：以东南亚为例"（项目号：19YJC730004）的阶段性研究成果。

第九章作者是许瀚艺，博士学位论文题目是《菲律宾去殖民化进程研究（1946—1986）——以菲律宾电影为例》，现为北京外国语大学亚洲学院副教授。本章的精简版发表在《读书》2020 年第 5 期上。

绪论、第十章作者及参考文献整理者是包茂红，现任北京大学历史学系教授。第十章由两篇已经发表的论文综合而成，分别是《菲律宾史研究中的殖民史学、民族主义史学和后殖民史学》，包茂红、李一平、薄文泽主编《东南亚历史文化研究论集》，厦门大学出版社，2014年；"On studies of the history of the Philippines in China," Philippine Studies: Historical and Ethnographic Viewpoints, Mar 2012, Vol.60, No.1, pp.102-116。包茂红还编辑了参考书目，并对全书内容和文字进行了统查。

本书是北京大学校长基金项目"海上丝绸之路及其沿线国家历史文化研究"的子项目"菲律宾环境与历史"的研究成果。

· 第一部分　菲律宾环境史 ·

第一章　18世纪西属菲律宾向农业殖民地的转型与王室烟草专卖制的建立

　　菲律宾王室烟草专卖制（Royal Tobacco Monopoly）建立于1782年。在此之前，王室烟草专卖制已在西属美洲多个殖民地建立。1717年，西班牙王室在古巴最先实行王室烟草专卖制，并要求哈瓦那把生产的烟叶全数运至位于塞维利亚的皇家烟草工厂进行加工。1762年，西班牙与英国发生军事冲突，西班牙加入七年战争。战争不仅使西班牙王室负债累累，也引起了西班牙在美洲和亚洲的殖民霸权危机。为解决政治与经济双重危机，时任西班牙国王卡洛斯三世加快改革帝国内各殖民地政治与经济的步伐。其中，向海外殖民地推广王室烟草专卖制成为当时波旁王朝财政改革的关键。1765年，在总监督官何塞·德·加尔维斯的领导下，新西班牙王室烟草专卖制正式建立，并成为后来在菲律宾建立王室烟草专卖制的模板。1779 年，时任菲律宾总督巴斯科提出经济总计划（General Economic Plan）。[1] 在这位雄心勃勃、富有远见卓识的总督领导下，菲律宾王室烟草专卖制最终于 1782 年建立。

在先行研究中，菲律宾王室烟草专卖制的建立通常被解释成西班牙帝国为解决七年战争后菲律宾殖民地经济亏损而制定的权宜之计。菲律宾史学家埃迪贝托·德·赫苏斯在他的博士学位论文《烟草专卖制在菲律宾（1782—1882 年）》[2] 中，花费大量篇幅阐述加尔维斯如何在新西班牙大刀阔斧地进行经济与政治改革，以及 1762 年英国占领马尼拉之后各任菲律宾总督所实施的弥补公共财政亏空的经济政策。他认为菲律宾王室烟草专卖制就是西班牙殖民政府应对当时出现的财政危机的经济手段。西班牙庞培法布拉大学的弗拉德拉教授在其 1999 年出版的著作《菲律宾：一方更为独特的殖民地——1762 年至 1868 年政治殖民地定义中的公共财政》[3] 中也持类似观点，他认为菲律宾王室烟草专卖制的建立是西班牙帝国在遭遇殖民危机后用以成功重新整合菲律宾殖民地并复苏殖民地经济的财政手段。显然，这种观点是菲律宾国内外研究菲律宾经济史的主流观点。

然而，这种解释忽视了两方面内容。第一，在菲律宾具体实施王室烟草专卖制时，西班牙殖民政府并非一味地榨取殖民地的财富，而是在一定程度上考虑到菲律宾本土自然与社会的实际状况，并做出相应的妥协和政策调整。换言之，西班牙王室寻求建立一种平衡菲律宾殖民地本土利益与宗主国需求的殖民方式，以保证烟草专卖制在不激起当地民众强烈反抗的条件下能正常运行。这一点在北吕宋烟草收集区内表现得最为明显。第二，从历史来看，王室烟草专卖制在菲律宾的建立并不是必

1　有关 1778 年至 1818 年经济总计划的具体情况，可参见 Onofre D. Corpuz, *An Economic History of the Philippine*s, Quezon City: University of the Philippines Press, 1997。

2　Ediberto C. De Jesus, *The Tobacco Monopoly in the Philippines, 1782-1882*, PhD diss., Yale University, 1973.

3　Josep M. Fradera, *Filipinas, la Colonia más Peculiar, la Hacienda Pública en la Definición de la Política Colonial,1762-1868*, Madrid: Consejo Superior de Investigaciones Científicas,1999.

然的。王室烟草专卖制只是 18 世纪以后西班牙王室在菲律宾殖民地推
行的众多经济政策中被证明最成功的一个。西班牙王室认为，烟草专
卖制带给菲律宾本土居民痛苦最小，它在尽量不损害本土居民利益的同时
还能增加殖民地居民的福祉。因此，西班牙王室考虑建立菲律宾王室烟
草专卖制，并非只是寻求在短期内快速填补财政损失，而是希望通过王
室烟草专卖制达到长期稳妥统治菲律宾殖民地的目的。

　　由此出发，本章试图在更广阔的帝国视野下探讨西班牙为什么要在
菲律宾建立王室烟草专卖制。本章分为三节。第一节探讨 18 世纪前近
200 年的时间内菲律宾殖民地在西班牙帝国内作为矿产殖民地与贸易殖
民地的不可持续性。在这一时期，西班牙殖民者在菲律宾采掘金银矿产
的能力是有限的，菲律宾殖民地主要的作用是大帆船贸易的驿站以及西
班牙在亚洲传播基督教的据点。第二节论述 1782 年菲律宾王室烟草专
卖制建立的关键推动力来自菲律宾在 18 世纪中叶转型为西班牙帝国内
的农业殖民地。在推动菲律宾转型为农业殖民地的过程中，西班牙王室
遵循的理念是，菲律宾殖民地的财富蕴藏于自然中，只有尽可能在当地
开采有利可图的自然资源才能实现菲律宾经济的自给自足。第三节主要
论述菲律宾内外市场对烟草的消费需求与菲律宾成为农业殖民地的可持
续性。王室烟草专卖制的垄断性质使它并不保证菲律宾能够自由地与世
界市场相联结，但它确实强化了菲律宾殖民地与西班牙帝国的经济和政
治联系。

第一节　黄金国的失落：菲律宾作为矿产
与贸易殖民地的不可持续性

　　奉行重商主义的西班牙在统治菲律宾初期设想的最主要敛财方式就
是采矿业。当时最流行的形象描述西班牙帝国早期殖民模式的说法是，
只有在无法直接获得金银的情况下，西班牙人才会考虑扎根耕耘。这种

说法无疑也适用于菲律宾。西班牙人征服菲律宾后，就开始寻找类似美洲波托西的金银产地。在西班牙殖民者的想象中，菲律宾应当成为亚洲的黄金出产国。如果菲律宾能够变成矿产殖民地，西班牙王室便可坐享现成财富，不必大费精力发展其他产业或精耕细作农业。然而，在长达两个多世纪的时间内，西班牙殖民者都无法得偿所愿，未能从菲律宾采矿业中榨取到想要的财富。

西班牙殖民政府无法在菲律宾发展出可持续的采矿业并非菲律宾矿产资源匮乏，相反，菲律宾蕴藏着丰富的金银铜等矿产资源，真正的原因是西班牙人开采菲律宾矿产资源的能力和渠道有限。在菲律宾，西班牙人梦寐以求的金银等矿产资源主要分布在北吕宋中部的科迪勒拉山区。科迪勒拉山区也被称为高山区，其海拔将近3000米，崎岖的山地地形与茂密的森林阻挡了西班牙殖民者深入开发高山区的步伐。直到19世纪末西班牙失去菲律宾之前，西班牙人都未能完全统治这个地区。即使部分西班牙殖民者企图开发采矿业，也遭到了当地高山族人的强烈反抗。

生活在科迪勒拉山区的高山族人在殖民时期被西班牙称为伊格罗特人，他们是高山区金银等矿产资源的拥有者。早在16世纪中叶，西班牙殖民者在追踪在马尼拉大量出现的黄金饰物的源头时就发现了伊格罗特人。1572年，黎牙实比的孙子德·萨尔塞多到吕宋岛西海岸和北部考察时发现了位于本格省的金银矿。大约到1590年，在殖民者社会中，伊格罗特人已经不再陌生。[1]西班牙殖民者在阿巴尧及其附近河流中发现了黄金。在雨季河流泛滥时，洪水冲走河里的沙土，大量黄金浮出水面。伊格罗特人采集到黄金后，部分制作成自己穿戴的首饰，部分制作成器皿，与附近的低地居民进行交换。

1618年，为了弥补三十年战争造成的财政亏损，西班牙国王菲利普三世要求当时的菲律宾总督阿隆索·法哈多（Alonso Fajardo）设法开

---

1 William Henry Scott, "The Word Igorot," *Philippine Studies*, Vol.10, No.2(April 1962), p.236.

采高山族的金矿。[1] 1620 年，邦阿西楠（PangaSinan，又译为班诗兰）省长官阿尔达纳对伊格罗特人发动了军事远征，并在碧瑶发现了金矿。傲慢的阿尔达纳命令当地部落把开采金矿的五分之一作为贡赋缴纳给殖民政府，但遭到当地人民的坚决拒绝，这场打着"正义战争"旗号的军事征服最终以失败告终。不过，这次无果而终的军事征服并没有浇灭西班牙殖民者征服高山区的热情，反而促使殖民者继续远征高山区。

1624 年，西班牙军队首领阿隆索·马丁·奎兰特花费了 4 个月时间在伊格罗特区探寻金矿。在此期间，他目睹伊格罗特人向他们高居天国的、带给他们黄金的至高神献祭猪和水牛。[2] 在伊格罗特人心目中，至高神赠予他们黄金和其他自然财富不是让他们无度挥霍，而是让他们有节制地使用这些财富造福后代。但西班牙殖民者并不认同这种理念，他们认为，上帝在科迪勒拉山区隐藏如此之多的金矿，绝非仅是为满足这些"野蛮"高山族人的穿戴之需，而是要为这片土地"谋福利"，为母国奉献财富。最后的武力淘金远征发生在 1660 年。西班牙海军上校佩德罗·杜兰·德·蒙福特集结了 100 名西班牙官兵和 2000 名菲律宾士兵前往高山区。[3] 他们确实在那里发现了 7 处金矿，可当地居民反抗激烈，这次武力征服最终也不得不以失败收场。到 18 世纪中叶，为了打通卡加延至伊洛戈的通道，西班牙殖民政府又组织了几次镇压伊格罗特人反抗的军事远征。不过，这些远征和过去的军事行动一样，均未取得实质性的结果。

总体而言，从 16 世纪到 17 世纪，西班牙殖民者眼中的科迪勒拉山区是金银的蕴藏地。无论是在菲律宾还是在美洲，追逐金银一直是西班牙殖民政策的中心。然而，尽管西班牙官员一直希望开发菲律宾的矿

1　William Henry Scott, *History on the Cordillera: Collected Writings on Mountain Province History*, Baguio City: Baguio Printing &Publishing, 1975, p.6.

2　William Henry Scott, *Barangay: Sixteenth-Century Philippine Culture and Society*, Quezon City: Ateneo de Manila University Press, 1994, p.260.

3　Linda A. Newson, *Conquest and Pestilence in the Early Spanish Philippines*, Honolulu: University of Hawaii Press, 2009, p.189.

产，但在 16、17 世纪，菲律宾殖民地事实上一直从中国进口金银等金属。直到 19 世纪中叶，西班牙殖民政府才开始开发北吕宋的铜矿资源，使用的劳动力主要是华工而非菲律宾当地居民。[1] 对于无法征服的伊格罗特人，西班牙殖民者将其刻画为与菲律宾土著对立的异教徒形象。他们是"在山林间游荡的野蛮的异教徒"，是"身体强壮、不信基督教的、野蛮的、残忍的、猎头的"[2] 不受管束的化外之民。与之相对，归顺宗主国殖民统治的菲律宾土著则被描绘为皮肤棕色、身穿长裤而不是树皮做的粗糙短裤、参加弥撒、交纳贡赋、遵守西班牙法律、只在政府批准后参战的人。[3]

除了自然障碍与社会反抗之外，劳动力不足和冶金技术落后也是殖民政府难以在菲律宾发展可持续的矿产业的重要原因。劳动力不足不仅影响菲律宾采矿业，也影响种植园农业。无论是采矿业还是种植园农业，其发展都需要大量役使劳动力，尤其是在技术革新和机械化不完善的情况下。然而，直到 1820 年代，西班牙殖民者都未能在菲律宾复制他们在美洲建立的大规模经济作物种植园体系。[4] 其中原因有二，一是菲律宾不存在大规模奴隶贸易，西班牙王室无法在菲律宾实施奴隶制，外来的奴隶劳动力数量很少；二是居住在菲律宾的西班牙官员很少，拥有农业知识，能够发展种植园经济的西班牙官员和农学家更是屈指可数。

另外，少数在殖民初期根据王室土地授予令获得土地的庄园主也雇用不到当地劳动力，因为当地人都集中在水稻种植业。稻米不但是菲律宾人主要的食品，也是殖民地人民向殖民政府缴纳的最主要贡品。根据托马斯·德·科明的观察和记载，直到 1810 年，在菲律宾拥有王室授

1　参见 Jely A. Galang, "Chinese Laborers on a Mining Frontier: The Case of Copper Miners in Northern Luzon, 1856-98," *Southeast Asian Studies*, Vol.10, No.1(April 2021), pp.3-31。

2　William Henry Scott, "The Word Igorot," *Philippine Studies*, Vol.10, No.2(April 1962), p.239.

3　William Henry Scott, "The Spanish Occupation of the Cordillera in the 19th Century," in Alfred W. McCoy and Ed. C. De Jesus, eds., *Philippine Social History: Global Trade and Local Transformation*, Quezon City: Ateneo de Manila University Press, 1982, p.40.

4　Onofre D. Corpuz, *An Economic History of the Philippines*, p.105.

予地产的庄园主不超过12个，有些曾经的庄园主因无法发展种植园经济而不得不抛弃属于自己的地产。[1]事实上，18世纪之前在菲律宾主要从事农业活动的不是庄园主或种植园主，而是西班牙传教士，尤其是在1626年王室土地授予制度被废除之后，大部分王室土地成为教区地产的一部分。教区地产规模庞大，有些大地产如同一座庄园。在教区土地上劳作并皈依天主教的本土居民被认为是上帝的忠实信徒，可以在传教士的庇护之下获得减免贡赋的好处。然而，传教士拥有过多教区地产和教徒劳动力为日后王室与教会的矛盾埋下了隐患。

在矿产业与种植园发展都不尽如人意的情况下，1565年开通的马尼拉大帆船贸易暂时让菲律宾作为美洲与亚洲贸易的中转站在西班牙帝国内保有一席之地。美洲史学家比约克甚至认为，大帆船贸易是菲律宾能够成为西班牙殖民地的唯一原因。[2]为垄断来往于马尼拉与阿卡普尔科之间的大帆船贸易，西班牙王室颁发了航行通行证与贸易许可证，严格规定只有王室船只才能在两地之间航行。西班牙帝国发展大帆船贸易一方面是想要从美洲与亚洲（主要是中国）之间的贸易中获利，另一方面则是希望将太平洋打造为西班牙帝国的内湖。早在16世纪，西班牙人便标记了对航海者来说极其险恶的赤道无风带。后来西班牙人又逐渐掌握了太平洋的风向和洋流的理论知识。在此基础之上，西班牙人开拓的马尼拉大帆船航线就比较安全，如同在塞维利亚河上航行一样。

从1565年至1815年，每年两趟的大帆船贸易所吸纳的劳动力比菲律宾殖民地其他产业吸纳的劳动力都要多。为满足造船业的劳动力需求，西班牙殖民政府专门颁布了伐木劳役政策，[3]强制要求菲律宾年满16岁的青年每年专事伐木和造船工作40天。原本开采矿产资源的矿工变

---

1 Onofre D. Corpuz, "Land and Agriculture in the Philippines: An Economic History Perspective," *Philippine Review of Economics and Business*, Vol.29, No. 2 (Dec 1992), p.142.

2 参见 Katharine Bjork, "The Link That Kept the Philippines Spanish: Mexican Merchant Interests and the Manila Trade, 1571-1815," *Journal of World History*, Vol.9, No.1(1998), pp.25-50。

3 在西班牙统治时期又称 Polo 制度。Polo 是菲律宾人使用的专门砍伐树木的大砍刀。

成了伐木工和造船工。在伐木与造船任务最繁重的时候，来自中吕宋布拉干省、汤多和塔亚巴斯省的 6000 至 8000 名壮丁背井离乡，前往北吕宋山区伐木。[1]造船业对劳动力的巨大需求在很大程度上导致了矿产业和种植园业的劳动力短缺。

不过，大帆船贸易并未让菲律宾殖民地富裕起来，反而越来越穷。关键原因在于当时西班牙人通过贸易获得的墨西哥银圆经过菲律宾流向中国，随后流向印度，留存在菲律宾的白银十分稀少，而且主要集中在马尼拉。[2]在 18 世纪之前将近 200 年的时间内，菲律宾殖民地每年还需要从新西班牙总督区获得大约 50 万比索的王室补贴。这笔资金主要用于支付维持菲律宾殖民地运转的各项财政支出。与此同时，大帆船贸易也削弱了西班牙人在菲律宾进一步开发内陆资源、挖掘本土生产潜力的意愿。大帆船贸易产生的利润虽然在某种程度上弥补了菲律宾本土农业与工业落后造成的财政收入不济，却也令菲律宾本土经济停滞不前。

菲律宾史学家布兰科曾直言，18 世纪末以前的菲律宾都算不上西班牙的殖民地。[3]在他看来，真正的殖民地至少要包括移民定居与土地耕耘，即发展农业经济，而不是像菲律宾那样，一直依赖来自新西班牙总督区的接济来维持自身运营。问题的关键在于，菲律宾本身并不拥有具备交易价值的现成商品，如香料、农产品、工业品等。事实上，菲律宾贸易殖民地的地位取决于美洲与中国之间的贸易是否稳定。在西班牙与奉行自由贸易原则的英国及荷兰发生贸易竞争后，大帆船贸易在 18 世纪末逐渐衰落，菲律宾更加依赖新西班牙总督区的财政支持。由此可见，菲律宾作为矿产殖民地和贸易殖民地是难以持续的。

1　James S. Cummins and Nicholas P. Cushner, "Labor in the Colonial Philippines: The 'Discurso Parenetico' of Gomez de Espinosa," *Philippine Studies*, Vol.22, No.1/2(1974), p.121.

2　Bruce Cruikshank, "Silver in the Provinces: A Critique of the Classic View of Philippine Economic History in the Seventeenth and Eighteenth Centuries," *Philippine Quarterly of Culture and Society*, Vol.36, No.3(2008), p.126.

3　John D. Blanco, *Frontier Constitutions: Christianity and Colonial Empire in the Nineteenth-Century Philippines*, Berkeley: University of California Press, 2009, p.31.

第二节　18世纪中叶菲律宾向农业殖民地的转型 与王室烟草专卖制的建立

至18世纪中叶，西班牙殖民政府在菲律宾最主要的财政收入来源是新西班牙的王室补贴和菲律宾人缴纳的贡赋。这迫使西班牙王室不得不考虑改革菲律宾殖民地的经济和财政体系。1760年，时任菲律宾总财政官的维亚纳写信给西班牙国王卡洛斯三世，在信中，他明确把所有殖民地发生的危机的根源归结为贫穷。[1]维亚纳指出，菲律宾在西班牙帝国内的定位应当转向农业殖民地，[2]这意味着西班牙殖民政府将开发菲律宾的重心从矿产业与大帆船贸易转向对自然资源的开发和利用。在西班牙王室看来，这将成为西班牙帝国在菲律宾继续维持殖民统治的关键。

在维亚纳提出这个建议的同时，西班牙正与英国进行战争。七年战争确实使西班牙王室重新思考菲律宾在帝国内部的定位，但这并非必然导致菲律宾转向农业殖民地。事实上，连年战争造成的长期负债促使西班牙王室率先考虑的是放弃菲律宾这块不赚钱的亚洲殖民地，因为，在西班牙王室看来，菲律宾自身并无生产和获利能力，保留它只会加重王室的财政负担。同时，与英国的战争也导致菲律宾社会产生分裂倾向。在1762年10月至1764年5月英国占领马尼拉期间，菲律宾爆发了一系列反抗西班牙殖民统治的运动。其中影响最大的是1762年至1763年在伊洛戈爆发的由迭戈·西朗领导的反抗运动。对自愿加入这场运动的伊洛戈人而言，这不仅是一场反抗运动，还是一场独立运动。人们不仅要求西班牙政府取消贡赋与加诸民众身上的种种劳役，还渴望建立

1　John D. Blanco, *Frontier Constitutions: Christianity and Colonial Empire in the Nineteenth-Century Philippines*, p.35.

2　John D. Blanco, *Frontier Constitutions: Christianity and Colonial Empire in the Nineteenth-Century Philippines*, p.42.

自己的王国。在局势紧张之际，西班牙将军阿尔萨受命率军前往北吕宋镇压起义。虽然这场带有独立色彩的反抗运动最终以迭戈·西朗被杀而宣告失败，但这场运动也证明西班牙在菲律宾的统治很脆弱，并非坚不可摧。

卡洛斯三世原本希望通过国内的财政改革来增加财富，但结果并不理想。于是，他不得不把经济与政治改革的目标转向殖民地。波旁改革的主要目标是通过改革殖民地体制，最大限度促进殖民地经济的全面发展，进而维护西班牙君主在殖民地的威望。卡洛斯三世奉行开明专制的统治理念，他的改革在某种程度上赋予了殖民地依据自己的需要发展商贸的自由。就菲律宾而言，波旁改革所要达成的主要目标是使菲律宾能够在财政上自给自足，进而不再依赖新西班牙总督区的经济援助。换言之，让菲律宾拥有自己创造财富的能力，成为具备经济生产能力的殖民地。其中，农业是恢复菲律宾殖民地经济与社会活力的关键，农业也是最能持续调动菲律宾人与自然活力的产业，更何况菲律宾的土壤和气候条件非常适合发展农业。为了充分发挥菲律宾人的农业生产积极性，西班牙殖民政府在 1760 年代开展了驱逐懒汉和道德美化运动。懒惰、好逸恶劳以及沉迷赌博和斗鸡被视为犯罪行为，辛勤劳作、积极投入商业和农业等经济活动则被视为美德。

最初，西班牙殖民政府考虑在菲律宾发展蔗糖业。在 18 世纪，蔗糖已经是风靡全球的大宗商品。菲律宾的蔗糖生产也已有将近一个世纪的历史，具有一定的发展基础。其中，北吕宋的伊洛戈人具有种植甘蔗的经验，中吕宋的邦板牙则是菲律宾蔗糖业发展的重要基地。维亚纳认为，只要提升管理水平，菲律宾就能生产出比中国和印度更多更好的蔗糖。[1] 无疑，菲律宾发展蔗糖业的经验和基础一定能让蔗糖业在菲律宾得到进一步的顺利发展。然而，到 18 世纪中后期，在国际糖业市场上，西

---

1 Maria Lourdes Diaz-Trechuelo, "The Economic Development of the Philippines in the Second Half of the Eighteenth Century," *Philippine Studies*, Vol.11, No.2(April 1963), p.201.

班牙实际上已不具备较强的竞争力。因为，西班牙面对的强劲竞争者是葡萄牙，它从巴西、牙买加获得的蔗糖已经占据了伊比利亚半岛的市场。菲律宾的蔗糖不但价格远高于来自加勒比地区的蔗糖，而且质量也远不如后者。鉴于葡萄牙已经在蔗糖业上保持着难以超越的价格和质量优势，西班牙王室决定不在菲律宾的蔗糖生产上投入大量资本，转而另觅商机。

鉴于雪茄和香烟在菲律宾受到西班牙人和当地人的普遍欢迎，维亚纳在1766年向西班牙王室提议在菲律宾建立王室烟草专卖制，以便利用这个潜在的商机。维亚纳估算，菲律宾烟草专卖制每年能为王室带来40万比索的收入。[1]

按照维亚纳的设想，菲律宾应当仿照1765年在新西班牙设立的王室烟草专卖制。在新西班牙，负责烟草专卖的官员把特定土地划作烟田，严格控制烟叶加工与分配，保证烟草总产量的65%运到母国。[2]以此为范本，菲律宾的烟草从生产到售卖都有严格的规定：严格划定烟草种植区；禁止在王室划定的烟田之外私自种植烟草；烟叶必须在王室烟草工厂中加工，通过王室烟草商店售卖。1766年，菲律宾至西班牙加的斯港的直行航线开通，菲律宾的产品运输至宗主国的距离大幅缩短，这为发展菲律宾王室烟草专卖制提供了契机。1767年8月，西班牙王室颁布了《王室公告》，计划在靠近马尼拉的地区建立烟草专卖制。然而，当时西班牙王室实际上没有足够的资金去购买按规定生产出来的烟叶。启动资金不足导致烟草专卖制的实施搁置了很长一段时间。

除建立王室烟草专卖制之外，维亚纳还提出了更为彻底的财政改革方案——彻底重组赋税体系，最大限度减少被教会拿走的公共收入。[3]

1　Francisco Leandro de Viana, "Financial Affairs of the Islands, July 10, 1766," in Emma Helen Blair and James Alexander Robertson, eds., *The Philippine Islands, 1493-1898*, Vol.50, Glendale: The Arthur H. Clark Company, 1907,pp.109-110.

2　Santiago de Luxán Meléndez, "El Proceso de Construcción del Estanco Imperial Hispánico 1620-1786. Las Reformas Borbónicas del Siglo XVIII," *Anuario de Estudios Atlánticos*, Vol. AEA, núm. 65, 2019, p.4.

3　Fradera M. Josep, *Filipinas, la Colonia más Peculiar,la Hacienda Pública en la Definición de la Política Colonial,1762-1868*, p.75.

如前所述，来菲律宾的西班牙传教士利用殖民初期归化当地人口与安排重新定居工作之机，获得了规模庞大的教区地产。耶稣会、圣奥古斯丁会、多明我会以及多米尼克会的传教士几乎深入菲律宾的各个角落，在传播基督教的同时通过强行兼并、购买或接受教徒馈赠等方式获得了大量教区土地。

17世纪王室授予制度被废除之后，西班牙传教士实际上成为拥有地产和可耕地最多的阶层。在地方，传教士在居民中享有的威望有时甚至比菲律宾总督还要高，菲律宾当地居民在成为西班牙国王的子民之前先要成为基督徒。然而，教会在大量敛财之后开始贪污腐败。有些西班牙殖民官员指责宗教事业在菲律宾凌驾于其他所有事业之上。维亚纳也注意到这种不正常现象，并明确向西班牙王室建议，传教士权力过大不利于菲律宾殖民地的商业发展，应该优先发展经济。具体措施就是重新归化人口，将菲律宾人重新整合进宗主国的税收体系。[1]这意味着菲律宾人在成为基督徒之前应当先成为宗主国的纳税人，侍奉上帝之前应先侍奉君主。此后，人头税取代了原来以家庭为单位纳贡的制度。西班牙殖民政府宣称，这么做不仅是要改革殖民地的财政体系，增加政府收入，还要在菲律宾人的意识中植入经济理性的思维。

维亚纳只是提出了把菲律宾转型为农业殖民地的设想，真正把这一设想变成现实的是菲律宾总督巴斯科。1778年至1787年担任菲律宾总督的巴斯科既是一位接受过启蒙思想教育的军官，也是波旁改革的坚定支持者。在任职期间，他十分关注西班牙帝国如何在菲律宾进行可持续殖民统治的问题。1774年北美独立战争爆发后，巴斯科十分担心北美人民反抗宗主国的强劲势头会很快蔓延到西班牙统治下的拉丁美洲。其实，他的这一担心并非空穴来风。一方面，在新西班牙等殖民地，民族意识与反抗势力已经在暗中顽强生长；另一方面，因连年战争和财政匮

1 Fradera M. Josep, *Filipinas, la Colonia más Peculiar, la Hacienda Pública en la Definición de la Política Colonial, 1762-1868*, p.75.

乏而积贫积弱的西班牙在美洲能统治多久，无人可以担保。面对这种情况，巴斯科希望能够在菲律宾这块亚洲殖民地上延续帝国统治。

　　1779 年，巴斯科提出了菲律宾殖民地改革的经济总计划，其理念是尽可能多地从菲律宾的自然资源中获取财富，促进当地农业发展，既要满足当地人消费，又能给制造业提供原材料，还能向西班牙提供富有异国情调的商品，最终让菲律宾成为具备自我生产能力的殖民地，从而减轻西班牙帝国的财政负担。

　　除了满足西班牙王室的财政需求之外，菲律宾向农业殖民地转型还与启蒙运动时期西班牙对博物学研究的重视有关。启蒙运动在西班牙帝国引发了两股思潮，一是兴建植物园与开展博物学研究，二是主张自由贸易和发扬企业家精神。[1]1770 年，马德里皇家植物园园长奥尔特加指出，西班牙不应该仅仅盯着金银，还应当多关注同样能够增加财富的自然产品。"就获得真正的利益而言，（西班牙）喜欢能够费力获得的美洲黄金和白银，其实这并不经济。相反，应该更加重视开发其他易得的、同样有利于增加财富与促进繁荣的水果与天然产品"。[2]博物学研究的推动者是西班牙国内一部分受启蒙思想影响的政治经济学家，他们把研究博物学与搜集标本看成政治经济学这一新兴"科学"的关键组成部分，并承诺在博物学基础上保障和增进西班牙社会的福祉。因此，作为西班牙王室推行开明经济改革的政治工具，博物学研究在帝国各个殖民地蓬勃开展起来。西班牙王室之所以将博物学当作殖民策略，是因为它能帮助殖民者重新发现肉桂、胡椒、茶叶、烟草等自然产品的经济价值和生产潜力。通过发掘殖民地自然的巨大生产能力，西班牙帝国与国王的威望将得到重建和彰显。

1　Paula De Vos, "An Herbal El Dorado: the Quest for Botanical Wealth in the Spanish Empire," *Endeavour*, Vol.27, No.3(Sep 2003), p.118.

2　Daniela Bleichmar, "A Visible and Useful Empire: Visual Culture and Colonial Natural History in the Eighteenth-Century Spanish World," in Daniela Bleichmar, Paula De Vos et al., eds., *Science in the Spanish and Portuguese Empires, 1500-1800*, Stanford: Stanford University Press, 2008, p.294.

在殖民地，博物学研究逐渐演变成寻找有利可图的动植物等自然产品的活动，这些动植物被誉为"绿色黄金"。从 1760 年到 1808 年，西班牙王室多次赞助以博物学研究为目的的殖民地探险活动，这些活动的地理范围涵盖南美和菲律宾。在这 57 次探险活动中，有 8 次是以植物学研究为唯一或核心目的。[1] 王室还要求殖民地各级行政人员提供报告，汇报所在地区出产的有用自然产品，并将样本寄回西班牙。从官员从殖民地搜集的样本看，90% 以上是具有实用价值的植物，包括药用植物，粮食作物，可可、茶叶、靛蓝等经济作物，以及可制作家具的木材。[2]

在巴斯科统治时期，博物学研究是 1781 年成立的菲律宾国家之友经济协会的首要任务。根据设立规划，该协会由如下几个部门组成：博物学，农业和农村经济，工厂和制造业，国内外商业，工业和大众教育。[3] 可惜的是，由于在菲律宾的西班牙官员不知如何着手进行博物学研究，这一部门成立不久便告夭折。但是，开发农业已成为殖民政府不变的追求。为发展农业经济，1781 年，巴斯科计划对酒、盐以及烟草实行专卖。同年 12 月 13 日和 25 日，巴斯科先后发布两则公告，禁止私人出售、运送和制作烟草。[4] 翌年 2 月 16 日，巴斯科发布正式声明，强调烟草专卖的规则适用于所有侦察队的指挥官和头目、各省行政长官、市场监督员和其他有责任防止烟草收入损失的人员。[5] 制度框架初步建立后，巴斯科成功说服西班牙王室拨款 5 万比索作为王室烟草专卖

1　Daniela Bleichmar, "Atlantic Competitions: Botany in the Eighteenth-Century Spanish Empire," in James Delbourgo and Nicholas Dew, eds., *Science and Empire in the Atlantic World*, London: Routledge, 2008, pp.225-226.

2　Paula De Vos, "The Rare, the Singular, and the Extraordinary: Natural History and the Collection of Curiosities in the Spanish Empire," in Daniela Bleichmar, Paula De Vos et al., eds., *Science in the Spanish and Portuguese Empires, 1500–1800*, p.272.

3　"Events in Filipinas, 1764-1800, [Compiled from Montero y Vidal's Historia de Filipinas]," in Emma Helen Blair and James Alexander Robertson, eds., *The Philippine Islands, 1493-1898*, Vol.50, p.51.

4　"Events in Filipinas, 1764-1800, [Compiled from Montero y Vidal's Historia de Filipinas]," in Emma Helen Blair and James Alexander Robertson, eds., *The Philippine Islands, 1493-1898*, Vol.50, p.54.

5　"Events in Filipinas, 1764-1800, [Compiled from Montero y Vidal's Historia de Filipinas]," in Emma Helen Blair and James Alexander Robertson, eds., *The Philippine Islands, 1493-1898*, Vol.50, p.54.

制实施的启动资金。[1]1782年3月1日，菲律宾王室烟草专卖制正式建立。酒专卖制则因当地人的强烈反对而搁浅。

烟草专卖制实施后效果立竿见影。1783年，菲律宾公共财政收入盈余5万比索。1784年，菲律宾殖民地第一次依靠自己生产上缴宗主国15万比索，卡洛斯三世十分喜悦并写信感谢总督巴斯科所作的贡献。财政收入盈余使西班牙殖民政权在菲律宾扎根深耕。1783年，巴斯科向菲律宾北部扩张，占领了巴丹群岛。这一行动具有政治与经济双重意义。在政治上，这意味着西班牙征服了菲律宾领土的最北端，并把吕宋岛完全置于西班牙统治之下；在经济上，征服巴丹群岛意味着西班牙控制了巴士海峡，避免北部贸易通道被昔日的商业劲敌英国东印度公司控制。

1788年8月21日，根据王室条例，菲律宾殖民地的第一个烟草收集区和征税局在加潘设立，[2]西班牙政府在这里建造了一座专门储存和晾晒烟叶的仓库，接收新怡诗夏、邦板牙与加潘烟草收集区生产的烟叶。1796年8月，王室烟草专卖制向北吕宋扩张，并设立了卡加延烟草收集区。[3]到1810年，菲律宾平均每年生产50000捆烟叶（一捆大致含有3000张至4000张烟叶），其中47000捆产自加潘，2000捆产自卡加延，1000捆产自马林杜克省。[4]烟草专卖制为王室带来55万比索的净收入，利润率高达122%。[5]1828年以后，卡加延烟草种植的优势逐渐显现，不但种植成本低，烟叶质量也比加潘的好，[6]于是，卡加延烟草收集区的面积迅速扩大。至1830年，卡加延河谷已有21个镇被划为烟草收集区，该地有超过9500户家庭种植烟草。[7]也是在这一年，卡加延取代加潘成

1　Onofre D. Corpuz, *An Economic History of the Philippines*, p.119.

2　Zoilo Espejo, *Cartilla De Agricultura Filipina*, Manila: Imprenta de Ramirez y Giraudier, 1869, p.17.

3　"Planes Propuesto para Extender Las Siembras de Tabaco a la Provincia de Cagayan e Isla de Marinduque," 22 de Agosto de 1796, no.5, Ultramar, 634, AGI.

4　Tomas de Comyn, *Estado de las Islas Filipinas en 1810*, Madrid: Imprenta de Repullés, 1820, p.78.

5　*El Tabaco Estancado en Filipinas*, Imprenta de "La Oceania Espanola" ,1883, p.7.

6　Carl C. Plehn, "Taxation in the Philippines. II," *Political Science Quarterly*, Vol.17, No.1(Mar1902), p.143.

7　Edilberto C. De Jesus, "Control and Compromise in the Cagayan Valley," in Alfred W. McCoy and Ed. C. De Jesus, eds., *Philippine Social History: Global Trade and Local Transformations*, p.30.

为菲律宾最大的烟草收集区。除了种植之外，烟草专卖制还包括初步加工。在马尼拉，为了生产出更多优质的雪茄和香烟，西班牙殖民政府简化了工厂的行政管理手续，以激发生产积极性并提高效率。

如前所述，巴斯科经济总计划的目标是促进菲律宾殖民地农业的全面发展。除了建立王室烟草专卖制，巴斯科还致力于在菲律宾推广种植肉桂、胡椒和桑树等经济作物，并对开发菲律宾农业做出贡献的人进行奖励。1785 年，旨在促进经济作物生产和出口的菲律宾王室公司成立，进而打破了中国对丝绸、荷兰对香料的垄断。然而，在西班牙殖民政府推动的所有这些农业生产中，王室烟草专卖制最富成效，并为菲律宾贡献了稳定的财政收入。在建立烟草专卖制度时，西班牙殖民政府不但考虑了获得收益，也汲取了建立酒专卖制度失败的教训，在一定程度上考虑当地人的承受能力和具体利益。菲律宾总督在制定和推行政策时都要平衡殖民地与母国的利益，甚至有人认为，这时的西班牙不再仅仅把菲律宾当成殖民地，而是把它视为自己国家的一部分。因此，西班牙殖民政府在推行各项农业和经济政策时改变了先前一味强制的态度，转而选择妥协。在卡加延河谷建设烟草收集区时，西班牙殖民政府并没有强制当地人大规模搬迁到市镇集体定居，而是允许他们保留自己沿河而居的传统生活方式，并在自己家附近的农田中种植烟草。在烟草收成较好的年份，烟农依照和殖民政府签订合约获得的收入大致可以维持一家人的生计。不过，这并不是西班牙殖民者善心大发，而是在帝国衰落时期为了维持长久统治而不得不采取的举措。

总之，18 世纪帝国的财政危机促使西班牙王室放弃直接榨取金银的政策，预感到即将失去美洲殖民地的危机感迫使他们反思旧的、榨取式的殖民模式，转而调动殖民地人与自然资源的经济活力，以稳固在菲律宾的殖民统治。确实，在西班牙殖民者看来，减轻贡赋进而用人头税取代贡赋制度，增进了菲律宾人对西班牙殖民政权的认同，实行烟草专卖制度既改变了菲律宾人的生产方式和对出口经济的认识，又使菲律宾人对西班牙帝国产生了复杂的感情。

第三节　"绿色黄金"：市场、垄断
与菲律宾农业殖民地的可持续性

　　王室烟草专卖制是否有助于保证菲律宾农业殖民地在西班牙帝国内部的可持续性，是一个比较复杂的问题。西班牙殖民政府认为，与强制征收贡赋等政策相比，王室烟草专卖制是最不暴力、带给菲律宾民众苦痛最小的税收政策。[1]在1792年10月的王室最高委员会报告中，西班牙政府指出，烟草专卖制能够减轻菲律宾人缴纳贡赋的压力。在烟草专卖制下，每户人家每年应缴贡赋20雷亚尔，如果取消专卖制，每户人家每年需缴40雷亚尔。[2]这意味着如果失去烟草专卖的收入，菲律宾人需要缴纳双倍贡赋。[3]对王室烟草专卖制的这种定性暗指殖民政府改善了菲律宾人的生活和福祉。在18至19世纪西班牙政府的官方文献中，他们通常用"发展"来概括各项有利于菲律宾经济发展的措施。而"发展"在西班牙语中还有"提高、推进、福祉"之意。于是，包括王室烟草专卖制在内的农业、贸易政策被殖民政府视为可以促进菲律宾经济发展的制度。菲律宾人因此应该认可和配合殖民政府的政策，进而走向富足，拥抱更美好的生活。

　　烟草在菲律宾和世界范围内都有强大消费需求。烟草在世界市场上的受欢迎程度在西属美洲的烟草贸易中已有充分体现。在那里，烟草是仅次于白银的第二大出口产品。美洲殖民地烟草专卖制带来的收益占西班牙王室财政总收入的1/3。[4]在菲律宾，烟草贸易也相当活跃。王室烟

1　Ed. C. De Jesus, *The Tobacco Monopoly in the Philippines, Bureaucratic Enterprise and Social Change,1766-1880*, Quezon City: Ateneo de Manila University Press, 1980, p.31.

2　"Acuerdo del Supremo Consejo de Citado de 5 de Oct de 1792," Ultramar, 636, AGI.

3　"Acuerdo del Supremo Consejo de Citado de 5 de Oct de 1792," Ultramar, 636, AGI.

4　Susan Deans-Smith, "Tobacco Monopoly," in Jay Kinsbruner and Erick D. Langer, eds., *Encyclopedia of Latin American History and Culture*, 2nd edition, Vol.6, New York: Charles Scribner's Sons, 2008, p.93.

草专卖制建立之前，居住在伊洛戈、邦阿西楠和三描礼士的菲律宾人都会前往卡加延河谷购买烟草产品。[1]这个数量相当大，因为，正如18世纪一位西班牙官员所说的那样，菲律宾人在学会思考之前先学会了抽烟，烟草是所有菲律宾人的食物和饮料。[2]即使是在城市里，吸烟现象也屡见不鲜，新兴的城市居民大都能负担得起价格低廉的烟草。[3]西班牙殖民政府垄断了菲律宾的烟草生产与贸易，并在没有竞争对手的情况下控制着烟草价格。菲律宾殖民地既是烟草产地，也是烟草产品的消费市场。西班牙殖民政府通过打击烟草走私和垄断烟草贸易，用最低价收购烟叶，用最高价卖出，从而获得高额垄断利润。

　　菲律宾人习惯吸食和种植烟草对于王室烟草专卖制的建立影响是双面的。就积极的一面而言，西班牙殖民政府认为，选择烟草作为垄断商品可以减少菲律宾人为适应新作物种植而投入的人力与土地成本。同时，通过有限度的生产以及排他性贸易，能够保证殖民政府获得高额利润。就消极的一面而言，西班牙王室垄断烟草贸易意味着菲律宾人自主生产和消费的途径被堵死，使民众对专卖制产生强烈反对。一心要建立专卖制的巴斯科总督并未妥协，下令严厉处罚那些私自种植和买卖烟草、反对烟草专卖制的人。[4]一些失去生计来源的菲律宾人不得不逃离自己生活的地方。在北吕宋，禁止烟草私自贸易的恶果被1788年至1789年的饥荒放大，大量失去收入、无法上缴贡赋的人不得不逃往其他省市避难。[5]据统计，1788年到1792年间，从卡加延逃跑和死于饥

1　"Informe sobre la Provincia de Cagayan, y Decadencia de Ella desde que Se Provio el Plantio del Tobaco, y Estanco de Esto," Archivo de la Provincia del Santísimo Rosario, p.160.

2　Anthony Reid, *A history of Southeast Asia: Critical Crossroads*, Hoboken: John Wiley & Sons, 2015, p.203.

3　Anthony Reid, *A History of Southeast Asia: Critical Crossroads*, p.283.

4　Sinibaldo de Mas, *Artículo sobre Las Rentas de Filipinas:Copiado del Boletin Oficial del Ministerio de Hacienda, num.174, de 28 de abril de 1853*, Madrid: Imp.y Estereotipia de M. Rivadeneyra, 1853, p.15.

5　Edilberto C. De Jesus, "Control and Compromise in the Cagayan Valley," in Alfred W. McCoy and Ed. C. De Jesus, eds., *Philippine Social History: Global Trade and Local Transformations*, p.29.

饿的人口估计有 4000 至 5000 人。[1] 这种情况引起了传教士的不满。1790
年 1 月，时任马尼拉大主教的胡安·奥尔比戈·加乐高称烟草专卖制是
"令人厌恶的"，应该被废除。[2] 迫于各方面的压力，尤其是死亡和逃离
烟草收集区的人实在太多，影响到烟草种植，西班牙殖民政府不得不暂
时废除禁止当地人自由种植烟草的规定，[3] 但条件是他们不得逃离家乡。[4]
这就为后来在卡加延烟草收集区实行合同雇用劳工制打下基础。

　　在禁止菲律宾人从事烟草贸易的同时，西班牙殖民政府也禁止外国
商人和公司在菲律宾发展私人烟草业。18 世纪后期马尼拉大帆船贸易
日趋衰落，但尚未终结，外国资本不能自由进出菲律宾，只有获得西班
牙殖民政府许可的公司才可以在菲律宾进行商贸活动。排除外国竞争者
之后，作为垄断经销商的西班牙才能控制烟草价格并提高利润。马尼拉
皇家烟草工厂生产的雪茄和香烟一半以上被运往西班牙，再以西班牙为
中介销往英国、法国和荷兰等国。虽然西班牙政府宣称要让菲律宾加入
商业资本主义的行列并实现经济自由，但很显然，这是一种受限制的自
由。正如经济史学家拉尔金所言，从 18 世纪中期到 1820 年代，菲律宾
虽然受到外贸的刺激，但它是"犹豫不决"地迈入世界市场的。[5] 西班
牙王室采用了一种特殊方式加入世界烟草市场，其实这种用垄断应对市
场竞争的方式并不鲜见，也不是西班牙王室所独创的。1827 年，马尼
拉皇家法院法官曼努埃尔·伯纳尔德斯·皮萨罗起草了一份改革报告。
在这份报告中，皮萨罗指出：

1　Edilberto C. De Jesus, "Control and Compromise in the Cagayan Valley," in Alfred W. McCoy and Ed. C.
　　De Jesus eds., *Philippine Social History: Global Trade and Local Transformations*, p.29.

2　"Events in Filipinas, 1764-1800, [Compiled from Montero y Vidal's Historia de Filipinas]," in Emma
　　Helen Blair and James Alexander Robertson, eds., *The Philippine Islands, 1493-1898*, Vol.50, p.63.

3　Edilberto C. De Jesus, "Control and Compromise in the Cagayan Valley," in Alfred W. McCoy and Ed. C.
　　De Jesus, eds., *Philippine Social History: Global Trade and Local Transformations*, p.29.

4　Joaquin Martinez De Zuñiga, *Estadismo de las Islas Filipinas: ó, Mis Viajes por Este País*, anotada por W.E.
　　Retana, Tomo Segundo, Madrid: Imprenta de la Viuda de M. Minuesa de los Rios, 1893, p.24.

5　John A. Larkin, "Philippine History Reconsidered: A Socioeconomic Perspective," *The American Historical
　　Review*, Vol.87, No.3(June 1982), p.606.

在菲律宾，最适合当地人的就是通过专卖制征收间接税。他
们从土地上获得了维持生计所需的全部收入，其中多余的部分可
以用于购买嗜好品。……菲律宾 300 万人，不论性别或年龄，无
一例外都是这种商品的消费者。平均而言，即便最保守估计，每
人每年可以消费 4 比索，这将产生 1200 万比索的额外收入。……
这并不是空穴来风，因为烟草对当地人来说是不可或缺的必需品，
烟草对菲律宾人而言就像面包对西班牙人一样重要。[1]

因此，皮萨罗建议在菲律宾全岛实施烟草专卖制，采用与强制手段
稍有不同的"聪明"做法，即成立委员会，负责评估和检查从烟草种植
者手中购买的烟叶。该委员会由管理部门最值得信赖和最具能力的官员
组成，为了防止形成既得利益集团，委员会成员每年改选一次。除了收
购合格的烟草之外，委员会还监督焚毁不合格的无法投入市场的烟草。
在菲律宾收集的烟草，都要交予签订了货运合同的船舶运往西班牙。[2]

王室烟草专卖制并不是西班牙使菲律宾实现完全经济自由的政策。
研究西班牙殖民统治时期菲律宾史的学者阿尔瓦雷斯指出，西班牙王室
在制定菲律宾商贸自由的政策时更注重建立一个强力的把殖民地财富吸
纳到中央的机制，而不只是调动菲律宾资源促进当地经济自由发展的机
制。[3] 这继承了波旁王室在美洲的商贸自由政策。1765 年至 1788 年，西
班牙王室颁布了《自由贸易法令》以指导宗主国与殖民地的贸易。法令
规定，两地之间的贸易必须在西班牙帝国选定的港口进行，绝不允许外
国势力介入贸易。显然，这一法令在推进贸易自由化的同时又保留了一

1 Manuel Bernaldez Pizarro, "Reforms Needed in Filipinas, Madrid, April 26, 1827," in Emma Helen Blair
    and James Alexander Robertson, eds., *The Philippine Islands, 1493-1898*, Vol.51, pp.224-225.

2 Manuel Bernaldez Pizarro, "Reforms Needed in Filipinas, Madrid, April 26, 1827," in Emma Helen Blair
    and James Alexander Robertson, eds., *The Philippine Islands, 1493-1898*, Vol.51, p.226.

3 Luis Alonso, *El Costo del Imperio Asiático: La Formación Colonial de Las Islas Filipinas bajo Dominio
    Español,1565-1800*, A Coruña: Instituto Mora,Universidad de Coruña, 2009, p.311.

些保护主义措施。所以，有学者把西班牙帝国的自由贸易模式称为自由
重商主义或资本重商主义。

在这种体制下，烟草的价格不由市场决定，而由谈判和合约决定。
菲律宾的烟草贸易更像是一种政治经济活动，而非纯粹的商业活动。虽
然西班牙王室也关心利润最大化，但它更希望通过王室烟草专卖制以及
其他一系列农业开发项目增强殖民地与母国之间的政治联系。诸如烟草
等经济作物的生产、加工、销售完全局限于西班牙帝国范围内，这不但
减轻了西班牙对外国生产商的依赖，同时也增强了西班牙与殖民地的经
济联系，最终保障和维护帝国的经济安全。从帝国整体来看，西班牙王
室在菲律宾发展农业经济除了最大限度榨取财富之外，还有通过开发以
增强殖民地经济可持续性的目的。通过这种开发强化菲律宾人对宗主国
的忠诚，使菲律宾永久留在西班牙殖民帝国内。

在分析王室烟草专卖制与菲律宾农业殖民地可持续性的关系时，农
民群体常常被忽略，但他们并不是可有可无的角色，而是推动农业发展
的重要动力。在烟草收集区，烟农虽然被剥夺了种植粮食作物的权利，
但他们对烟草和粮食等的价格与市场非常敏感，因为这关系到他们能够
获得的工资以及能否养活一家老小的重大问题。只要烟草收集区的殖民
官员能够按照合约及时支付可以养活他们一家人的工资，农民们就能忍
受在烟草收集区工作的劳苦。这或许也是王室烟草专卖制能在菲律宾延
续100年的原因之一。

在《拉丁美洲环境史》中，肖恩·威廉·米勒指出，虽然诸如西班
牙和葡萄牙王室在殖民地实施的贸易垄断政策会造成一定程度的自然资
源浪费，但它在无意中保护了自然资源的可持续性，控制甚至限制生产
的专卖制度似乎也减缓了殖民地土壤被耗尽的步伐。[1]菲律宾的例子也
证明了这一点，这或许也是王室烟草专卖制能持续100年以及菲律宾在

1　〔美〕肖恩·威廉·米勒：《被入侵的天堂——拉丁美洲环境史》，谷蕾、李小燕译，江苏人民
　　出版社，2022。

专卖制被废除后还能继续发展烟草业的重要原因。当然,与水稻种植业相比,烟草或其他经济作物种植造成的地力消耗速度更快,这一点也是不能忽视的。

虽然自18世纪中叶起西班牙帝国对殖民地的重新定位在一定程度上推动了菲律宾农业经济的发展,扩大了农业的生产边疆,但这并不能掩盖西班牙在菲律宾殖民的本质。对殖民者来说,掠夺财富高于农业发展,维持王室统治高于改善当地人生活,这是西班牙把菲律宾变成农业殖民地的基本原则。殖民政府实施的包括王室烟草专卖制在内的各项政策首先要满足的是宗主国的利益。但是,西班牙汲取了在菲律宾构建矿产殖民地与贸易殖民失败的教训,在菲律宾建设农业殖民地时不得不重视其经济与政治的可持续性。

第二章　美国殖民时期菲律宾的灌溉事业与治水政治

　　1898 年美西战争后，美国获得了前西属太平洋热带岛屿，其资源边疆从干旱的西部扩展到热带海洋。菲律宾是美国获得的唯一亚洲热带殖民地，占领菲律宾后，美国在这里投入了大量精力和资本建设农业基础设施，进行热带农业开发，希望将菲律宾变为美国的热带资源供应地，同时向亚洲展示美式现代化农业的优越性。灌溉工程是美式现代化农业的重要基建项目，关乎粮食安全和土地开发，更因其资本和技术密集的属性，在某种程度上塑造着美国的殖民政治。

　　在开发菲律宾之前，美国已在西进运动中积累了丰富的治水经验。唐纳德·沃斯特指出，在征服西部自然环境的过程中，美国西部形成了现代治水社会，这是一种建立在对干旱环境中的水及其产物进行密集而又大规模操纵之上的社会秩序，是一种高压强制、简单划一且等级森严的体系，由掌握资本与专业技术的权力精英统治。[1] 如果说干旱是权力之源，那么潮湿多雨的热带气候加上美式现代化技术是否会酝酿出与美国西部不同的灌溉事业和治水政治？本章试图分析美国的热带治水实践，比较其与美国西部治水经验的异同，以期讨论美式技术和制度在热带殖民地的在地化问题。

本章还将从东南亚农业发展的角度来探讨美式基建给菲律宾本土农业带来的影响。关于东南亚本土农业的特点，人类学家格尔茨曾提出"内卷化"（involution）理论。在研究爪哇水稻农业时，他发现，在既无资本也无法开拓新土地的条件下，当地人只能将更多的劳动持续投入有限的稻米生产中，结果造成农业生产内部的精细化。[2] 这种模式在现代农业基建迅速推动资源边疆扩展的进程中是否会发生变化，水稻种植等东南亚本土农业生计会受到何种影响，也是本章关注的问题。

第一节　美国殖民之前的菲律宾灌溉

菲律宾是由七千多个岛屿构成的西太平洋岛国，面积约 30 万平方千米，海岸线却长达 17000 千米，属季风性热带雨林型气候，降水丰富。菲律宾是被水环绕的国家，水对菲律宾人的生产生活和历史文化都产生着重要影响。

菲律宾人的主食是稻米，相较于其他作物，水稻对水的需求量更大，不仅依赖季节性降水，也常需人工灌溉做补充。每年 5 至 8 月，

1　〔美〕唐纳德·沃斯特：《帝国之河：水、干旱与美国西部的成长》，侯深译，译林出版社，2018，第 6 页。

2　Clifford Geertz, *Agriculture Involution: The Social Process of Ecological Change in Indonesia*, Berkeley: University of California Press, 1963, pp.28-38.

来自西边和南边的季风带来充裕的降水，这段时期是水稻生长的关键期。12 月至次年 3 月，菲律宾盛行西北或东北季风，降雨明显减少，进入旱季。在雨季，农人修建灌溉沟渠储水、引水，为水田耕作做准备；在旱季，如果人工灌溉能补充足够的水，就可以种植第二季稻增加产出。

水稻很可能原生于东南亚。现在东南亚广泛种植的亚洲籼稻（Oryza sativa indica）已经适应了热带气候条件，尤其是克服了降水太多导致的土壤养分流失问题。这主要是因为生长在水田中的籼稻对土壤肥力的依赖较少，更多依靠雨水或灌溉水带来的养分，尤其是水田中的固氮藻类提供的养分。塘堤和梯田有效减少了水土流失，田中的水又能阻止杂草种子发芽，防止杂草与水稻争夺养分。相比其他谷物，单位面积产量的水稻能够提供更多的热量。而且，相比薯芋等根茎作物，水稻又能提供更多的蛋白质。[1] 这些特性使稻米成为东南亚人民的理想食物，形成了当地人以鱼米为主的饮食结构。

东南亚有悠久的水稻种植历史，也有丰富的灌溉经验。16 世纪，东南亚地区已形成三种水稻播种方式，分别是斜坡地区的刀耕火种、洪水低地的撒播、在平整好的水田移栽秧苗。[2] 在大部分地区，人们用第三种方式耕作，同时建造灌溉工程引水入田。不同于干旱或半干旱地区，在水资源丰富的东南亚，村庄和社区用简单的材料和技术就可修建简易灌溉工程以满足水稻生长的需要，社区灌溉是美国人到来前菲律宾的主要治水模式。[3]

---

1 Daniel F. Doeppers, *Feeding Manila in Peace and War,1850-1945*, Madison: The University of Wisconsin Press, 2016, p.16.

2 〔澳〕安东尼·瑞德：《东南亚的贸易时代：1450—1680 年 第一卷 季风吹拂下的土地》，吴小安、孙来臣译，商务印书馆，2010，第 25 页。

3 关于东南亚的地方性社区灌溉，有丰富的研究成果，如 Henry T. Lewis, *Ilocano Irrigation: The Corporate Resolution*, Honolulu: University of Hawaii Press, 1991; Robert C. Hunt, "Communal Irrigation: A Comparative Perspective," in Peter Boomgaard eds., *A World of Water: Rain, Rivers and Seas in Southeast Asian Histories*, Leiden: KITLV Press, 2007；以及〔美〕埃莉诺·奥斯特罗姆《公共事务的管理之道：集体行动制度的演进》，余逊达、陈旭东译，上海译文出版社，2012。

　　在菲律宾，西班牙人在 16 世纪就观察并记录下这里精耕细作的水稻种植法。农民在播种季把水稻种子放入河中浸泡，几天后将种子从水里取出，把发芽的种子放在竹席上，用土盖好，放置在保湿的地方。等种子充分萌芽生长之后，逐一移栽到水田中。[1]吕宋的马尼拉湾和贝湖周边在 16 世纪就已成为菲律宾的水稻种植中心，在其他一些地方，如伊洛戈、比科尔、班乃等地的适宜种植区也散布着稻田。也就是说，到美国人统治时，菲律宾重要水稻产区至少已持续生产了五个世纪。[2]

　　插秧之后，在灌溉充分的情况下，菲律宾可以种植两季稻。16 世纪时，在人口较稠密的地区，灌溉沟渠已非常普遍。[3]西班牙殖民时期，菲律宾典型的灌溉模式有两种：一种是以桑赫拉为代表的地方性社群灌溉；另一种是西班牙教会庄园上的灌溉工程。

　　桑赫拉是吕宋岛北伊洛戈地区伊洛卡诺人的社群灌溉模式，拥有悠久历史，是菲律宾本土社群灌溉的典型代表。关于这种灌溉制度的最早文献记载，可追溯至 1630 年西班牙神职人员的手稿。[4]桑赫拉是由有意愿建立公共灌溉系统的农民协作建立的灌溉设施和土地共享制度。桑赫拉使用的技术比较简陋，工程规模也较小。每年季风季节，人们在酷热的天气中用竹子、香蕉叶、沙子和石头建造大坝，为水稻种植准备灌溉用水。由于季风季总有无法预测的暴雨甚至台风，这些简陋的大坝常被冲毁。在这种时候，桑赫拉又能迅速动员人们实施紧急抢修，这种繁重的体力劳动通常会贯穿整个雨季。

　　桑赫拉经过不断演化，今天仍在菲律宾部分地区的农业生产中发挥着重要作用。这种制度的杰出之处不在于技术，而在于其组织动员

1　〔澳〕安东尼·瑞德：《东南亚的贸易时代：1450—1680 年 第一卷 季风吹拂下的土地》，第 28 页。

2　Daniel F. Doeppers, *Feeding Manila in Peace and War, 1850-1945*, p.16.

3　〔澳〕安东尼·瑞德：《东南亚的贸易时代：1450—1680 年 第一卷 季风吹拂下的土地》，第 28 页。

4　〔美〕埃莉诺·奥斯特罗姆：《公共事务的管理之道：集体行动制度的演进》，第 98 页。

能力和资源分配制度。桑赫拉的运行依赖于社群内所有农民（小农和佃户）缔结的土地共享合约。这一合约保证了土地所有者的产权，但将使用权赋予负责建设和维护灌溉系统的桑赫拉。每个桑赫拉的具体组织设计方案会有些许差异，但基本模式大体相同。桑赫拉会按照土地质量和距离灌溉工程的远近把社群土地划分成 3 个或更多区块，每个农民总体上都能分到同样面积的土地，既有最便于灌溉的土地，也有最不便于灌溉的土地。在降水量不足以浇灌所有土地的年份，桑赫拉也能够既快又公正地做出分享稀缺水资源的决定，简单来说就是停止浇灌那些离灌溉系统最远的土地。还有若干土地留作社群之用，其中有几块位于灌溉系统末端的土地，会被奖赏给管理桑赫拉的领导人，这种做法不仅是对他们提供服务的奖励，也增强了领导人让水流到灌溉系统末端的意愿。[1]

作为东南亚本土灌溉制度的代表，桑赫拉是人类学家热衷的研究对象。根据罗伯特·赛伊对北伊洛戈现代桑赫拉联盟的研究，联盟中没有人会对水的分配方案或分配中的公平问题提出异议，这应该是桑赫拉制度获得成功并流传至今的重要原因。虽然这种制度能够有效满足社群小规模的灌溉需求，但其简陋的技术很难令人满意。据赛伊的研究，65% 的被调查者认为桑赫拉存在的问题主要是大坝易毁以及随之而来的艰辛修补，[2]另外，这种简陋技术也无法满足大规模灌溉的需求。

西班牙殖民时期，菲律宾较大规模的灌溉工程多位于教会庄园之中。国王授予多明我会、奥古斯丁会和耶稣会及其神职人员的大庄园与普通村镇不同，它们不但规模大，还滋生了菲律宾最早的租佃关系。由于印第安法规定土著必须居住在村镇中缴纳贡赋，修士庄园就需要招揽一些还未组成村镇的土著家庭或来自中国的劳工和中菲梅斯蒂索来耕作

1　〔美〕埃莉诺·奥斯特罗姆：《公共事务的管理之道：集体行动制度的演进》，第 100 页。
2　〔美〕埃莉诺·奥斯特罗姆：《公共事务的管理之道：集体行动制度的演进》，第 106 页。

庄园土地。庄园主是菲律宾最早的地主，土著佃户是最早的佃农。在菲从事神职的每一名修士最终都会拥有一个大庄园，许多这种庄园位于马尼拉郊区和他加禄地区，其中一部分成为菲律宾大庄园（hacienda）农业的基础。

这些修士庄园很快成为殖民地首府马尼拉最主要的粮食供应商，[1]它们中很多都建设了大规模的灌溉工程，这些工程多由石质大坝、水闸和水渠组成，非常牢固。美据初期，美国人曾对这些灌溉工程进行过调查，发现这些工程有的早在18世纪中期就已建成使用，经过一个半世纪仍可正常供水。有些工程是引地下水浇田，修建和维护均需复杂的技术，通常需要建设从地下取水的长暗渠，以及将水吸到地面的虹吸装置。另一些引河水灌田的工程则包含很长的引水渠，工程艰巨。这些灌溉系统经过合理的维护可以长期使用，不但能够灌溉，也能起到疏浚防洪的作用。据美国人统计，在布拉干、甲米地等马尼拉湾周边省份，西班牙殖民时期修建的这类工程总灌溉面积约为5万公顷，大概相当于当时美国得克萨斯一个大型农场的面积。[2]

19世纪中叶之后，吕宋岛中部林加延湾沿岸的邦阿西楠省发展成重要的稻米产区，其稻米供应量逐渐超过了马尼拉湾周边的教士庄园。邦阿西楠稻作农业之发展，得益于良好的自然条件。该省位于马尼拉西北方向，临海，相较吕宋岛其他产区，这里不受科迪勒拉山的阻挡，两季有充足的降水，无须大规模人工灌溉就能获得理想收成。除此之外，该省还拥有林加延湾的良港，出产的稻米可以通过达古潘港口经海路直接运到马尼拉。19世纪中期，菲律宾的稻米生产经常出现剩余，可向中国南部沿海地区出口，稻米出口贸易在1820—1860年代尤其繁荣。[3]

1　O. D. Corpuz, *An Economic History of the Philippines*, p.29.

2　A. H. Sjovall, "Why Irrigate?", *Quarter Bulletin*, Manila: Bureau of Public Work, Vol.2 (April 1, 1913), p.46.

3　Marshall S. McLennan, "Changing Human Ecology on the Central Luzon Plain, Nueva Ecija, 1705-1939", in Alfred W. McCoy & Ed. C. de Jesus eds., *Philippine Social History: Global Trade and Local Transformations*, p.57.

但从 1870 年代开始，情况发生逆转，菲律宾开始出现周期性稻米短缺，从稻米净出口国逐渐变为净进口国。[1]

在西班牙统治的大部分时期，殖民者没有制定管理水资源的专门法律，为数不多的早期相关条款将菲律宾土地和水资源的使用权无条件地授予菲律宾人（西班牙国王仍是土地的所有者），直到 1866 年《水法》出台。水法的长期缺失，主要原因是 16 到 18 世纪的西班牙征服和再安置导致菲律宾的人口不断减少。除了村镇土地和教会庄园，大部分土地处于无人耕种的闲置状态，包括那些被授予西班牙贵族或骑士的庄园，在人少地多的情况下，很少出现水权或土地纠纷。直到 19 世纪中叶随着人口增加，村镇产生剩余劳动力，大种植园农业出现，水权冲突事件逐渐增加。1866 年马德里要求菲律宾总督制定管理水资源的专门法律，同年 8 月《水法》成文并获得通过。1871 年 9 月 24 日，《水法》在《马尼拉公报》上发布，随即正式生效。[2]

1866 年《水法》是一部系统的法律，共七编十六章三百条，详细规定了海水、河水、湖水、泉水、地下水、人工沟渠水等水体以及堤岸、海滩、三角洲等水岸区域的归属权、使用权和权利让与原则，同时也明确了水制度、水政策以及政府的水管理职权。在水权归属上，该法秉持滨河原则，也就是河流水权参照河滨土地所有权的原则。公地上的水属于公共资源，任何人都有使用权（大规模机械开发除外）。[3]关于滨河原则，唐纳德·沃斯特指出，该原则源于习惯法，在其更古老的形式中，河流不应被视为任何人的私有财产，沿河而居的人们被允许在不影响自然水流的前提下使用水，用于饮用、洗涤、饮畜等"自

1　Daniel F. Doeppers, *Feeding Manila in Peace and War,1850-1945*, p.18.

2　*Gaceta de Manila*, Año XI, tomo II, numero 0265(Septiembre 24, 1871), University of Santo Tomas, Miguel de Benavides Library and Archives, Collection 9.13.

3　*Ley de agua*, Capitulo XII "Del aprovechamiento de las aguas públicas para el servicio doméstico, fabril y agrícola," Art. 166, 167, *Gaceta de Manila*, Año XI, tomo II, numero 0265(Septiembre 24, 1871), p.637.

然"目的。这实际上是一种用益权，即只要不减少水流即可使用的权利，展现的更多是一种不干预态度。[1]《水法》颁布后，西班牙殖民政府也并未大范围涉足治水，唯一可圈可点的水利开发项目是 1878 年建设的马尼拉卡里埃多供水系统。[2]《水法》鼓励民间治水，认可民间灌溉组织的管理权。[3]1898 年群岛政权更迭之前，该法一直是菲律宾水资源管理的法律和制度基础，1889 年 10 月 8 日颁布的民法典对该法做了进一步细化和补充。[4]政权更迭之后，该法更成为美国殖民水法的基础。

第二节　美国殖民时期菲律宾的水资源管理、灌溉事业与稻米产业

　　1898 年，美国成为菲律宾群岛的新统治者。虽然 19 世纪菲律宾经历了长期的出口农业繁荣，但从 1896 年起，菲律宾的经济状况就开始下行，该年爆发的反西独立运动及随后的菲美战争对很多省份的经济都造成了破坏。

　　稻米等生计农业的凋敝更为明显。19 世纪菲律宾与全球经济日益密切的联系使其农业分化为出口农业和传统生计农业两个部门，稻米这类传统生计农业的停滞和衰落在西班牙殖民末期已较为明显，美国人到来后，稻米短缺和粮食危机时有发生。经济学家小贝尼托·莱加尔达认

1　〔美〕唐纳德·沃斯特:《帝国之河：水、干旱与美国西部的成长》，第 99 页。

2　该工程是西班牙殖民政府主持的大型机械化水利工程，主要目标是为马尼拉提供城市用水。

3　*Ley de agua*, Capitulo XV "De las comunidades de regantes y sus sindicatos," Art. 279, *Gaceta de Manila*, Año XI, tomo II, numero 0265(Septiembre 24, 1871), p.642.

4　R.G. 350. Records of Bureau of Insular Affairs, U.S. National Archive and Records Administration II, Vol. 1262, Entry 95, "Laws Governing Waters in the Philippines Islands," *Quarter Bulletin of Bureau of Public Works*, Vol.4, No.3 (Oct. 1, 1915), p. 5.

为，菲律宾从稻米剩余到短缺，一是由于人口增长，二是由于出口经济作物回报较高，耕地转种经济作物。换句话说，稻米短缺是菲律宾加入国际市场后区域生产专业化的结果，菲律宾稻米被更为廉价的湄公河三角洲稻米替代，菲律宾的土地转而种植甘蔗和马尼拉麻等经济作物，这种专业化是区域航运成本下降和广泛的市场整合背景下经济的理性反映。[1] 美国学者多珀斯补充分析了菲律宾稻米短缺的自然环境因素，19世纪末袭击菲律宾的两次牛瘟导致耕田畜力的灾难性损失，1876 年之后频繁的厄尔尼诺干旱则加剧了稻米生产危机。[2]

　　稻米短缺给刚刚立足的美国殖民政府带来了挑战。美国殖民统治的最初几年，这一问题日益严重，稻米进口量逐年攀升，在 1904 年达到峰值（见图 2-1）。此后随着局势稳定，进口量虽有下降，但一直无法实现自给，长期依赖湄公河三角洲的进口稻米。1911 年的粮食危机给殖民政府带来了前所未有的紧迫感。肆虐整个东南亚的厄尔尼诺现象引发干旱，导致稻米普遍减产，湄公河三角洲因产量不足减少了出口，菲律宾因此无粮可买，粮价暴涨，引发社会动荡。面对突如其来的危机，美国殖民政府紧急组织了一个专门委员会，临时动用一笔财政资金在国际市场上购买大米，以平抑价格波动。这笔资金主要来自殖民财政局掌握的货币储备基金。这种动用货币储备的做法在当时引起了不小的争论，但在紧急情况下，不得不出此权宜之计。这让美国殖民者意识到只有增产稻米，实现稻米自给，才能够保障殖民地的粮食安全。[3]

1　Benito Legarta Jr., *After the Galleons: Foreign Trade, Economic Change & Entrepreneurship in the Nineteenth-Century Philippines*, Quezon City: Ateneo de Manila University Press, 1999.

2　Daniel F. Doeppers, *Feeding Manila in Peace and War, 1850-1945*, p.62.

3　*Report of the Philippine Commission 1911*, Washington: Government Printing Office, 1912, p. 15.

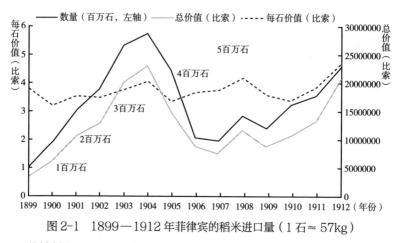

图2-1　1899—1912年菲律宾的稻米进口量（1石 ≈ 57kg）

资料来源：A. H. Sjovall, "Why Irrigate?", *Quarterly Bulletin of Bureau of Public Works*, Manila: Bureau of Public Work, Vol.2 (April 1, 1913), p. 46.

灌溉是实现稻米增产的关键。根据1911年的统计，截至当年菲律宾的水稻种植面积约为100万公顷，其中只有5%的土地得到了充分灌溉。需要指出的是，该统计数据仅包括那些拥有灌溉系统的教会庄园，桑赫拉一类民间灌溉系统未列入统计范围。美国人发现，主要稻米产区中吕宋平原的大部分地区每年只产一季稻，如果修建大规模灌溉工程保证旱季供水，普及双季稻，菲律宾的稻米产量至少能翻一番。[1]

从美国殖民初期开始，相关的灌溉调查和准备工作已经开启。1904年，威廉·卡梅隆·福布斯就任商务和警务部部长，对该部下辖的公共工程局进行调整，确立了工程管理的基本框架（见图2-2）。1908年，菲律宾委员会颁布1854号法案，在公共工程局内设立灌溉处，每年拨款750000比索用于改善群岛的灌溉。同年，灌溉处开始进行水文、降雨和地形调查工作，从1908年到1922年（其中1914

1　A. H. Sjovall, "Why Irrigate?", *Quarter Bulletin*, Manila: Bureau of Public Work, Vol.2, April 1, 1913, p. 46.

到 1918 年因资金不足中断），灌溉处对吕宋岛和米沙鄢群岛的河流进行了季节性流量监测，为城市供水、农业灌溉和水电开发提供数据准备。[1]

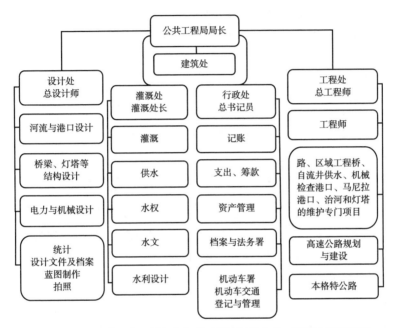

图 2-2　殖民公共工程局的组织架构（灌溉处为公共工程局局长管辖的
四个部门之一，主管灌溉、城市供水、水权、水文监测、
水利工程设计等事务）

资料来源：*The Bureau of Public Works, Bulletin A*, Vol. 11, No. 1, January 1, 1923, p. 4. 中文为作者自译。

　　更为重要的一项工作是修订水法，以确定水资源管理的法律和制度基础。在这方面，美国人并未采用在美国西部的经验，而是继承了

1　R.G. 350. *Records of Bureau of Insular Affairs*, Vol.1270, Entry 95, U.S. National Archive and Records Administration Ⅱ. "Surface Water Supply of the Philippine Islands, 1908-1922," Vol.1, Manila: Bureau of Printing, 1923, p.3.

西班牙时期的菲律宾水法。1912年2月6日，第二次菲律宾立法会议通过了2152号法案即《灌溉法》。该法整合了西班牙《水法》，但后者在水管理中仍正常使用，未被废除。在公共水资源的管理和开发上，《灌溉法》强化了政府的职权，将公共水资源的分配权授予商务和警务部，规定水资源开发的申请需由公共工程局调研、局长审批后方可施行，申请材料中必须附上详细地图，同时标注取水地点、用水量和用水范围。[1]

菲律宾的水法与美国西部的水法相比有很大不同。它延续了西班牙水法的基本原则，尤其是重申了水权与土地所有权统一[2]的"滨河原则"。该原则维护了河流作为公共资源的属性及公众使用公共水资源的权力，殖民政府作为公共资源的监督人和保护者，为水资源开发提供专业技术支持以及法律和行政登记服务。而在美国西部，"优先占用原则"自1870年代就逐渐成为主流的法律原则。该规则与滨河原则相反，首先来到河流边并申明拥有水资源的人，有优先使用它的权利。唐纳德·沃斯特指出，这一原则把公共水资源转化为了私有财产，在此原则下，无论占有者在距离河水多远的地方居住或将河水从自然河道引出多远都不重要，是否会将河水排干也不重要，占有的唯一原则是先到先得。[3]优先占有原则打破了习惯法对西部资源开发的约束，将水资源私有化，以期最大化地开发其经济潜力。然而，这一原则制造了很多问题，最直接的就是资源争夺斗争和对河流的肆意破坏。

美国在菲律宾采用更为平等和古老的滨河原则，并非将维护河流及人民权利放在首位，实际上，开发菲律宾的土地和资源才是美国人的重要目标。之所以美国在菲律宾采用了与西部不同的立法原则首

1　*Bureau of Public Works, Quarterly Bulletin*, Vol.4, No. 3 (October 1, 1915), p. 4. R.G. 350. Bureau of Insular Affairs, Vol. 1262, Entry 95, U.S. National Archive and Records Administration Ⅱ.

2　J. A. Beemer, C.E., "Water Rights," in *Bureau of Public Works, Quarterly Bulletin*, Vol.4 No.3, (October 1), 1915, p.4. R.G. 350 Bureau of Insular Affairs, Vol.1262, Entry 95, U.S. National Archive and Records Administration Ⅱ.

3　〔美〕唐纳德·沃斯特:《帝国之河：水、干旱与美国西部的成长》，第99页。

先是自然环境的不同，湿润多雨的菲律宾比美国西部拥有更丰富的水资源，且在 20 世纪初菲律宾仍有许多尚未开发的处女地，丰裕能够保证平等，因此暂无水权争夺之虞。第二个原因是殖民政府的权威无人能够挑战，这与美国西部企业、社团和政府相互竞争制衡的社会结构不同。军事征服赋予美殖民政府绝对权威，殖民政府是唯一有权力决定水资源分配和规划水利开发的机构，因此不存在优先占有的社会环境。第三个原因是，与美国西部各州水法林立的状况相比，这样一部实用且统一的水法无论是在立法层面还是在管理层面都更有利于进行管理。

美国人在菲律宾群岛修建的第一个灌溉工程是打拉省的圣米格尔灌溉项目。公共工程局在此工程中除了参与审批等行政和法律流程之外，还扮演了工程公司的角色，提供工程设计和建设服务。该工程主要用于灌溉菲律宾烟草总公司在打拉的路易西塔庄园，该庄园面积约有 8000 到 9000 公顷，大部分撂荒，但其土质非常适合种植水稻，且西邻马尼拉铁路，具有便利的交通运输条件。1911 年，烟草公司与公共工程局先后签订了三个合同，由工程局负责大坝和水渠的设计施工，灌溉处总工程师任项目负责人。[1] 工程建设中遭遇的台风和强降雨等热带气象灾害，迫使工程局多次调整设计和建设方案，以增强系统的洪水防御功能。该工程历时两年左右完工，灌溉面积 6400 公顷，为工程局积累了宝贵的热带灌溉工程建设经验。

1918 年的干旱再次推动了菲律宾的灌溉工程建设，主要稻米产区中吕宋平原尤其受到殖民政府重视。中吕宋平原尚有许多处女地，虽然平原的地形平坦且土质适合种植水稻，但东部内陆较西部沿海地区降雨量减少了 30%，这一限制使中吕宋很多新开发的土地未能发展成为稻米产区。如果解决灌溉问题，就可以增加中吕宋平原的稻米

1　W.L. Gorton, "San Miguel Irrigation Project," in *Bureau of Public Works, Quarterly Bulletin*, Vol.2, no.2 (July 1, 1913), p.36. R.G. 350 Bureau of Insular Affairs, Vol.1261, Entry 95, U.S. National Archive and Records Administration II.

产量。

  1920 年代，两个大型灌溉项目在中吕宋开建，分别是新怡诗夏的塔拉维拉河项目（见图 2-3）[1] 和布拉干与邦板牙中部的昂阿特河项目（见图 2-4），前者灌溉面积 9500 公顷，后者为 23100 公顷。[2] 规模最大的昂阿特河项目不但为中吕宋提供灌溉用水，还为首都马尼拉供给城市用水，1939 年该工程完工。该水利工程系统一举解决了布拉干和邦板牙省的农业灌溉问题，并解决了水稻种植业向吕宋内陆腹地扩张时面临的降雨不足问题。除此之外，公共工程局陆续在中吕宋修建了 16 座大坝，以保障扩张中的中吕宋农业边疆拥有充足的灌溉用水。[3]

图 2-3 新怡诗夏省塔拉维拉灌溉工程

  资料来源：*Bulletin of the Bureau of Public Works*, Vol. 11, No. 1 (January 1, 1923), front page.

---

1 *Report of the Philippine Commission to the Secretary of War, 1923*, p.232.

2 Daniel F. Doeppers, *Feeding Manila in Peace and War,1850-1945*, p.85.

3 Richard Hooley, "American Economic Policy in the Philippines, 1902-1940: Exploring a Dark Age in Colonial Statistics," *Journal of Asian Economics*, No. 16 (2005), p.467.

图 2-4　昂阿特灌溉工程

资料来源: *Bulletin of the Bureau of Public Works*, Vol. 13, No. 1, January 1, 1925, front page.

这些大型灌溉工程确实显著提高了稻米产量。1912 年后，菲律宾稻米产量持续增长，仅在部分年份因气候因素短暂下滑。根据农业局长阿德里亚诺·厄尔南德兹在 1920 年的统计（见图 2-5），菲律宾稻米总产量在 1915 年到 1918 年翻了一番，1915 年产量约为 76.6 万吨，1918 年超过了 154 万吨。尽管菲律宾每年仍需从国外进口大米，但国内稻米增产已缓解了菲律宾粮食短缺问题。[1]

菲律宾稻米生产的另一项成就在于单位面积产量的增长。从 1912 年到 1918 年，由于出口农业繁荣，新增土地多被用于种植价格更高的出口农作物，用来种植水稻的新增土地不到 30 万公顷。但单位面积稻米产出的增长则较为突出。根据 1920 年的统计数据，从 1910 年到 1920 年，每公顷土地稻米的单位产量实现持续增长，仅在部分年份因气候变化出现了短暂下降。收成最好的 1920 年，每公顷土地的稻米产量大约

1　Adriano Hernandez, "Rice," in *Economic Resources and Development of the Philippine Islands*, New York City: Philippine Commercial Agencies, 1920, p.40.

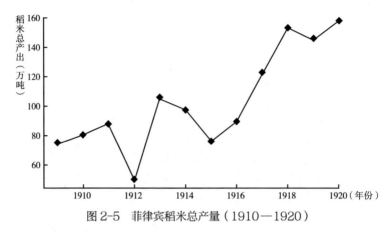

图 2-5   菲律宾稻米总产量（1910—1920）

数据来源："Plate X. Graphical comparison of annual production of rice for the last twelve years"，in *The Philippine Agricultural Review*, Vol. XIV, 1921.

为收成最差的 1912 年的 2.4 倍。[1]

除了修建灌溉工程，殖民政府还对中吕宋稻米产地的交通基础设施进行了建设。美国殖民统治确立的第一个十年，马尼拉铁路主干线的一支向北延伸，穿过了中吕宋平原东部，进入北布拉干和新怡诗夏核心区域，带动了周边处女地的开发，吸引了来自伊洛戈省和马尼拉周边他加禄地区的移民来此种植水稻。当地精英利用这个机会，在新怡诗夏投资建立蒸汽碾米厂。碾米业城镇随着铁路线的延伸而增加，较先通车的新怡诗夏南部市镇卡巴纳图安及邻近的圣罗莎到 1913 年已拥有 6 家机器动力碾米厂，碾米业带动城镇人口增加，城市规模扩大。1912 到 1918 年，另一条东西向的铁路通车。这条穿过新怡诗夏北部进入东邦阿西楠的铁路通车到圣其因汀和罗莎列斯，两地也很快发展成新的碾米业中心。[2] 除铁路外，殖民者还修建了连接马尼拉和主要稻米产地的"马尼拉以北公路网"，推动了区域稻米市场的完善。中吕宋平原正是在美国殖民时期一系列基础设施的推动下发展成为菲律宾的"粮仓"，这一地位保持至今。

1   "Statistics," in *The Philippine Agricultural Review: Rice Number*, Vol. XIV, No. 1 (1921), p.12.

2   Daniel F. Doeppers, *Feeding Manila in Peace and War, 1850-1945*, p.80.

第三节　美国殖民时期菲律宾的治水政治

美国殖民政府修建的大型灌溉工程推动了菲律宾资源边疆的扩张。政府在建设中大包大揽，从勘察到设计到雇用工人建设，都是公共工程局亲力亲为。除了最初的圣米格尔项目由烟草公司出资建设，后面的一系列大型工程甚至需要政府筹措资金。这挑战了殖民政府的组织动员和行政能力。

然而，国家大包大揽且频繁干预经济的做法与美国的自由主义经济理念格格不入，实际上这也确非美国人的最初规划。殖民初期，威廉·霍华德·塔夫脱率领的菲律宾委员会最初对菲律宾经济的规划是依靠那些造就了美国经济繁荣的私人资本，来推动菲律宾经济的发展。塔夫脱委员会的报告写道：

> 将工业、企业、繁荣和幸福引入菲律宾的机构不应是军政府，而是那些铸就我们自己国家的私有企业。随着越来越多的私有资本和企业来菲律宾经营，政府将获得更多的收入来履行义务，去改良港口设施，铺设道路，修建街道排水工程，建设公路、学校和高效的警察机构。这样才能展现出一个好政府的功绩，我们就能够有力地说服菲律宾人，我们在真诚地为他们谋求福利。[1]

塔夫脱委员会在向美国国会提交的报告中建议，应鼓励美国资本向菲律宾农业和矿业投资，推动群岛资源的开发，使菲律宾成为美国的廉价原料供应地。委员会希望吸引美国投资者在菲律宾开办经济作物种植园，吸引投资的关键在于公共土地政策，即通过立法将土地

1　*Reports of the Taft Philippine Commission*, Washington: Government Printing Office, 1901, p.7.

交易合法化，推动土地产权私有化。据委员会调查和估算，在菲律宾 7300 万英亩的土地中，只有 500 万英亩是私人所有，其他土地都属公有或政府所有，其中还包括 1600 万英亩的耕地。[1]根据委员会的设想，公共土地交易的合法化将推动土地私有化，最终将吸引大量美国资本进入菲律宾购买公地并投资农业，同时将美国先进的农业技术带到菲律宾。

1903 年，美国殖民政府参照西进运动中的《宅地法》出台了菲律宾《公共土地法》，以推动群岛土地的开发。同时通过了《教会地产法》，政府发行债券购买教会庄园，向民众出售。政府为公共土地的定价是每公顷 10 比索，为了避免土地兼并，殖民政府对购买土地施加了 16 公顷（私人）和 1024 公顷（企业）的面积限制。公共土地局优先向移民和佃农出售小片土地，并向小农提供购地贷款。申请者完成宣誓、申请的流程并付款后便可以获得土地。[2]殖民政府希望低廉的土地价格和明确的交易流程可以使美式自耕农经济模式在菲律宾得到顺利推广，并吸引美国资本投身菲律宾农业开发。

但《公共土地法》并没有如预期的那样将美国资本吸引到菲律宾。很少有大额美国资本进入菲律宾农业、矿业或农产品加工业，美国银行和投资者仅通过购买群岛政府发行的债券参与菲律宾的基础设施建设。[3]当时的殖民官员一致认为，国会施加的土地面积限制使投资者对菲律宾失去了兴趣。[4]其实，美国投资人对这个遥远群岛的政治前途缺乏信心才是他们对菲律宾不感兴趣的重要原因，美国资本甚至对铁路建设事业都提不起兴趣，与美国本土高涨的铁路建设浪潮形成鲜明对比。

1　Glen May, *Social Engineering in the Philippines: The Aims, Execution, and Impact of American Colonial Policy, 1900-1913,* Manila: New Day Publishers, 1984, p.133.

2　O. D. Corpuz, *An Economic History of the Philippines*, p.268.

3　Peter W. Stanley, *A Nation in the Making: The Philippines and the United States, 1899-1921*, Cambridge and Massachusetts: Harvard University Press, 1974, p.227.

4　O. D. Corpuz, *An Economic History of the Philippines*, p.243.

在未能吸引足够美国资本进入菲律宾的情况下，美国殖民政府开始尝试以财政力量为殖民地建设提供资金支持。政府为菲律宾基础设施工程筹措资金的主要方式是在美国本土发行债券。债券的发行和流通需要由菲律宾的殖民财政体系提供担保，即殖民政府需要维持财政的良好运转，以保证偿付债券利息的能力，进而维持政府的公信力。初期，文官政府确定了"财政自给自足"的原则，即殖民政府的开支不应求助于宗主国，而应完全依靠菲律宾的税收。殖民政府在菲律宾建立了现代税收体系，1904 年出台的国内税收法大大简化了西班牙时期的税收体系，复杂的人身分级和人头税体系被每年 1 比索的单一税所取代，旧的产业税被简化的消费税、牌照税和营业税取代。虽然这些税制简化减少了部分税收，但殖民政府在菲律宾开创了新的税种"土地税"，在 1902 年起征初期遭到了抵制。但随着土地测量工作的推进和经济繁荣带来的土地价值上升，土地税成为群岛政府和地方政府最主要的税收来源，这种新的直接税成为维持殖民政府运转不可缺少的一环。[1]

威廉·卡梅隆·福布斯从 1905 年起先后担任菲律宾商业与警务部部长和总督，其间他都在尝试按照管理企业的方式改造殖民政府。政府的财政规划不仅要考虑收支平衡，还应将支出视作一种投资，考虑能带来的回报。福布斯在任内推出了财政"重组计划"。按照福布斯的设计，殖民政府应类似于一家母公司，政府的各个部门就像子公司。作为子公司的各部门在平衡自身开支的基础上，应尽力通过投资获得更多收益。各部门收入超过支出的部分，可自行留存一部分，同时上缴母公司一部分。殖民财政局最后从整体上平衡整个殖民政府的收支，也尽力通过投资安排获取更多收益。商业与警务部下辖的公共工程局就是根据这些原则重组的一个典型案例。公共工程局在成立之初就不仅负责行政管理，还像一个工程公司一样向社会提供工程设计和建设服务。在美国，基础

1　O. D. Corpuz, *An Economic History of the Philippines*, pp.228-230.

设施建设、债券融资都是由商业银行、投资银行和大型股份公司完成的，但在菲律宾，殖民政府却参与到这些经济事务中。福布斯财政重组使殖民政府越来越多地介入经济事务，承担了企业和银行的部分职能。

关于投资灌溉工程是否划算，公共工程局清晰地算过一笔账。根据统计，截至1911年，菲律宾的水稻种植面积约为100万公顷，其中只有5%得到了充分灌溉。[1]如果要实现50%的充分灌溉，即建设覆盖50万公顷的灌溉工程，需要花费10亿比索。从1899年到1913年，菲律宾花在进口稻米上的金额就达17.5亿比索。也就是说，用8年进口大米的资金就可以完成灌溉工程的建设。实现稻米自给不但可以避免资金流入其他国家，还可以保证粮食安全和社会稳定，更不用说灌溉工程还可以惠及出口经济作物的种植，增加政府的收入。[2]毫无疑问，这是一项非常优质的投资。

高效的工程建设需要一个高效的管理机构，菲律宾恰好为此时的进步主义改革提供了一个理想的试验场。为了提高灌溉工程建设的效率，公共工程局对灌溉部门的管理方式进行了改革。1913年的一项法案将区域内的所有工程交由区域工程师总体管理。管理区域一般根据自然地理单元进行划分，而非根据地方行政界线来机械划分。[3]区域工程师统筹管理的方式有助于根据地理环境进行统一规划，做出更为合理和经济的决策，避免管理碎片化导致的效率低下。这种管理模式是美国本土水资源管理经验在菲律宾的应用。1880年代到1930年代，区域性水管理机构在美国多个城市出现，以应对不断增长的水资源需求。波士顿是实行这种集中化管理体制的先行者。为了应对上游的水污染问题，管理者在1870年代开始突破城市行政界线，并于1895年建立了跨区域的水资

1　A. H. Sjovall, "Why Irrigate?", *Quarter Bulletin*, Manila: Bureau of Public Work, Vol.2 (April 1, 1913), p.46. 殖民政府仅统计了拥有灌溉系统的教会庄园面积，约为5万公顷。桑赫拉这类民间简易灌溉系统未列入统计范围内。

2　A. H. Sjovall, "Why Irrigate?", *Quarter Bulletin*, Manila: Bureau of Public Work, Vol.2 (April 1, 1913), p.49.

3　A. H. Sjovall, "Why Irrigate?", *Quarter Bulletin*, Manila: Bureau of Public Work, Vol.2 (April 1, 1913), p.45.

源管理机构"大都会水委会"。这种集中化管理模式虽提高了管理效率，但会对地方权力造成一定的冲击。因此在美国本土，这种管理方式遭遇了来自公民社会的阻力。

但在菲律宾，殖民强权保证了这种管理方式的推行。包括农业灌溉、城市供水工程和水电站建设等水利工程的管理权力都被集中到区域工程师手上，工程的建设管理无须再经过地方政府的层层审批，避免了自然资源管理被地方行政界线割裂的情况，提高了殖民政府修建工程的效率，从而在仅20年的时间内就建成了多个大型水利工程。

引入美式经济模式的失败尝试也使菲律宾农业走上了不同于美式自耕农经济的发展道路。《公共土地法》对土地买卖面积施加限制，殖民者本意是希望将自耕农经济模式引入菲律宾，推动地产私有化，实现耕者有其田。但这一限制不但未能使菲律宾小农获得土地，反而为菲律宾当地的土地精英提供了机会。当宅地体系被引入菲律宾时，中吕宋平原中东部地区尚有大量公地，但菲律宾小农对陌生的宅地体系反应并不积极。为了推动土地确权，殖民政府于1913年在各地开展调查，建立土地清册。但很多自耕农并不识字，在选址划界方面得不到援助，无法通过法律程序获得土地，而庄园主则利用这一机会操纵土地确权。为了规避1024英亩的买卖限制，庄园主利用家族成员分散产权，行土地吞并之实，而耕种的农民失去产权沦为佃农。但美国人却并没有干预大地产主的扩张，而是为了巩固殖民统治选择与大地产主和大家族结盟，鼓励他们参与政治，为许诺的自治和独立做准备。那些后来在菲律宾政坛呼风唤雨的大土地家族的政治资本就是在这一时期逐渐确定下来的。

灌溉设施建设使中吕宋平原的农业开发不再受到自然条件的限制，却为大地产扩张打开了方便之门。如火如荼的垦荒换来了水稻种植面积的大扩张。整个美国殖民时期，水稻的种植面积增长幅度最大，从1903年的592766公顷增长到1939年的1927369公顷，其次才是椰子、玉米、蕉麻、甘蔗等经济作物，水稻种植面积占耕地面积的45%—

50%。[1] 佃农成为拓殖稻米边疆的主力，以新怡诗夏为例，据殖民政府
的统计数据，该地在 1903 年有 2205 位定租佃农，290 位分成佃农，到
1918 年，定租佃农增加到 2796 位，分成佃农达到 1798 位，到 1939 年，
分成佃农爆炸性地增长到 50831 位，定租佃农只剩 867 位。[2] 然而，在整
个美国殖民时期，菲律宾都没有实现稻米自给，仍然需要依赖进口。在
自治程度更高的菲律宾共和国时代，政府实施了免税进口大米和限价措
施来平抑米价，避免粮食短缺引发社会问题。[3] 未能实现稻米自给的主
要原因是美国殖民时期菲律宾人口的爆炸性增长，中吕宋平原佃农人口
的增长可以说是这一时期群岛人口增长的一个缩影。美国殖民时期的
三次人口调查显示，菲律宾的总人口从 7635000 人增长到 16000000 人。[4]
单位面积产量及稻田总面积的增长赶不上人口的增长速度，加之 20 世
纪初频频袭击菲律宾的干旱等自然灾害，都使预期的稻米自给目标无法
达成。

　　20 世纪初，在推动菲律宾灌溉事业建设的过程中，美国殖民政府
发展出了与自由主义经济理念背道而驰的"治水政治"。在最初引入美
国资本和确立自耕农经济的尝试失败后，殖民政府很快就开始运用国家
力量推动灌溉工程的建设。在此过程中殖民政府完成了自身的行政体系
改革，公共工程局成为一个兼具工程公司性质的政府机构，全面负责工
程的行政法律审批、勘测、设计、施工等程序，国家财政则为工程建设
提供资金。这些工程管理实践促进了殖民国家的建构，更为美帝国的建
构积累了跨国经验。

1　O. D. Corpuz, *An Economic History of the Philippines*, p.284.

2　这一数据由麦克伦南根据美国人口统计数据整理，参见 Marshall S. MacLennan, "Changing
　　Human Ecology on the Central Luzon Plain, Nueva Ecija, 1705-1939," in Alfred W. McCoy & Ed. C. de
　　Jesus eds. *Philippine Social History: Global Trade and Local Transformations*, p.70。

3　王跻崭：《环境退化、干旱与美国殖民统治时期菲律宾的农民运动》，《学术研究》2020 年第 2
　　期，第 136 页。

4　Daniel F. Doeppers and Peter Xenos eds., *Population and History: The Demographic Origins of the
　　ModernPhilippines*, Quezon City: Ateneo de Manila University Press, 1998, p.45. Table 3.1 "Constrasting
　　Patterns of Population Change, Ilocos Coast and the Philipines, 1591-1990"。

与此同时，灌溉工程建设推动了菲律宾腹地的开发，现代技术与菲律宾传统大地产制相结合，巩固了土地精英的政治经济地位，为菲律宾的家族政治奠定了基础，对菲律宾历史产生了深远影响。但是，由于人口的爆炸性增长，建设灌溉工程最初的粮食自给目标并未实现。整个美国殖民时期，菲律宾都需进口稻米来保证粮食供应，这种状况在独立后也延续了很久。

菲律宾的情况在 19 世纪末 20 世纪初的东南亚并非个例。在荷属东印度、法属印度支那及英属马来亚都出现了殖民国家主持的大型灌溉工程，现代化的灌溉工程成为殖民者自证优越性和合法性的依据，同时也开启了东南亚地区大规模开发水资源的历史进程。这些灌溉工程留下了复杂的殖民遗产，其中既包含西方的技术和制度因素，亦有本土的社会和历史因素。这些工程虽然有助于农作物增产，却也使本土的社会等级和结构性不公固化。独立后，这些问题仍然影响着东南亚农业的发展，展现出东南亚的混杂后殖民性。如何处理这些复杂的殖民遗产则取决于政府、社会、市场在国际和国内层面的多重博弈。

第三章 从菲律宾到全球：美国殖民时期热带医学知识的"逆向"传播

热带医学，是指18世纪以后在热带发展成形的各种医疗知识与实践，它的形成与帝国扩张、殖民统治密切相关。"一方面，热带医学整合了欧洲人两百多年来的殖民主义在热带气候下取得的各种医学、环境和文化的经验和洞见；另一方面，整合了新出现的病菌理论和寄生虫学（研究寄生虫和寄生虫疾病的医学专门领域），将医学注意力从疾病环境转向寄生虫和细菌"。[1]特别是自19世纪晚期起，热带医学成为主导西方制定殖民地医学和公共卫生政策的主要科学形态，影响遍及政治、文化、社会心理等领域，在一定程度上影响了殖民地社会的面貌。

---

1 〔英〕普拉提克·查克拉巴提：《医疗与帝国：从全球史看现代医学的诞生》，李尚仁译，社会科学文献出版社，2019，第233—234页。

热带医学史著作（特别是 1990 年代以前的）往往预设，欧美帝国同殖民地之间除了权力和经济的不平等之外，在医学知识上也存在着单向的不对等关系：欧美帝国既是经济和军事的强权，也是医疗创新的中心，现代医学知识的起源与中心只能在欧洲。[1] 在批判殖民者以"文明开化使命"承担者自居的同时，这类观点也落入了类似的窠臼，区别仅在于其将殖民者推广的"福音"由宗教换成了现代科学而已。热带地区和当地居民只是外来者的试验场，无从发挥创造力，其生产与积累的知识也难以进入现代科学谱系。

研究美国殖民时期菲律宾医学的著作也不例外，如肯·德·白沃斯的《末日代理人：殖民时期菲律宾的流行性疾病》指出，从西班牙殖民时代后期到美国殖民时代前期（特别是 19 世纪后半叶到 20 世纪初），菲律宾因传染病暴发而出现了多次大规模人口死亡事件，它们是殖民者强行干预菲律宾环境的直接结果。然而，作者主要强调的是这一时期西方殖民者的举措、国际政经环境变迁等关键外在因素对菲律宾的影响，几乎没有体现当地居民的能动性，菲律宾所有社会阶层在书中都被描绘成了既悲惨又被动的承受者，只能忍受外来者或外界环境带给他们的剧变和苦难，几乎不具备同殖民者博弈、改善自身处境的能力。

沃里克·安德森[2] 虽然批判了给予欧洲理论优先地位、片面强调"中心"影响"边缘"的研究状况，指出美国的殖民公共卫生政策很大程度上是在占领菲律宾以后根据当地状况制定的，但他的视角仍然偏重美国殖民者一方，主要分析殖民当局出台的政策措施，如移风易俗、推广西方医疗卫生手段等，并默认其效果能够达到预期，未具体讨论此类停留在纸面上的内容在实际生活中的执行情况及菲律宾社会文化对它们的反作用。事实上，作者的研究可能高估了美国殖民者在医疗卫生方面

1　〔英〕普拉提克·查克拉巴提：《医疗与帝国：从全球史看现代医学的诞生》，第 354 页。

2　Warwick Anderson, *Colonial Pathologies: American Tropical Medicine, Race, and Hygiene in the Philippines*, Quezon City: Ateneo de Manila University Press, 2007.

对菲律宾社会的整体影响，及其施政的计划性和连贯性。

在讨论大英帝国及其殖民地医学的著作当中，马克·哈里森主张，热带医学在理论、疾病研究、疗法上都有突破，并非直接在殖民地套用欧洲医学，若以"中心"与"边缘"二分的传统观念看待殖民地、宗主国之间的知识生产和流通，就会出现偏差。[1] 这一视角对本章的研究颇有启发。

本章基于《菲律宾群岛卫生署年度报告》和洛克菲勒基金会档案等原始文献，考察美国殖民时期（1898—1942年）热带医学知识在菲律宾的生产、向宗主国和全球其他区域的传播及其国际影响。

第一节　热带医学知识在菲律宾的生产

20世纪早期，在由美国殖民者发现、掌握、利用的热带医学知识当中，相当一部分是在作为殖民地的菲律宾形成的，带有深刻而鲜明的当地色彩。

1898年美西战争以后，美国自西班牙手中获得了第一批殖民地——古巴、菲律宾、波多黎各等，才开始踏足热带区域，推进对热带医学的研究。在当时菲律宾的国家建构中，由美国人主导的"文明教化"计划是关键的一环。由于在建立殖民公共卫生体系时不需要克服遗留的医学传统或殖民官僚制度，野心勃勃的美国管理者觉得自己异常高效，富有改革主义精神，讲求科学。为了展现与其他老牌殖民帝国的不同，殖民者辛勤工作，企图把菲律宾建成殖民卫生事业的典范，把马尼拉建设成"东方医学中心"。[2] 在热带医学知识生产上取得的成果，就是殖民者政绩的重要体现。

1　Mark Harrison, *Medicine in an Age of Commerce and Empire: Britain and Its Tropical Colonies*, Oxford and New York: Oxford University Press, 2010.

2　*Annual Report of the Bureau of Health for the Philippine Islands*, July 1, 1907 To June 30, 1908, p. 9.

事实上，早在 1871 年，圣托马斯大学（由多明我会修士创建于
1611 年）已经创立了医学和药物学系，以西方模式培养了第一批菲
律宾内外科医生。随后，科学及医学期刊纷纷涌现，如《马尼拉医学
公报》（1886）、《菲律宾医药杂志》（1893）、《医学期刊》（1895）等。[1]
基于近现代卫生学理念的公共健康、医疗服务组织也在马尼拉及其
腹地形成，那时菲律宾的医学甚至可以说在整个东南亚都处于领先
位置。

但是，美菲战争导致菲律宾新生的薄弱公共卫生体系完全崩溃，大
量的伤病员令地方医院不堪重负，天花疫苗接种完全停止，学院和大学
或者关闭，或者教学质量显著下降。美国人夺得对菲律宾的控制权后，
并未看到西班牙殖民时期在科学、医学方面取得的成果，而是视西班牙
殖民时期是"没有变化的、漠然、愚昧、迷信的"年代，与自己熟悉的
"现代性、进步主义、科学热忱"形成了鲜明对照。这种低估毫无疑问
影响了他们对菲律宾人（特别是精英阶层）的西化程度以及文化程度的
评价，也影响了他们在殖民初期实行的相关政策。因此，他们将新占领
的菲律宾视作"一张白纸"，无视其原有传统，试图按照美国的观念进
行全面"移风易俗"。

内政部部长迪安·伍斯特非常高兴地看到，"美国方法已经对先前
在附近殖民地盛行的那些风气造成了影响。最开始我们让亚洲人变得
干净的努力……被当成无关痛痒的消遣，也说不上是纯粹的轻视。可我
们获得的结果很快激起了积极的兴趣"。根据之后领导卫生署整整十年
的维克多·G. 海泽的说法，"人们通常承认，跟所有其他国家加起来相
比，在菲律宾群岛撰写的医学文献数量都更多，科学价值也更高。就塑
造对其他东方地区医疗、卫生的观点而言，这些作品发挥了重要作用"。
美国人企图让菲律宾的殖民军事卫生学用语变成现代热带卫生学的通用
语，进而确立美国在这一领域的领先地位，显示其更具广泛意义的进

1　Warwick Anderson, "Science in the Philippines," *Philippine Studies,* Vol. 55, No. 3, (2007), p. 291.

步性。[1]

　　负责生产热带医学知识和构建菲律宾现代医疗卫生体系的主要是美国的军医。美菲战争结束后，这批继续留在菲律宾的医疗工作者逐渐转入民间医疗和公共卫生领域，与之前接受过西医教育的菲律宾精英阶层合流，并培养了更多后继者。在美国殖民时期成长起来的菲律宾医师虽然了解当地社会传统和文化心理（这也是他们的优势所在），但就知识体系、临床实践等方面来说他们基本上是"美国化"的。

　　菲律宾精英阶层在新统治架构内扮演的角色，最初主要是殖民政府各项政策的"解释者"和"协助执行者"。一方面，他们是把殖民政府意志传达到基层的"中继站"；另一方面，他们又一直行使着对平民阶层的指导权和管辖权。但是，随着时间的推移，他们在热带医学知识生产过程中扮演了更加积极主动的角色。事实上，由于熟悉具体环境，菲律宾医师对疾病流行的原因有着自己独立的解释。他们是地方社会的一员，而不像隶属于殖民国家的卫生官员那样，仅仅用一张高度简化的、同质化的疾病分类表来理解世界各地的疾病流行。菲律宾医师的解释要比美国卫生官员所信奉的细菌学解释更加多元、复杂，因而他们常常被竭力破除"瘴气论"等传统观念的后者斥为"无知"或"守旧"。可是，他们得到了菲律宾平民阶层的支持，因而有条件通过在实践中的影响力，同美国卫生官员争夺话语权。

　　菲律宾生产的热带医学知识涉及范围很广，包括特定疾病成因及对策、药理学、公共卫生措施、兽医等方面，但这些知识大体上可以分为两大类。其一是基于当地特定环境，借助调查、实验等"现代科学"手段开展的案例研究，即西方医疗卫生理论在菲律宾的"落地"，如路易斯·克劳斯特罗和米格尔·德尔·罗萨里奥的《民都洛岛圣何塞疟疾调

1　Warwick Anderson, *Colonial Pathologies: American Tropical Medicine, Race, and Hygiene in the Philippines*, pp.72-73.

查报告及疟疾控制方案》[1]、查斯·N.利奇的《宿务卡尔卡尔的钩虫病》[2]等。其二是整理当地传统知识，并用"现代科学"精神进行分析，如雷蒙德·F.培根的《某些菲律宾药用植物的生理活性成分》。[3]

在菲律宾热带医学知识的生产中，卫生署、科学署两个政府机构发挥着核心作用。美国占领菲律宾之初，它们的雏形便已出现。菲律宾群岛卫生委员会创建于1901年，该委员会起草了一系列管控医疗、牙医、药业、兽医科学实践的法案，并监督新成立的省级、市级卫生委员会，其影响范围扩展到菲律宾群岛上的几乎所有市镇。1901年7月，菲律宾委员会（当时统治整个群岛的最高机构）还成立了政府实验室管理署，即科学署的前身。这一机构主要为从事生物学、化学研究工作的人员提供支持。生物学实验室的任务主要是两项：第一是为研究人和家畜的疾病的原因、病理、诊断和治疗手段等事项以及起草科学报告提供充足设备支持；第二是完成其他政府部门交办的日常生物学工作。化学实验室主要负责检测食品、药品、植物组分、矿物资源等。其实，自1900年起，马尼拉就有了源自军队医院实验室的市政实验室，这比政府相关机构设立还要早。不久以后，其他细菌学实验室在菲律宾群岛相继建立。[4]

科学署1905年正式成立后，承担的职责与前述政府实验室管理署大致相同，即负责对疾病流行的原因进行调查并得出结论，改进现有技术或研发新技术，设计实验证明新技术的有效性。此外，科学署还在菲律宾多地开展了有关人种、疾病、医疗、风俗习惯等事项的调查，为政府制定相关决策提供依据。

1905年，通过对原有机构的完善或改组，政府设立了卫生署。它是美国殖民政府中规模最大、重要性最高的部门之一，在有效统治菲律

1　RAC (Rockefeller Archive Center), RG 5, Series 3, Box 70.

2　RAC, RG 5, Series 2, Box 20.

3　Raymond F. Bacon, "The Physiologically Active Constituents of Certain Philippine Medicinal Plants," *The Philippine Journal of Science*, Vol.10, December 1906, pp. 1007-1036.

4　Warwick Anderson, *Colonial Pathologies: American Tropical Medicine, Race, and Hygiene in the Philippines*, p.59.

宾的过程中发挥了重要作用。其职能范围相当宽广，不仅包括收集整理公共卫生相关统计数据、保护公众免受传染病危害等，还涵盖了管理各公立医院、收治精神病人和麻风病人、照料鳏寡孤独等弱势群体、为全体政府雇员提供医疗服务、检查菲律宾群岛上几乎所有公共场所（如工厂、农场、船舶等）的卫生状况、负责给排水系统建设、制定并监督执行食药品安全相关法规等。[1]

对负责医疗及公共卫生事务的政府工作人员而言，记录菲律宾全国的疾病流行状况、试验各种疗法的有效性并上报，是至关重要的任务。在这些材料的基础上，卫生署（及其前身和后继者）编纂了一系列工作报告：如 1903 年的《公共卫生专员年度报告》、1904—1914 年的《菲律宾群岛卫生署年度报告》、1915—1922 年的《菲律宾卫生服务署报告》等。这些报告记载并传播了若干热带医学知识，使这些知识的影响范围超出了生产地，为后来医学知识的比较与整合奠定了一定基础。

除了美国殖民政府，整理、利用、推广菲律宾相关医学知识和实践的另一个重要机构是洛克菲勒基金会国际卫生部，[2]其理念是协助开发专业知识、工具和方法，从长远看，让世界上许多最可怕的疾病销声匿迹。[3]1920 年代后，洛克菲勒基金会在邦板牙、伊莎贝拉、宿务、内湖等区域实施了包括分发奎宁、使用巴黎绿灭蚊、推广蚊帐在内的一系列疟疾控制措施，以及包括兴建卫生厕所、倡导穿鞋、组织大规模体检在内的一系列钩虫病应对措施。这些措施都收到了一定效果，有些还获得了政府的财政资助。

1　*Annual Report of the Bureau of Health for the Philippine Islands*, From July 1, 1909, to June 30, 1910, p. 4; *Annual Report of the Bureau of Health for the Philippine Islands*, For the Fiscal Year July 1, 1912, to June 30, 1913, p.35.

2　在本章讨论的时段内，这一机构的名称有过两次调整：1913 年到 1916 年，该机构被称为国际卫生委员会（IHC），1916 年到 1927 年，该机构被称为国际卫生理事会（IHB）。本章在泛指时使用国际卫生部，具体叙述时则根据时间使用相应称呼。

3　John Farley, *To Cast Out Disease: A History of the International Health Division of Rockefeller Foundation (1913-1951)*, Oxford and New York: Oxford University Press, 2004, p.2.

第二节 热带医学知识的传播途径

在世界各地联系日益密切、全球网络逐渐形成的过程中，通过美国和菲律宾医护人员发挥媒介作用，借助或私人或官方的种种途径，菲律宾生产的相关知识传播到了其他热带地区，甚至超出了美国势力范围，并在政治、军事等层面上发挥着重要作用。美国殖民政府也为公共卫生方面的成就和创新津津乐道，将这些成就和创新视为显示其优越性、证明其统治正当性的重要手段。

传播途径之一是通过个人书信交流，让此类知识在美国和世界其他区域得到应用。1915 年 12 月，海泽给俄克拉何马州的 V. R. 亨布尔医师寄去了他需要的治疗钩虫病的药物，并根据菲律宾的临床情况在信中建议："在服药前进行实验室检测，以保证这个孩子患的确实是钩虫病。"[1] 宾夕法尼亚大学临床和社会学系也致信海泽，询问大枫子油（在菲律宾用于治疗麻风病）的配制和用药方法，准备在美国进行实验，并将其用于治疗肺结核。[2]

1915 年 4 月，美国驻科伦坡领事致信海泽，询问医疗船相关事宜，希望能够学习成功经验并效仿。[3] 医疗船是洛克菲勒基金会为了消除菲律宾南部穆斯林的敌意、促进西医传播而提出的一项因地制宜的计划，在 1915 年 2 月得到菲律宾立法机构的批准。医疗船的职责主要有：在经行之处推进卫生工作、开展妇产和育儿知识宣传、进行科学调研（旨在更好地了解南部居民及其身体需求）、处理紧急状况、将需要进一步治疗的患者带往和乐等较大市镇的公立医院、为经行之处的施药所补充

1　RAC, RG 5, Series 1.2, Box 4, Folder 239.

2　RAC, RG 5, Series 1.2, Box 4, Folder 241.

3　RAC, RG 5, Series 1.2, Box 4, Folder 242.

药品和设备、传播医疗信息、促进美菲友好关系等。[1] 参与这个项目的美国卫生官员普遍相信，若能获得成功，菲律宾医疗船的经验就能成为经典案例，并在地理、社会状况相近的热带殖民地推广。确实，"医疗船的工作已经引起了某些欧洲国家的赞许和关注。婆罗洲（即加里曼丹岛）、葡萄牙（代表摩洛哥）也询问了相关情况，将这些经验视为在他们属地开展卫生事业的最好方法。这一工作（指医疗船）的成功还将产生重要的道德影响——改善大同小异的婆罗洲穆斯林居民的处境"。[2] 不过，由于投入不足、船舶选择不当等，这个项目到 1919 年就中止了。它对菲律宾南部社会的影响仅浮于表面，相当有限，在国际上的影响也远远低于预期。

传播途径之二是通过参与、组织相关会议，在区域性甚至全球性平台上整理和推广自己的经验。在菲律宾的美国卫生官员对此颇为积极，希望能够扩大国际影响力，确立自己在远东的"领跑"地位。最受重视的是 1910—1938 年间召开的远东热带医学会的双年会。该会比较开放，主权国家、殖民地区甚至省市都可组团参加，中国的上海、青岛、广东和香港、澳门等都曾派出代表参会，远东地区几乎所有重要的卫生官员都到场参加。其广泛的代表性有助于建立远东防疫网，促进制度和资讯的标准化。海泽等人多次率菲律宾代表团与会，参与讨论检疫、建立医疗管理体系、具体疾病（脚气病、肺结核、疟疾、肠道寄生虫病、天花等）防控等问题。[3]

1908 年 9 到 10 月，菲律宾代表费尔南多·卡尔德隆在华盛顿特区举办的超过 27 个国家参与的国际结核病大会上，做了关于菲律宾肺结核总体状况及防治措施的发言。此人在西班牙统治时期曾在马尼拉的圣

1　参考了 RAC, RG 5, Series 1.2, Box 4, Folder 242; 和 RAC, RG 1.1 (FA386), Series 242, Box 1 中的相关材料。

2　RAC, RG 1.1(FA386), Series 242, Box 1.

3　本节参考了刘士永 2019 年 4 月 25 日在北京大学医学人文学院的讲座"东亚防疫网建立初探：从殖民医学到国际卫生"。

胡安·德·迪奥斯医院接受过西医培训，在圣托马斯大学攻读产科学并获得行医资格证书，后来前往巴黎深造，回国后从 1917 年起担任菲律宾总医院负责人。他的发言标志着菲律宾医疗工作者逐渐走上国际舞台，并发出了菲律宾的声音，尽管其教育背景、思维方式依然是高度西方化的。[1]

　　传播途径之三是通过公共卫生工作人员的调动和洛克菲勒基金会内部的经验分享，让在菲律宾生产的热带医学知识进入全球网络，对其他区域的医疗实践起到指导作用。在 1948 年世界卫生组织成立以前，洛克菲勒基金会国际卫生部堪称世界上最重要的公共卫生机构。到 1951 年关闭时，它的工作人员在超过 80 个国家活动，包括美国、加拿大、25 个欧洲国家、15 个加勒比国家、所有中美洲和南美洲国家、19 个远东国家以及若干非洲和中东国家。它的活动是全球联动的，如果一国生产的知识在实践中被证明是行之有效的，那么它的联动机制就能把这些知识迅速扩散到情况与其相似的其他国家。

　　国际卫生部的工作重点始终是控制或根除钩虫病、疟疾和黄热病，前两种疾病在菲律宾都相当严重。以钩虫病为例，国际卫生部的基本工作流程是首先进行调查以掌握整体状况，然后通过流动施药所进行治疗，最后通过图文并茂的演讲，劝导户主兴建卫生厕所以防止土壤污染，同时激发民众对公共卫生的兴趣。这些做法与早先美国医官（军方、文职均有）在菲律宾确立的做法相当接近。受聘于洛克菲勒基金会的医疗和公共卫生专家针对具体问题，经过细致调研，撰写若干关于菲律宾情况、经验的报告。这些报告一旦进入洛克菲勒基金会的资料库，世界其他地区关心同样问题的医疗工作者都可以随时查阅，以作为参考。

　　其实，受聘于洛克菲勒基金会的医疗和公共卫生专家当中，拥有在菲律宾任职经历者为数也不少，最典型的代表就是海泽。他曾担

1　*Annual Report of the Bureau of Health for the Philippine Islands*, July 1, 1908, to June 30, 1909, p. 86.

任卫生署负责人，但对殖民地居民一直不信任，视其为"白人的负担"。当卫生署的实际控制权落入菲律宾人手中后，他辞去卫生署负责人一职，转任国际卫生部远东地区负责人。他"几乎不受纽约（即洛克菲勒基金会总部所在地）控制地管理自己的领地"。1915 年 12 月前往锡兰负责钩虫病防治的约翰·斯诺德格拉斯也曾在菲律宾和西印度群岛工作过。1942 年加入美军医疗队、在麦克阿瑟将军麾下效力的保罗·拉塞尔曾长期在菲律宾、印度、新加坡等地负责疟疾防治，这在"盟军将领当中并不多见，只有包括他在内的少数人了解疟疾对作战部队的危险"。[1] 毫无疑问，在菲律宾的工作经历在相当程度上"改造"了他们的思考和行事方式，也影响了他们在其他地区采取的措施。

第三节　热带医学知识"逆向"传播的国际影响

菲律宾是美国热带卫生学的重要"实验室"和原始资料来源地，相关实践的成果、教训都具有重要参考价值。毋庸讳言，在菲律宾生产的热带医学知识在很大程度上是"美国化"的，但是，这些知识的菲律宾特色同样不可忽视。一方面，菲律宾既是各种新技术、新器具和新方法的试验场，也是更多新专业知识的生产地，对殖民政府和半政府机构势力所及的更多区域（主要是热带）产生深刻影响。这些新知识涉及疾病的表现、疗法的成效等内容，而这些都与菲律宾的自然和社会特性息息相关。即使是美国的卫生官员，他们对若干重要热带医学问题的认识和理解也都建立在菲律宾的经验之上。另一方面，美国科学工作者对菲律宾传统医药知识也表现出一定的关注和宽容，并未全然否定。这就给两

1　John Farley, *To Cast Out Disease: A History of the International Health Division of Rockefeller Foundation (1913-1951)*, p.17.

种医学传统的交流提供了相对良性的环境，双方之间并不存在严重的互相排斥。其实，双方的知识和人员交流一直存在。在菲律宾，各种西方医疗者（神职人员、医师、卫生官员等）所使用的疗法也并不纯粹是"西方"的，不可避免地融合了许多当地因素。他们的本土化程度越高，在菲律宾民众中获得信任和尊重的程度就越高。虽然西方医疗者反对菲律宾传统医疗中的巫术成分，但他们中不少人愿意向当地医师学习关于草药的各种知识。这种矛盾的心态和做法始于西班牙殖民时期，即使在美国退出菲律宾后也依然存在。菲律宾医护人员的活动也不局限于群岛内部，他们还参与了更大范围的相关工作。"美国人将一些菲律宾人送往美国，接受高等教育。1903 年 8 月 26 日，菲律宾委员会通过了第854 号法令，对菲律宾人申请到美国学习做出了规定。从当年开始，表现出非凡才能的菲律宾学生会被送往美国大学攻读四年。这个由殖民政府资助的菲律宾学生精英群体被称作'奖学金领取者'，他们完成学业后将返回菲律宾，并在美国殖民者创立的机构中任职"。[1] 另外，洛克菲勒基金会也为其菲律宾员工提供学习机会，如前往约翰·霍普金斯大学进修、在美国本土医院实习等，甚至还选派女护士前往加拿大多伦多大学就读。[2] 医护培训具有明显的"半工半读"特点，实践在学习过程中所占比例相对较高，因此，这些菲律宾医护人员的经验和思维方式也会对与其共事的别国工作人员产生潜移默化的影响。这种自发且非正式交流的重要性也是不容忽视的。

随着美国势力范围的扩张，在菲律宾生产的热带医学知识也在一定程度上"全球化"了，在此后美国的卫生决策中发挥了重要作用。关岛、中途岛、美属萨摩亚等美国殖民地人口密度较低、社会发展程度相对较低，直到二战期间大批美军进驻，这些地方的卫生工作才获得充分

---

1 Mercedes G. Planta, *Prerequisites to a Civilized Life: The American Colonial Public Health System in the Philippines, 1901 to 1927*, A Dissertation Submitted for The Degree of Doctor of Philosophy, Department of History, National University of Singapore, 2008, p.167.

2 RAC, Photographs, Box 14, Folder 2226.

重视。由于同属热带岛屿，气候及流行病与菲律宾相近，于是，菲律宾经验就能被直接利用，如防蚊灭蚊、提前服用预防疟疾药物、高度重视个人和军营卫生等。

值得注意的是，菲律宾经验对美国南方的医疗卫生发展也产生了重要影响。20世纪初期，美国本土的发展极不平衡。通常意义上象征科学、进步的"美国"概念其实仅指资本主义发展比较充分的北方，向所谓"愚昧地区"传播"福音"的人仅限于以伍斯特、海泽等人为代表的盎格鲁－撒克逊精英。这批人具有相当高的同质性，他们教育背景相当接近，主要毕业于约翰·霍普金斯大学、密歇根大学等老牌名校的医学、动物学、植物学等专业。在这些医学精英眼里，美国社会下层和气候湿热、相对贫困的南方若干州的状况与"落后"的菲律宾没有本质差异。如在北卡罗来纳州，"85%的人口生活在农村，忍受着让人衰弱、后果严重的慢性疾患（如疟疾、钩虫病）造成的'低活力状态'，还有便秘、牙龈溃烂、儿童扁桃体肿大和坏牙等问题"。[1]肯塔基州的年均死亡率甚至比菲律宾更高。美国南部这类源于营养和卫生保健缺乏的问题与菲律宾几乎没有两样。另外，就下层民众的公共卫生素质而言，美国南部与菲律宾也不相上下。1915到1920年，10万黑人离开密西西比河流域，向北迁往芝加哥，导致疟疾扩散。在洛克菲勒基金会工作人员看来，"散发奎宁行动要取得成功，民众的积极配合必不可少。然而，无知的黑人佃农生来就不可信赖"。[2]白人卫生精英对待下层黑人的这种态度与他们对菲律宾民众的怀疑、藐视如出一辙。更令人惊奇的是，美国在这些区域采取大规模公共卫生行动的时间甚至晚于菲律宾。依靠在菲律宾直接实践或学习过相关医学知识的政府和洛克菲勒基金会工作人员的帮助，菲律宾经验被移植到美国的偏远地区和边缘族裔中。由此可见，认为医学知识是从宗主国向殖民地单向流动

1　RAC, RG 5.3, Series 236, Box 64.

2　John Farley, *To Cast Out Disease: A History of the International Health Division of Rockefeller Foundation (1913-1951)*, p.110.

的观点是简单化的，并不符合历史实际。"殖民者"与"被殖民者"的地位和构成并非一成不变、全然固定的，而是共同处在一张具有流动性的网络之中。包括热带医学在内的"科学"知识的生产、传播并非单向流动，殖民地对宗主国的影响以及宗主国的"内部殖民"现象都不应被忽视。

殖民者对菲律宾生产的热带医学知识采取选择性接受的态度，符合他们"文明化标准"的就利用，不符合的就要铲除。然而，文明是一个整体，不是由不同部件组成的机械体。用选择性利用的方式对待菲律宾社会，自然会遭受反复的失败。而这从反面证明了菲律宾社会在接受所谓"文明"时的能动性和自主性。

1907—1908 年，美国殖民政府的公共卫生政策发生重大变化，在此之前，菲律宾现代卫生工作集中在对付重大毁灭性疾病（如霍乱、鼠疫、天花等）上，而非治理产生这些疾病的环境和条件。得到治疗的是病症，却不是病因。在此之后，殖民政府认识到要标本兼治，"卫生署所做的努力越来越倾向于为卫生工作奠定牢固基础，将有限资金投入到那些能够产生最大和持久效果的项目中"。[1] 即全面改造当地社会，使之符合"文明"和"卫生"的要求，既要消除疾病发生的温床，又要提高民众整体素质。具体措施包括以下几方面：

移风易俗，杜绝随地吐痰、嚼食槟榔、生吃蔬果等不良习惯；

对市场、墓地等公共场所的卫生状况进行严格监督；

兴建给排水等基础设施，拆除或修缮老旧房屋，改变居住环境和城市面貌。

整体而言，这些措施取得了一定成效，美国殖民者认为这些成效彰显了自身相较于西班牙、英国、法国等老牌殖民者的高明之处，也将其视为政绩津津乐道。但是，这些政策并未达到预期目标——使菲律宾社会彻底"文明化"，因为平民阶层对其接受程度相当有限。即使是改变

1　*Annual Report of the Bureau of Health for the Philippine Islands*, July 1, 1907, To June 30, 1908, p.113.

菲律宾人的排便习惯也不容易，麦克劳克林博士感慨地说，"完全改变一个民族的习惯需要很长时间，完成改变排便习惯这项具体工作可能还需要一代人的时间"。用手抓食的习惯也不容易废除，海泽认为，"要想打破他们这个根深蒂固的习惯，我们还要面临很多年令人沮丧的较量，因为这种习惯的威胁和恶果是他们暂时不能理解的"。在美国统治菲律宾的最初七年里，菲律宾人在垃圾处理、大小便、咳痰、用手抓食等个人卫生习惯上并没有多少改善。托马斯·W.杰克逊博士由此得出了令人沮丧的结论，他说，"引入和实行卫生准则可能是疾病防治的必要和初步基础，但要将这些卫生准则通过孩童引入家庭，则必然是一个缓慢而冗长的过程，不可能在一代人身上就展现出成果。另外，严密的监督和管理也是必不可少的。目前，只有通过采取强制措施，当地底层民众才会放弃沾染细菌的食品和饮品。尽管进行了高尚的教育努力，但无知的当地成年人还是坚持做会导致自己死亡的事情，进而让无辜的美国人陷入绝境。只有经过一代人后，这种致命的无知才可能在很大程度上消失"。[1]

有鉴于此，美国殖民者从1915年起逐渐放权，卫生署也逐渐"菲律宾化"，先前那些耗费大量资源但效果不佳的措施被废弃。既然"治本"无望，负责公共卫生工作的美国和菲律宾精英就退而求其次，选择"治标"，以"垂直管理"的方式推广疾病控制技术（尤其是大规模接种疫苗），避免可预防性疾病卷土重来。从一定意义上说，这是西医及与之配套的生活方式在遭遇挫折后向当地社会妥协的结果。

虽然在改善公共卫生的关键在于消除疾病这点上取得一致，但就怎样才能最好地实现这一目标，洛克菲勒基金会内部始终存在分歧："建立国际卫生委员会的目的是仅仅根除疾患，还是一种刺激国家和地方努力成立永久性公共卫生机构的途径？"[2]有人主张，国际卫生委员会的目

1　Warwick Anderson, *Colonial Pathologies: American Tropical Medicine, Race, and Hygiene in the Philippines*, p.101.

2　John Farley, *To Cast Out Disease: A History of the International Health Division of Rockefeller Foundation (1913-1951)*, p.5.

标就是根除钩虫病；另外一些人则希望通过治疗钩虫病，普及相关卫生知识，把专业的公共卫生服务发展起来。[1] 由于国际卫生委员会首任负责人威克利夫·罗斯等关键人物的鼎力支持，后者稍占上风，但是在实际操作中也面临多种障碍，未能收到预期效果。

这两条路线的差异，与殖民政府在菲律宾采取的不同措施如出一辙。那么，在已经有案例证明通过教化全面改造殖民地社会进而提高民众健康水平和素质不可行的前提下，洛克菲勒基金会为何还要长期坚持开展公共卫生运动，并造成相当巨大的浪费乃至付出相当沉重的代价呢？

长期以来，美国卫生官员主张，"最有效、持久的卫生运动是通过教育在人们头脑中创造出对更好卫生条件的渴求，从而保证他们一直乐意衷心合作"。[2] 即使这种一厢情愿的举措因当地民众的漠视和抗拒而未能获得成功，他们仍然坚持认为，这并非路线本身的错误，若能在更加有利的条件下对环境进行更加全面的改造，就能够实现"文明化"这种更深层的目标。其实，这种"全面改造"本身就是不切实际的幻想，所要求的高昂成本、大批合格人才都远远超出了洛克菲勒基金会甚至美国政府的供应能力，更何况投入产出比极不理想。

国际卫生委员会在其他国家的殖民地处境更加不妙。如在英属圭亚那、孟加拉、锡兰等地，殖民当局要把政府开支压到最低，开展公共卫生行动的条件基本不具备。国际卫生委员会进入后，坚持自己的职能仅仅在于提供检查、科普、医药，主张公共基础设施（如对防治钩虫病具有重大意义的卫生厕所）等其他开销均应由当地政府负责。英国殖民当局认为，既然国际卫生委员会主动提出开展公共卫生行动，且资金相对充足，就应对项目全权负责。双方迟迟不能达成共识，导致工作无法顺利进行，自然收不到预期效果。另外，当地精英将解决卫生问题视为自

1　John Farley, *To Cast Out Disease: A History of the International Health Division of Rockefeller Foundation (1913-1951)*, p.27.

2　John Farley, *To Cast Out Disease: A History of the International Health Division of Rockefeller Foundation (1913-1951)*, p.63.

己的责任，反对国际卫生委员会等外来势力大幅扩张，也增加了抗击钩虫病和疟疾的难度。[1]

　　总之，美国殖民者过于自负，对情况复杂多变的当地社会缺乏尊重，是公共卫生项目在执行中出现问题的关键原因之一，这些问题造成的损失和挫败一直持续到二战以后。这也从另一面说明了，在西方科技知识、文化传播过程中，不能片面强调宗主国的影响力，作为接受方的殖民地并不是完全被动的，在相当程度上能体现出能动性，以富有地方特色的方式共同形塑了这一实践。进而言之，我们也不能自动将西方视为现代甚至进步的标准，并在此基础上构建殖民地的历史叙事。19 世纪末 20 世纪初，美国殖民者在进入不熟悉的社会、处理不熟悉的疾病时，西医的效率也并非如殖民者所标榜的那样出色。在新的殖民地环境中，这类外来知识并不具备不言自明的正当性、合理性，需要根据实际情况进行验证和调整，还要与当地知识资源及其传递者、利用者分享权力和市场，从而形成已经"殖民地化"的热带医学知识。这种知识与最初的宗主国版本已经是大不相同了。

　　学术界热烈讨论的"殖民现代性"或"医疗现代性"并非固定地由西方建构，而是复杂多样的，当地社会的独特诠释和实践造就了它的混杂性。现代医学同帝国扩张、海外殖民不可分割，理解现代医学的发展，不仅需要研究宗主国，也不能忽视宗主国在殖民地的试错和成果。这是对原先过于偏重西方经验的书写方式的有效修正。热带医学也不是宗主国医学在殖民地的机械"移植"，而是在殖民地形成了理论和具体疗法上的突破和创新，甚至还对宗主国产生了不可忽略的反作用。

　　美国统治时期，许多热带医学知识的生产和实践发生在菲律宾殖民地，然后通过殖民帝国的传播系统，对包括宗主国在内的世界各地都产生影响。这一事实有力挑战了以西方为中心、以殖民地为边缘的传统

1　John Farley, *To Cast Out Disease: A History of the International Health Division of Rockefeller Foundation (1913-1951)*, pp.61-65.

思维模式。在全球性知识和权力网络中，"中心"与"边缘"是相对的，双向甚至多向交流是普遍的存在。进而言之，医学知识经常冲破帝国界限，形成跨帝国和跨领域的传播，只有进一步开阔视野，才能构建出更为全面、平衡的医疗史。

第四章　二战后菲律宾的渔业基线与渔业危机

　　二战后，菲律宾走上相对独立自主的发展道路，并且开启了大规模开发渔业资源的进程。2003 年，斯图尔特·格林等人的报告《危机中的菲律宾渔业》，[1] 首次使用"危机"（crisis）一词来概括菲律宾渔业存在的诸多问题。这个看似有些危言耸听的定性，似乎与菲律宾这个群岛国家给人们留下的渔业资源丰富的印象和当时不断增长的渔业总产量相矛盾。

　　菲律宾是否出现了渔业危机？如果不限于"危机"这个词，或不将其理解成渔业和渔业社区的全面崩溃，那么对相关问题的探讨大概可以追溯至 20 世纪二三十年代。当时有渔业专家就已经指出菲律宾一

1　Stuart J. Green, et al., *Philippine Fisheries in Crisis: A Framework for Management*, Cebu City: Coastal Resource Management Project of the Department of Environment and Natural Resources, 2003.

些湖泊和河流出现了渔业资源衰退问题。[1] 二战后，同样有少数渔业官员和专家指出类似的问题。[2]1982 年，海洋生物学家丹尼尔·保利利用渔业调查和拖网捕捞资料对圣米格尔湾的生物存量（biomass/stock）和渔获量等指标的历史和现状进行估算，指出圣米格尔湾在 1960 年代早期就已经出现过度捕捞。[3]1991 年，保罗·达泽尔等人运用类似的方法证明菲律宾小型中上层渔业到 1980 年代出现了全国性的过度捕捞。[4] 这类研究基于渔获量和渔具的数据，估算渔业资源的变化情况，关注的是渔业的生物学方面的问题。1984 年，人类学家亚历山大·斯波尔基于自己对米沙鄢渔业的历史人类学研究[5]和对当时渔业科学家研究成果的总结，指出菲律宾渔业面临过度捕捞、生境退化、渔业内部的资源竞争、过度投资、渔船所有者与船员敌对以及小规模渔民的贫困等多种压力。[6]斯波尔关于渔业危机的认识比较全面，但其阐述是综述性的，缺少具体的探讨和分析。2003 年，斯图尔特·格林等人首次在菲律宾渔业问题上使用了"危机"一词。2004 年，约翰·布彻论述了 19 世纪中期至 20 世纪末东南亚海洋渔业边疆拓展导致渔业资源衰竭的历史过程，

1　相关调查和研究成果：Albert W. C. T. Herre, "The Fisheries of Lake Taal (Bombon), Luzon, and Lake Naujan, Mindoro," *The Philippine Journal of Science*, Vol. 34, No. 3 (Nov. 1927), pp. 287-306; Deogracias. V. Villadolid, "The Fisheries of Lake Taal, Pansipit River, and Balayan Bay, Batangas Province, Luzon," *The Philippine Journal of Science*, Vol. 63, No. 2 (Jun. 1937), pp. 191-226。

2　如 Porfirio R. Manacop, "The Future of the Trawling Industry in the Philippines," *Bulletin of the Fisheries Society of the Philippines*, Vol. 1 (1950), pp. 27-30.

3　Daniel Pauly, "History and Status of the San Miguel Bay Fisheries," in Daniel Pauly and Antonio N. Mines, eds., *Small-scale Fisheries of San Miguel Bay, Philippines: Biology and Stock Assessment*, Institute of Fisheries Development and Research, College of Fisheries, University of the Philippines in Visayas, Quezon City, Philippines; International Center for Living Aquatic Resources Management, Manila, Philippines; and the United Nations University, Tokyo, Japan, 1982, pp. 95-124.

4　Paul Dalzell, et al., "The Characteristics of Philippine Small Pelagic Fisheries and Options for Management," *The Philippine Journal of Fisheries*, Vol. 22 (1991), pp. 1-28.

5　Alexander Spoehr, *Protein from the Sea: Technological Change in Philippine Capture Fisheries*, Pittsburgh: Department of Anthropology, University of Pittsburgh, 1980.

6　Alexander Spoehr, "Change in Philippine Capture Fisheries: An Historical Overview," *Philippine Quarterly of Culture and Society*, Vol. 12, No. 1 (March 1984), pp. 25-56.

菲律宾渔业是其中一个重要组成部分。[1]2016 年，乔纳森·安提卡马拉等人通过对菲律宾渔业统计资料（1980—2012 年）和渔民访谈的分析，认为这段时间菲律宾大多数捕捞渔业的产量都处于停滞或下降状态，然而水产养殖业的产量增长掩盖了捕捞渔业的衰退危机。[2]

　　既有研究对菲律宾渔业危机的认识经历了从简单到复杂的转变，从最初主要强调渔业资源衰退，到后面增加对渔业资源利用不公平等社会问题的关注。传统发展观指导下的早期研究从渔业产量的单一指标出发，会简化历史过程，掩盖渔业发展过程中的问题。可持续发展观从资源环境利用和社会发展两方面出发，评估渔业发展的可持续性，可以揭示菲律宾渔业发展过程的复杂性，展现更为全面和真实的历史图景。本章试图根据可持续发展观重新评估二战后菲律宾渔业的发展过程，考察其可能存在的综合性危机。对渔业发展过程的评估需要一个参照点或基线。鉴于二战前菲律宾渔业资源开发程度整体较低，且太平洋战争时期渔业资源得到短暂的恢复，因此，可以以二战后初期的渔业资源状况作为考察菲律宾大规模渔业开发过程的"基线"。在此基础上，通过对渔业产量、渔业资源量、单位捕捞努力量渔获量、渔获物构成、渔业生境和渔业社会关系等方面的变化情况的考察，来判断菲律宾是否出现了渔业危机，并阐述可能的渔业危机的表现。

第一节　菲律宾的渔业基线

　　1995 年，丹尼尔·保利提出渔业的"基线移位综合征"（Shifting

1　John G. Butcher, *The Closing of the Frontier: A History of the Marine Fisheries of Southeast Asia, c. 1850-2000*, Singapore: Institute of Southeast Asian Studies, 2004.

2　Jonathan A. Anticamara and Kevin T. B. Go, "Spatio-temporal Declines in Philippine Fisheries and Its Implications to Coastal Municipal Fishers' Catch and Income," *Frontiers in Marine Science*, Vol. 3 (March 2016), Article 21.

Baseline Syndrome）概念，他指出：每一代渔业科学家都会将其研究起
步时生物种群的规模和物种构成作为"基线"，在此基础上评估生物种
群的变化，结果"基线"随着时间的推移而逐渐变动，人们因此逐渐适
应物种的悄然消失，并且在评估过度捕捞所导致的损失或者确定渔业资
源恢复目标时，选用较晚的、不恰当的"基线"。他认为，应当通过历
史研究来弥补渔业科学家认识的局限。[1]根据保利的界定，"基线"是用
以评估变化的参照点，"生物存量规模"和"物种构成"是评估渔业资
源状况的两个核心指标。然而，历史文献的缺乏使直接的量化研究很难
实现。就二战后初期菲律宾的渔业基线而言，可以基于当时的一些观察
和渔业调查进行定性和定量相结合的研究，做出整体性的评估。在此之
前，还有必要了解二战对菲律宾渔业生产和渔业资源产生的影响。

（一）美国殖民时期的渔业资源状况以及太平洋战争的影响

1898 年，美国占据菲律宾。与西班牙殖民者不同，美国殖民者对
自然资源调查抱有浓厚的兴趣，并且更加重视水下所潜藏的财富。从
1907 年开始，阿尔文·希尔和阿尔伯特·赫尔等美国渔业专家兼渔业
官员先后主持了对菲律宾毗邻海域的调查和鱼类学研究。在调查报告
中，希尔认为菲律宾的渔业资源相当丰富，并且在整个群岛的诸多海域
都有广泛分布。他在《菲律宾鱼类清单》中记录了分布在 205 科 716 属
当中的 2277 种鱼类。[2]他在另一份报告中指出：菲律宾的鱼类区系极其
丰富，不仅种类丰富，而且许多种类的个体数量也很多。[3]实地调查显

1　Daniel Pauly, "Anecdotes and the Shifting Baseline Syndrome of Fisheries," *Trends in Ecology & Evolution*, Vol.10, No.10 (1995), p.430.

2　Daniel Pauly, "A Brief Historical Review of Living Marine Resources Research in the Philippines," in Department of Agriculture-Bureau of Fisheries and Aquatic Resources, *In Turbulent Seas: The Status of Philippine Marine Fisheries*, Coastal Resource Management Project of the Department of Environment and Natural Resources, Cebu City, Philippine, 2004, p.17.

3　Barton Evermann and Alvin Seale, "Fishes of the Philippine Islands," *Bulletin of the Bureau of Fisheries*, No.607, 1907, p.52.

示，海岸居民能够轻松地获得渔产品作为食物或者拿去出售，不需要远离海岸，甚至不需要借助渔船和复杂的渔具，凭借简单的工具就会有不错的收获。[1]

然而，也有调查报告显示，菲律宾少数近海水域和内陆水域已陆续出现了不同程度的渔业资源衰退，马尼拉湾是其中的典型例子。马尼拉湾周边的陆地是菲律宾人口最集中的区域之一，该区域对渔产品有着庞大的需求。加之马尼拉湾渔业资源丰富，因此该区域有着悠久的渔业传统，是菲律宾的主要渔业中心。20 世纪以后，随着需求的不断增长，渔民和渔船数量的不断上升给马尼拉湾的渔业资源带来很大压力。1936年，在马尼拉湾作业的桁拖网渔船达 73 艘。当时一位渔业专家认为，在如此有限的水域里，如果不加以限制，迅速增长的渔具和捕捞量将导致渔业资源耗竭。[2]面对有限的水域和渔业资源，马尼拉湾的渔民对渔业资源的争夺不断加剧，这促使许多渔民前往竞争较少的海域，如拉盖湾和圣米格尔湾。[3]渔民的迁移在很大程度上是马尼拉湾渔业资源衰退的结果，并且会增加新渔场的捕捞压力。

与海洋渔业相比，内陆渔业资源的损耗更为严重。渔业专家对吕宋岛塔尔湖的调查反映了这个问题。1927 年，一份报告反映，塔尔湖周围的居民抱怨说，与四五十年前相比，最大、最美味的鱼数量大幅减少。[4]1937 年，一份新的报告指出，塔尔湖的出口潘西庇特河的渔业资源出现了严重的衰退。1888—1890 年、1926—1927 年和 1933—1934 年这 3 个时段内潘西庇特河的鱼栅渔获记录显示，构成其渔业主体的 5 种

1   Alvin Seale, "The Fishery Resources of the Philippine Islands, Part I, Commercial Fishes," *The Philippine Journal of Science*, Vol.3, No.6 (Dec. 1908), p.518.

2   Porfirio R. Manacop, "The Sexual Maturity of Some Commercial Fishes Caught in Manila Bay," *The Philippine Journal of Science*, Vol.59, No.3 (1936), p.383.

3   Vicente C. Aldaba, "Fishing Methods in Manila Bay," *The Philippine Journal of Science*, Vol.47, No.3 (1932), p.405.

4   Albert W. Herre, "The Fisheries of Lake Taal (Bombon), Luzon, and Lake Naujan, Mindoro," *The Philippine Journal of Science*, Vol.34, No.3 (Nov. 1927), p.293.

鱼类的渔获量不断减少。其中，鲮鱼的年均渔获量在 1888—1890 年为
14.4 吨，1926—1927 年为 8.2 吨，1933—1934 年为 6.3 吨。其他鱼类的
渔获量也有类似的变化。这种衰退趋势也在捕捞权年租金的变化中得到
反映：1928—1932 年的捕捞权年度租金为 3.22 万比索，到 1933—1936
年，年租金为 1.63 万比索，下降大约 50%。[1] 这些证据表明，19 世纪末
到 20 世纪上半期塔尔湖出现了过度捕捞，不仅渔业产量呈下降趋势，
而且渔业资源也出现严重衰退。

　　除了本土渔业给渔业资源带来压力之外，20 世纪上半期日本渔民
在东南亚海域的扩张和对渔业资源的掠夺，给包括菲律宾在内的东南亚
诸国的渔业资源同样带来了严重的压力。日本渔民将桁拖网和驱入网
"穆罗阿密"[2] 这两种高效的渔网引入菲律宾，并且垄断了马尼拉等大城
市的渔产品市场。

　　1941 年末开始的太平洋战争以及随后三年多的日本殖民统治，对
菲律宾的渔业资源和渔业生产力发展产生了重要影响。有观察和研究认
为，它使菲律宾毗邻海域的海洋生物得到一个短暂的恢复期。这主要是
因为渔业生产力在战争期间被严重摧残。1948 年，阿尔伯特·赫尔指出：
"战争摧毁了大多数渔船队，既包括菲律宾人的，也包括日本人的。"[3] 后
来，菲律宾渔业与水生资源局的专家普里西拉·卡塞斯-博尔贾在讨
论拖网渔业时断言："日本占领时期捕鱼活动很少。"[4] 尽管不知道他指的
是全部的渔业活动还是某类渔业，但是从其讨论的拖网渔业来看，至少
以拖网捕捞为代表的商业性渔业活动在战争期间大幅减少了。

　　不过，战争期间菲律宾的渔业生产没有完全中断也是可能的。约

1　Deogracias V. Villadolid, "The Fisheries of Lake Taal, Pansipit River, and Balayan Bay, Batangas Province, Luzon," *The Philippine Journal of Science*, Vol.63, No.2 (Jun. 1937), p.195.

2　穆罗阿密（Muro-ami）是菲律宾本土渔民对日本渔民引入的驱入网（Drive-in-net）的称呼。

3　Albert W. C. T. Herre, "Outlook for Philippine Fisheries," *Far Eastern Survey*, Vol.17, No.23 (Dec. 8, 1948), pp.277-278.

4　Priscilla Caces-Borja, "On the Ability of Otter Trawls to Catch Pelagic Fish in Manila Bay," *The Philippine Journal of Fisheries*, Vol.10, Nos.1&2 (1972), p.39.

翰·布彻认为，尽管菲律宾的小规模渔业也受到战争的影响，但是仍然广泛地开展，但菲律宾本土的商业性捕捞则出现停滞甚至严重倒退。[1]二战后初期的一些调查可以为其观点提供支持。例如，1941年菲律宾有桁拖网渔船130艘，但二战结束时仅剩三四艘。[2]

此外，日本渔民的一些渔业活动所造成的压力在战争期间可能增强了。二战期间，日本人在三宝颜市扩建了其原有的金枪鱼罐头厂，并且在北吕宋的邦尼和阿帕利新建了类似的工厂。三宝颜市鱼罐头厂的产量由战前每天生产200—300盒（每盒重约9.5公斤）罐头增长至战时的400盒。[3]尽管如此，日本战时的渔业活动并不广泛，其规模也不算大；与战前相比，其增长也比较有限。

总而言之，到1930年代末或1940年代初，菲律宾的少数近海渔场和内陆水域已经出现了渔业资源衰退的情况。除此之外，多数水域的渔业资源尚未出现过度捕捞，它们较少被过度利用，或者没有报告显示出现渔业资源衰退问题。太平洋战争期间，因为战争对渔业生产环境的干扰和对生产力的破坏，菲律宾的海洋渔业资源可能有所恢复。对于菲律宾渔业来说，太平洋战争似乎制造了一个短暂的断裂或者暂停，使二战前的渔业发展势头戛然而止；对于海洋生物来说，它们得到一个短暂的喘息和恢复的机会。

（二）菲律宾渔业基线的评估

在经历了二战前的长期开发和太平洋战争时期的短暂恢复之后，菲律宾的渔业资源在二战后初期呈现怎样的状态？当时的一些观察提供了非量化的直观判断，而针对局部区域或特定渔业的资源状况调查则提供

1　John G. Butcher, *The Closing of the Frontier: A History of the Marine Fisheries of Southeast Asia, c. 1850-2000*, p.168.

2　Porfirio R. Manacop, "Commercial Trawling in the Philippines," *The Philippine Journal of Fisheries*, Vol.3, No.2 (1955), p.129.

3　Herbert E. Warfel and Pablo Bravo, *Outlook for Development of a Tuna Industry in the Philippines*, Washington D.C.: United States Government Printing Office, 1950, pp.22-23.

了更加具体的数据和描述。这些整体性的和具体的描述为评估二战后初期菲律宾的渔业基线提供了可能。

近海浅水区域是菲律宾小规模渔民或市域渔业渔民长期以来主要的捕捞场所。正如前文所述，长期的捕捞可能已经导致马尼拉湾等海域浅水区的渔业资源严重衰退了。尽管如此，赫尔在二战后指出，菲律宾有不少海域存在着较少得到开发的渔场，包括吕宋岛北部的巴坦群岛和巴布延群岛，以及棉兰老岛和帕劳群岛之间的区域，这些区域有着丰富的鲣鱼和金枪鱼资源。如果有市场出路，那么巴瑶、萨马和米沙鄢渔民可以将他们传统的捕捞作业扩展到苏禄海。[1]

为了弄清楚菲律宾的渔业资源状况，推动渔业的发展，在美国渔业援助代表团的帮助下，菲律宾渔业局从 1946 年起对菲律宾群岛海域的渔业资源进行了调查。这次调查主要包括对近海可进行网板拖网捕捞的渔场的调查，以及对大型中上层渔业资源如金枪鱼、类金枪鱼和鲨鱼资源的调查。前者针对大陆架底栖渔业资源，后者针对浅海和深海中上层渔业资源。因为金枪鱼与小型中上层鱼类存在"捕食者—饵料鱼"的关系，它们的丰度也能够间接反映小型中上层鱼类资源的丰度。

1947—1949 年，"菲律宾渔业计划"调查团对选取的 24 个海区进行了网板拖网试验。其中，14 个分布在吕宋岛水域，7 个分布在米沙鄢群岛水域，另外 3 个分布在棉兰老岛和苏禄海西南部水域。[2]试验点主要集中于北部和中部，因为这些区域是传统渔场分布较多且距离人口稠密地区更近的海域。

这 24 个海区拖网捕捞渔业的状况可以分为 4 类：一、已长期且严重捕捞的老旧渔场，即马尼拉湾；二、已较长时间捕捞的旧渔场，包括林加延湾和卡里加拉湾；三、现有正被捕捞的渔场，包括拉盖湾、圣

1　Albert W. C. T. Herre, "Outlook for Philippine Fisheries," *Far Eastern Survey*, Vol.17, No.23 (Dec. 8, 1948), pp.277-278.

2　Herbery E. Warfel and Porfirio R. Manacop, *Otter Trawl Explorations in Philippine Waters*, Washington D.C.:United States Government Printing Office, 1950, pp.8-11.

米格尔湾、萨马海、西米沙鄢海和吉马拉斯海峡等 5 个海区；四、其他 16 个均未开展过拖网捕捞的新渔场。[1]由此可见，网板拖网捕捞试验所选的 24 个海区中有 2/3 是没有开展过拖网捕捞的新渔场。

　　调查者通过计算每小时的平均可售渔获量来衡量所选海域的生产力状况，这也能反映这些海域鱼类的丰度状况。如表 4-1 所示，每小时渔获量的最大值出现于水深为 6—10 英寻（约 11—20 米）的水域。从这个水深区域向外，每小时的渔获量随着深度的增加而减少，而 5 英寻以内的每小时渔获量也较低。这表明，当时菲律宾近海 6—20 英寻深度范围内的底栖鱼类丰度最高，该范围也就是最佳的拖网捕捞区域。

表 4-1　水深范围与每小时渔获量关系

水深范围（英寻）	每小时渔获量（磅）
1—5	141
6—10	349
11—15	242
16—20	190
21—25	136
26 英寻以深	<150

资料来源：Herbery E. Warfel and Porfirio R. Manacop, *Otter Trawl Explorations in Philippine Waters*, pp. 33-35. 根据其中相关信息制作。

注：1 英寻 =1.829 米；1 磅 =0.454 公斤。

　　这个调查结果至少可以说明两个问题：第一，5 英寻以浅水域较低的渔获量表明长期的沿岸捕捞可能已经使沿岸的渔业资源出现了衰退；第二，6 英寻以深的水深范围与渔获量的关系预示着未来菲律宾渔业要向外扩张。渔场勘探的目标之一是拓展已知渔场，不仅要拓展至已知渔场内未曾捕捞过的区域，而且要拓展至更深的水域。为此，在勘探过程中调查人员曾数次尝试探索更深的水域。

　　从渔场的渔获量来看，被勘探的 24 个海区的渔获量范围为 11.3—

1　Herbery E. Warfel and Porfirio R. Manacop, *Otter Trawl Explorations in Philippine Waters*, pp.8-10.

288.5 公斤 / 小时，所有区域的平均值为 68.5 公斤 / 小时，或者每平方公里 315.3 公斤。[1] 其中最高的出现在圣米格尔湾，其次是西米沙鄢海，为 279 公斤 / 小时。之后是吉马拉斯海峡，为 235.9 公斤 / 小时；西西兰湾，为 218.6 公斤 / 小时；等等。最低的出现在巴丹半岛西岸外和塔巴科湾，每小时渔获量分别为 11.3 公斤和 12.2 公斤。[2] 不过，圣米格尔湾等区域的调查结果可能具有误导性，因为渔获中一些大型鳐鱼的出现具有偶然性，它们的存在大幅提升了平均渔获量。

从当时世界范围内已有的拖网捕捞实践来看，菲律宾的这种渔获量属于中等偏上的水平。据报告，从埃及亚历山大港和塞得港出发的商业性拖网渔船的每小时渔获量分别为 115.7 公斤和 49 公斤，秘鲁海岸的结果为 19.5 公斤 / 小时，这些都是较低的水平。1936 年，一艘日本拖网渔船在西澳大利亚西北高原附近海域的捕捞结果为 203.2 公斤 / 小时。斯里兰卡的维奇海岸拖网捕捞的结果为 173.7—241.8 公斤 / 小时，据说可以与苏格兰和爱尔兰北部和西部海岸的捕捞量相比，与菲律宾最高产渔场的渔获量水平差不多，但是无法与挪威熊岛和冰岛海岸相比，也无法与新英格兰每小时 367.9 公斤的渔获量相比。[3]

此外，从渔获物的鱼类构成来看，以鳐科鱼为代表的营养层级较高、个体较大的肉食性鱼类在渔获物中占据了最重要的位置。在勘查实验中，24 个海区的总渔获量为 19519 公斤，其中鳐科鱼为 7168 公斤，占总渔获量的 36.7%；在林加延湾和圣米格尔湾，鳐科鱼的比例更是达到 63% 和 60%。[4] 捕食者的大量存在表明菲律宾近海海底生态系统和食物网都比较稳定，饵料鱼和总的渔业资源状况仍然良好。

由此可见，菲律宾水域的生产力与其他热带海域差不多的，仅有圣米格尔湾、米沙鄢海以及菲律宾的汇流水域的生产力接近温带区域的

1　Herbery E. Warfel and Porfirio R. Manacop, *Otter Trawl Explorations in Philippine Waters*, p.45.

2　Herbery E. Warfel and Porfirio R. Manacop, *Otter Trawl Explorations in Philippine Waters*, pp.36-37.

3　Herbery E. Warfel and Porfirio R. Manacop, *Otter Trawl Explorations in Philippine Waters*, p.37, 40.

4　Herbery E. Warfel and Porfirio R. Manacop, *Otter Trawl Explorations in Philippine Waters*, pp.38-39.

渔场。又因为菲律宾水域鱼类种类繁多，所以如果从单个鱼种来看，任何一种都难以称得上非常丰富。这也正是东南亚热带海域生态系统的特点，即生物多样性丰富，但是单一物种的丰度较低。高营养层级鱼类的大量存在表明底层渔业资源仍然比较丰富，它们所处的海底生态系统也比较稳定。

"菲律宾渔业计划"还调查了金枪鱼、类金枪鱼和鲨鱼等大型中上层鱼类资源。虽然金枪鱼是菲律宾周围水域最丰富的渔业资源之一，但是到二战结束时，它的开发程度仍然很低。就菲律宾本土的利用来说，金枪鱼仅在少数地方是人们的重要食物来源，而且即便是在这些地方，它的产量也比较低，在 1935 年之前没有专门的以捕捞金枪鱼为目标的渔业。[1] 另外，日本渔民自 1920 年代起就在菲律宾周围水域捕捞金枪鱼，并在三宝颜市建立了鱼罐头厂。其捕捞活动一直持续到二战即将结束，而且罐头厂的产量在战争期间有所提升。[2] 但考虑到金枪鱼的庞大种群，日本渔民的开发对整个种群的影响还不大。

菲律宾水域有金枪鱼和类金枪鱼 21 种，其中有 10 种比较常见，如马鲛鱼、黄鳍金枪鱼和鲣鱼等。根据当时的调查，黄鳍金枪鱼、鲣鱼和巴鲣等鱼种在菲律宾水域全年都有广泛的分布，而其他种则在某些水域较为丰富和常见，如吕宋岛西南部及邻近岛屿附近海域有着丰富的圆舵鲣，巴鲣在苏禄群岛周边海域分布尤其丰富。关于其分布区域的深度与其丰度的关系，当时没有全面的数据。不过，用延绳拖网方法进行捕捞的结果显示，黄鳍金枪鱼在 9—73 米的水深范围内最为丰富。就其丰度来说，根据当时的试捕调查，在菲律宾使用延绳拖网方法捕捞的金枪鱼有望每天产出 1 吨，尚不及东太平洋的一半。[3] 由此可见，尽管菲律宾水域的金枪鱼资源比较丰富而且较少被利用，但是其丰度仍无法与东太

1　Herbert E. Warfel and Pablo Bravo, *Outlook for Development of a Tuna Industry in the Philippines*, p.1, 18.

2　Herbert E. Warfel and Pablo Bravo, *Outlook for Development of a Tuna Industry in the Philippines*, pp.22-23.

3　Herbert E. Warfel and Pablo Bravo, *Outlook for Development of a Tuna Industry in the Philippines*, pp.2-6, 33-36.

平洋海域相比。

　　除了捕捞渔业，菲律宾也有具有一定历史的水产养殖业，其广阔的海岸湿地和内陆淡水水域为水产养殖提供了环境基础。1950 年代以前，菲律宾水产养殖业的发展相对缓慢，主要以本土传统的粗放模式进行养殖。这种模式的资金投入少，水产物依赖自然食物，养殖密度低。[1] 部分地区的经营模式开始从粗放式演变为半集约式，生产效率有所提升。二战以前，菲律宾大多数地区的水产养殖池每年仅收获 1 次，每公顷收获仅 70 公斤，由于拥有育苗池和养藻作为饲料，吕宋岛的水产养殖池一年可以收获 3—5 次，每年每公顷收获 1000 公斤。[2] 总体而言，菲律宾传统水产养殖业的生产效率非常低下。二战后初期，菲律宾有养殖池 8.4 万公顷。水产养殖业的倡导者认为，菲律宾还有 54 万公顷的沼泽地可以用来建设鱼池。[3] 因此，如果不考虑海岸湿地转化成养殖池的环境影响，那么菲律宾在二战后初期仍然拥有广阔的水产养殖业发展空间。

　　基于对 20 世纪上半期菲律宾渔业资源利用状况的考察，可以看到这一时期菲律宾少数水域出现了渔业资源衰退的情况。太平洋战争对菲律宾渔业生产力的破坏和对渔业生产活动的干扰，使海洋生物所遭遇的压力有所减轻，也使渔业资源得到短暂恢复。二战后初期的渔业调查显示，吕宋岛北部、棉兰老岛东部和广阔的苏禄海等距离马尼拉较远的海域均较少被开发。而马尼拉所在的吕宋岛中部和米沙鄢群岛的一些城市周围的海域，除了马尼拉湾等传统渔场和近岸浅水区域的渔业资源被过度捕捞，其他渔场仍然有继续开发的空间。就拖网捕捞所针对的底栖渔业资源来说，圣米格尔湾和吉马拉斯海峡等渔场在世界热带海域中仍处于高产渔场之列，与温带的高产渔场接近，只是无法与高纬度区域的丰产渔场相比。近海和深海的金枪鱼等中上层掠食性鱼类，因为捕捞的难

1　Wilfredo G. Yap, *Rural Aquaculture in the Philippines*, FAO Regional Office for Asia and the Pacific Publication 1999/20, 1999, "2.1. Historical Aspects".

2　Domiciano K. Villaluz, *Fish Farming in the Philippine*, Manila: Bookman, 1953, p.iii.

3　Domiciano K. Villaluz, *Fish Farming in the Philippine*, p.7.

度较大而仍然较少被利用。这也意味着中上层渔业资源的总体状况也较好，仍然有较大的利用空间。水产养殖业方面，此时菲律宾可以用来发展水产养殖业的海岸湿地面积仍然非常广阔。总之，在二战后初期，尽管菲律宾部分近岸浅水区的传统渔场因为长期的捕捞而出现了渔业资源衰退，但是仍然拥有大量未被开发的渔业资源和海洋空间。

第二节　菲律宾的渔业环境危机及其表现

渔业赖以存在的海洋环境由可供人类利用的水生动植物资源与其所依存的生境组成。因此，对菲律宾渔业环境方面的危机的探讨包括对渔业资源危机和渔业生境危机的考察。

（一）渔业资源危机

原始的或者状况良好的渔业资源种群，通常拥有维持自身平衡的调节能力。当它们被开发后，只要捕捞适度，仍然可以保持维持自身种群的数量水平的能力。但是当捕捞量超过种群的自然增长能力时，资源量就会下降，在渔业生产方面表现为渔获量和单位捕捞努力量渔获量随着捕捞努力量的增加而减少，同时捕捞对象的自然补充量也不断下降，从而引起资源衰退甚至枯竭，出现过度捕捞。[1]渔业研究者无法获知海洋生物的确切数量，也无法通过直接统计海洋生物数量来研究渔业资源的状况。可行的办法是通过渔业产量的变化、单位捕捞努力量渔获量的变化和渔获物物种结构的变化等指标来进行研究。

1. 渔业总产量和分支部门产量的变化

据菲律宾渔业部门统计，1946—2010 年，菲律宾渔业总产量总体呈上升趋势（见图 4-1）。1946 年的渔业产量仅 9.6 万吨，远不及太平洋战

---

[1]　沈国英等编著《海洋生态学》，科学出版社，2010，第 286 页。

争爆发前夕1940年的17万吨。[1]2010年则达到515.9万吨[2]，比1946年增长了近53倍。其产量年增长率在大多数年份维持正增长，并且长期保持较高的增速。可见，二战后多数时候菲律宾渔业发展呈现繁荣景象。

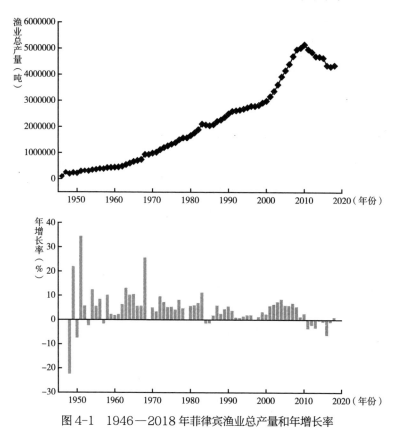

图4-1　1946—2018年菲律宾渔业总产量和年增长率

资料来源：根据《菲律宾渔业统计资料》（1954—1972年）和《菲律宾渔业概况》（1977—2018年）制作。（Bureau of Fisheries, Philippines, *Fisheries Statistics of the Philippines,* Manila: Bureau of Fisheries, 1954-1972; Bureau of Fisheries and Aquatic Resources, Philippines, *Philippine Fisheries Profile: 1977-2018*，https://www.bfar.da.gov.ph/publication, 2020年5月28日访问。下文图表资料来源与此处相同者，将省略英文来源。）

注：1947年比1946年增长了162%。为方便展示，增长率图去掉了这一较大数值。

———————————

1　Bureau of Fisheries, Philippines, *Fisheries Statistics of the Philippines, 1954,* Manila: Bureau of Fisheries, 1954, pp.2-3.

2　Bureau of Fisheries and Aquatic Resources, Philippines, *Philippine Fisheries Profile: 2010,* p.18, https://www.bfar.da.gov.ph/publication.jsp?id=41#post, 2020年7月23日。

　　然而，在渔业繁荣发展的同时，也出现一些问题。首先，渔业总产量在 1980—1990 年代出现了持续十余年的低速增长甚至负增长。在此期间，除个别年份外，其增长率均低于 5%，多数年份的增长率趋近于零，甚至出现 3 年的负增长。此外，渔业总产量在 2010 年达到顶峰之后，出现了连续 7 年的负增长。这种转变一方面是因为渔业资源衰退，另一方面是因为渔业资源保护措施的出台。[1] 这也就意味着，菲律宾的渔业危机仍在持续，同时渔业资源保护措施也开始发挥作用。

　　其次，将渔业总产量按市域渔业、商业性渔业和水产养殖业分类拆开来看，可以发现更多问题。2010 年市域渔业所达到的最高产量 137.1 万吨，相比 1946 年的 6.4 万吨，只增长了 20.4 倍。从年增长率来看，如表 4-2 所示，1946—1982 年的 36 年间，负增长仅 5 次，超过 5% 的高速增长达 19 次；而 1983—2018 年，负增长达 17 次，超过 5% 的调整增长仅 4 次。2018 年的 110.6 万吨的产量甚至比 1983 年的 114.6 万吨略低。[2] 可见，从 1980 年代开始，市域渔业产量的增长就已经陷入停滞甚至倒退状态（如图 4-2 所示）。1990 年代末至 2010 年，市域渔业产量的增长主要是市域水域面积扩大的结果，而不是因为危机已经解除。

1　Roehlano M. Briones, *Philippine Agriculture to 2020: Threats and Opportunities from Global Trade*, Philippine Institute for Development Studies, 2013, pp.4-5.

2　Bureau of Fisheries, Philippines, *Fisheries Statistics of the Philippines*, Bureau of Fisheries, 1954-1972; Bureau of Fisheries and Aquatic Resources, Philippines, *Philippine Fisheries Profile: 1977-2018*, https:// www.bfar.da.gov.ph/publication, 2020 年 5 月 28 日访问。

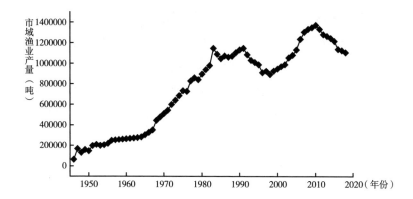

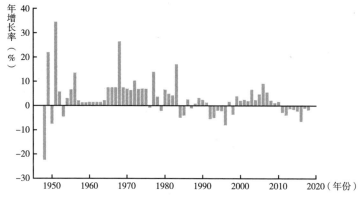

图4-2 1946—2018年菲律宾市域渔业产量和年增长率

资料来源：根据《菲律宾渔业统计资料》（1954—1972年）和《菲律宾渔业概况》（1977—2018年）制作。

注：1947年比1946年增长了162%。为方便展示，增长率图去掉了这一较大数值。

表4-2 1946—2018年菲律宾渔业分支部门产量增长率的年数统计（年）

渔业部门	市域渔业			商业性渔业			水产养殖业		
增长率分类*	高	低	负	高	低	负	高	低	负
1946—1982年	19	12	5	17	10	9	15	20	1
1983—2018年	4	15	17	11	13	12	16	14	6
1946—2018年	23	27	22	28	23	21	31	34	7

资料来源：根据《菲律宾渔业统计资料》（1954—1972年）和《菲律宾渔业概况》（1977—2018年）制作。

* 本文认为：增长率≥5%为高速增长；0≤增长率<5%为低速增长；增长率<0为负增长。

再次，就商业性渔业而言，2009 年它所达到的最高产量 125.4 万吨，比 1946 年的 1.6 万吨增长了 77 倍，高于渔业总产量同期的增长率。从年增长率来看，1976—1985 年，除 1982 年的增长率达到 6.4%，其他均低于 2%，且出现两个连续 3 年的负增长时期。2004—2018 年，除 2007 年增长率为 10.3% 外，出现了几乎连续 14 年的低速增长或负增长。可见，商业性渔业在 1976—1985 年和 2004—2018 年出现了产量增长停滞或者倒退的情况。（如图 4-3 所示）比较 1946—1982 年和 1983—2018 年这两个时期的高速增长、低速增长和负增长的年份数量，也可以看到高速增长的次数大幅减少，而低速增长和负增长的次数相应的增加了（如表 4-2 所示）。

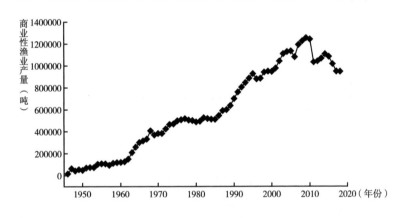

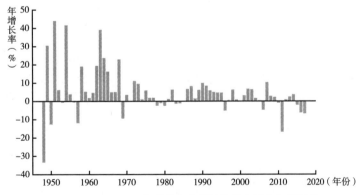

图 4-3 1946—2018 年菲律宾商业性渔业产量和年增长率

资料来源：根据《菲律宾渔业统计资料》（1954—1972 年）和《菲律宾渔业概况》（1977—2018 年）制作。

注：1947 年比 1946 年增长了 296%。为方便展示，增长率图去掉了这一较大数值。

　　最后，就水产养殖业而言，2011年它所达到的最高产量260.8万吨，比1946年的1.6万吨增长了162倍，远高于渔业总产量同期的增长率。1950—1960年代，除少数年份外，水产养殖业产量都是以较低的速度增长；其他时期则大多保持了较快速度的增长。72年间，负增长仅7次，且4次出现在2012年以后。（如表4-2、图4-4所示）然而，1980年代以来水产养殖业产量的增长，在很大程度上得益于海藻类植物养殖的快速增长，海藻的产量从1984年的18万吨增长至2014年的155万吨。

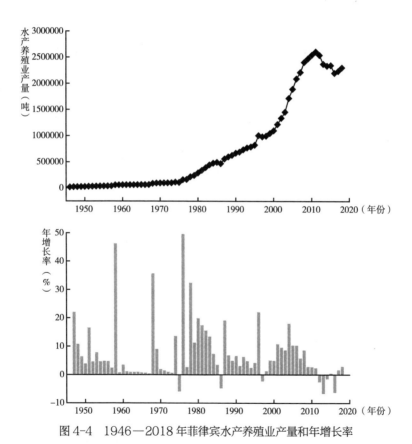

图4-4　1946—2018年菲律宾水产养殖业产量和年增长率

　　资料来源：根据《菲律宾渔业统计资料》（1954—1972年）和《菲律宾渔业概况》（1977—2018年）制作。

总体而言，1946—2010 年菲律宾渔业总产量总体呈上升趋势和繁荣的景象。然而，市域渔业、商业性渔业和水生动物类养殖业的产量，在不同时期均出现了增长停滞甚至下降的情况。捕捞渔业产量增长的停滞和下降不仅是渔业生产的危机，也预示了野生渔业资源的危机。某些年份渔业产量的低速增长或负增长可能属于自然波动，但是 1980—1990 年代捕捞渔业产量持续的低速增长或负增长，则表明渔业资源出现了严重的危机。

通常情况下，渔业产量增长停滞的原因可能是有效的渔业管理，也可能是渔业资源衰退。但这一时期菲律宾并没有出台严格限制捕捞努力量的全国性渔业政策。二战后，菲律宾商业性渔业渔船数总体保持上升趋势，从 1948 年的 469 艘增长至 2018 年的 8198 艘。[1]其中，除了1970 年代和 1990 年代的增速较慢，其他时期均保持了较快的增长速度（见表 4-3）。渔船数量不断上升，加上渔业技术不断改进，使总捕捞努力量也一直保持上升趋势。尽管市域渔业渔船数并没有连续的、详细的统计，但是它从 1980 年的 40.2 万艘上升至 2002 年的 68 万艘，并且机动船的比例从 28.5% 上升至 48.1%，表明市域渔业的总捕捞努力量也呈上升趋势。[2]然而，即便如此，捕捞渔业产量仍然出现了较长时间的停滞甚至下降，这说明捕捞努力量的上升并没有带来渔业产量相应的增长，进而证明渔业资源出现了过度捕捞，而且海洋生物存量严重衰退。

---

1 Jose R. Montilla and Cresencio R. Dimen, "Fisheries Statistics of the Philippines," in Daniel M. Bunag, ed., *Philippine Fisheries Yearbook: 1953*, Manila: Editorial and Business office, 1953, p.120; Bureau of Fisheries and Aquatic Resources, Philippines, *Philippine Fisheries Profile: 2018*, https://www.bfar.da.gov. ph/publication.jsp?id=2369#post, 2020 年 5 月 28 日访问。

2 National Statistics Office, Philippines, *2002 Census of Fisheries: Philippines*, Manila: National Statistics Office, 2005, p.xxx.

表4-3　1948—2018 年菲律宾部分年份商业性渔船数量

年份	商业性渔船数量（艘）
1948	469
1958	1426
1968	2225
1978	2527
1988	3265
1998	3416
2008	6371
2018	8198

资料来源：Jose R. Montilla and Cresencio R. Dimen, "Fisheries Statistics of the Philippines," in Daniel M. Bunag, ed., *Philippine Fisheries Yearbook: 1953*, Manila: Editorial and Business Office, 1953, p.120; Bureau of Fisheries, Philippines, *Fisheries Statistics of the Philippines, 1959*, Manila: Bureau of Fisheries, 1959, p. 4; Bureau of Fisheries, Philippines, *Fisheries Statistics of the Philippines, 1972*, Manila: Bureau of Fisheries, 1972, p. 4; Bureau of Fisheries and Aquatic Resources, Philippines, *Philippine Fisheries Profile: 1978, 1988, 1998, 2008, 2018*, https://www.bfar.da.gov.ph/publication, 2020 年 5 月 28 日访问。

2. 单位捕捞努力量渔获量的变化

除了通过渔获量的变化来评估渔业资源的变化，还可以通过单位捕捞努力量渔获量的变化来反映渔业资源和海洋生物丰度的变化。单位捕捞努力量渔获量指的是每单位捕捞工具在单位时间内的捕捞量。它可以作为资源密度指数来反映渔业资源密度情况。[1]

20 世纪后半期，菲律宾捕捞渔业的单位捕捞努力量渔获量总体呈下降趋势。达尼洛·以色列和塞萨尔·班松通过捕捞渔业的年产量和渔船动力数来计算单位捕捞努力量渔获量，结果显示，1948—1994 年，菲律宾海洋渔业的单位捕捞努力量渔获量总体呈下降趋势，从 1948 年的 3.1 吨 /（马力·年）降至 1994 年的不足 0.2 吨 /（马力·年）。其中，商业性渔业的单位捕捞努力量渔获量从 3.53 吨 /（马力·年）降至 0.42

1　陈新军主编《渔业资源与渔场学》，海洋出版社，2014，第 190 页。

吨/（马力·年），而市域渔业的单位捕捞努力量渔获量从2.87吨/（马力·年）降至0.12吨/（马力·年）。[1]这表明菲律宾渔业资源的密度在这一时期不断下降。相比于二战后初期，1990年代的渔业资源密度已经降至非常低的水平。

其他学者关于菲律宾不同水层鱼类的单位捕捞努力量渔获量的研究，同样表明二战后菲律宾渔业资源的丰度呈下降趋势。杰罗尼莫·西尔维斯特和丹尼尔·保利关于1946—1984年菲律宾底层鱼类生物存量的研究指出，菲律宾全国范围所有的软基质、可进行拖网捕捞的渔场都出现了过度捕捞，而近岸硬基质、多礁石的水域也出现了过度捕捞。底层渔业的单位捕捞努力量渔获量从1946年的1.23吨/（马力·年）下降至1984年的0.42吨/（马力·年）。[2]关于菲律宾小型中上层渔业的研究则显示，它的单位捕捞努力量渔获量从1965年的2.5吨/（马力·年）下降至1984年的0.84吨/（马力·年）。[3]

关于菲律宾局部海域的渔业或者某种渔业的单位捕捞努力量渔获量的研究，也显示了渔业资源衰退的趋势。1983—1987年，米沙鄢群岛中部地区环形网渔业的单位捕捞努力量渔获量为198.3公斤/小时，到1998—2002年则降至178.7公斤/小时。[4]这里的渔民也感知到了渔业资源逐渐衰退的趋势，他们在接受采访时表示，20世纪最后30年各种渔具的单位捕捞努力量渔获量都呈下降趋势，其中底层渔业资源的下降尤其

1　Danilo C. Israel and Cesar P. Banzon, *Overfishing in the Philippine Marine Fisheries Sector*, Singapore: The Economy and Environment Program for South East Asia, 1998, pp.27-28.

2　Geronimo Silvestre and Daniel Pauly, "Estimates of Yield and Economic Rent from Philippine Demersal Stocks (1946-1984) Using Vessel Horsepower as an Index of Fishing Effort," *University of the Philippines in the Visayas Fisheries Journal*, Vol. 1, No. 2 (1985) / nol. 2, nos. 1-2 (1986) / Vol. 3, Nos. 1-2 (1987), pp.11-24.

3　Danilo C. Israel and Cesar P. Banzon, *Overfishing in the Philippine Marine Fisheries Sector*, p.26.

4　Stuart J. Green, et al., *The Fisheries of Central Visayas, Philippines: Status and Trends*, Cebu City: Coastal Resource Management Project of the Department of Environment and Natural Resources and the Bureau of Fisheries and Aquatic Resources of the Department of Agriculture, 2004, p.32.

明显，仅有少数从事小型中上层渔业生产的渔民表示渔获量没有变化。[1]关于吕宋岛北部博林奥的海胆渔业的研究发现，当地礁坪的海胆资源因为过度捕捞而几近灭绝，渔民平均每天收获的海胆籽也从 1989 年的 30 公斤降至 1992 年的 8 公斤。[2]

总之，20 世纪后半期菲律宾渔业的单位捕捞努力量渔获量总体呈下降趋势，这表明渔业资源密度同样呈下降趋势。这种趋势不仅存在于市域渔业，也存在于商业性渔业，而且底层渔业和中上层渔业资源的密度都经历了下降过程。部分区域的某些渔业资源甚至因为过度捕捞而趋于商业性灭绝，失去规模利用的价值。

3. 渔获物构成的变化

1998 年，丹尼尔·保利等人在论文中揭示了 20 世纪后半期全球渔业中普遍存在的一种现象，即渔获物逐渐从寿命长、营养层级高、肉食性的底栖鱼类，向寿命短、营养层级低的无脊椎和以浮游生物为食的中上层鱼类转变。[3]处在食物网上层的肉食性鱼类是被优先捕捞的对象，当它们因为过度捕捞而资源衰退时，捕捞对象逐渐转向个体相对较小、经济价值相对较低、处在食物网下层的物种。当这些物种资源不足时，捕捞对象就转向营养层级更低的物种，由此出现"以渔获物平均营养层级下降为表征的食物网结构异常，即'沿食物网向下捕捞'的现象"。这种现象所带来的结果是生态系统的平衡被改变，大型捕食者的数量减少，小型饵料鱼数量增加，生态系统中的物种向小型化发展，也就是生态系统过度捕捞。[4]

1　Stuart J. Green, et al., *The Fisheries of Central Visayas, Philippines: Status and Trends*, p.63.

2　L. Talaue-McManus and K. P. N. Kesner, "Valuation of a Philippine Municipal Sea Urchin Fishery and Implications of Its Collapse," in Marie Antonette Juinio-Menez and Gary F. Newkirk, eds., *Philippine Coastal Resources Under Stress, Selected Papers from the Fourth Annual Common Property Conference, Manila, Philippines, June 16-19, 1993*, Coastal Resources Research Network, Dlhousie University, Canada, and Marine Science Institute, University of the Philippines, Philippines, 1995, pp.229-239.

3　Daniel Pauly, et al., "Fishing Down Marine Food Webs," *Science*, Vol. 279, No. 5352 (Feb. 6, 1998), pp.860-863.

4　沈国英等编著《海洋生态学》，第 287 页。

　　菲律宾热带海洋丰富的生物多样性使其渔业具有鲜明的特征，即渔获物通常由多种鱼类构成，但是每种鱼类又都不像温带和寒带水域那样高产。多鱼类的渔获物构成包括两种情况：一种是非选择性渔具可以同时捕捞多种鱼类，如拖网捕捞；另一种则是多种渔具分别针对不同的鱼类，如菲律宾传统渔业中存在的种类繁多的渔具和捕捞方法。尽管拖网等非选择性渔具不加区分地捕捞各种鱼类，但是它对不同鱼类的影响却不同，个体较大的鱼类更容易被捕捞并因此出现资源衰退。菲律宾传统的多渔具组合捕鱼法，则更有利于维持生态系统的稳定。

　　二战后拖网捕捞的广泛采用，对菲律宾底栖鱼类的构成产生了显著的影响，形成了生态系统过度捕捞的渔业危机。保利在其关于菲律宾圣米格尔湾渔业的个案研究中揭示了该地所存在的生态系统过度捕捞问题。保利的研究显示，在二战后的 30 余年里，圣米格尔湾拖网捕捞的主要渔获物，由鲼科鱼和鳐鱼等作为捕食者的大型鱼类，转变成石首科鱼、鱿鱼和虾等中型和小型的鱼虾。1947 年，当菲律宾进行拖网捕捞勘查时，圣米格尔湾的鲼科鱼在渔获中的比例达 60%，而到 1980 年前后它仅占拖网捕捞渔获物的 0.6%，其绝对丰度和相对丰度都大幅下降。作为捕食者的鱼类的减少，使营养层级相对较低的鱼虾获得增殖的空间。随着鲼科鱼这种个体较大的竞争者和捕食者的数量减少，和鲼科鱼一样以底栖动物为食物的虾类和石首科鱼的丰度反而增加，并取代鲼科鱼而成为主要的渔获物。底栖鱼类的减少则使作为其食物的鱿鱼卵有更多的机会成长起来，鱿鱼资源也因此有所增长。[1] 由此可见，过度捕捞不仅会导致渔业产量的下降，而且会改变生态系统中生物种类的构成，使渔业资源出现劣质化和经济价值下降的趋势。在生物多样性特征显著的热带海域，这种物种构成的变化一定程度上维持了渔业产出的相对稳定，弱化了渔业产量停滞或下降的损失，不至于出现类似温带水域某种渔业突然崩溃的现象，

1　Daniel Pauly, "History and Status of the San Miguel Bay fisheries," in Daniel Pauly and Antonio N. Mines, eds., *Small-scale Fisheries of San Miguel Bay, Philippines: Biology and Stock Assessment*, pp.95-124.

但菲律宾所出现的这种生态系统过度捕捞同样难以逆转和恢复。

菲律宾其他海域也出现了渔获物构成显著变化的情况。20 世纪后半期在米沙鄢群岛中部的海域，主要渔获物从鲾科鱼变为沙丁鱼，相应的，占主导的渔业捕捞方式也从拖网捕捞转变为丹麦旋曳网捕捞。米沙鄢海拖网捕捞产量的比例从 1960 年代早期的 80.3% 降至 1980 年代末的 54%，而针对中上层鱼类的围网产量的比例从 1960 年代末的 6% 上升至 1980 年代末的 26.8%。[1] 拖网捕捞产量所占比例的下降在很大程度上反映了底栖渔业资源的衰退以及底栖鱼类丰度的下降。

菲律宾主要渔场的变化表明，20 世纪后半期渔获物构成的变化并不只是局部海域发生的情况，而是全国性的趋势。它表明菲律宾海洋生态系统和渔业资源构成经历了显著的变化：在底层渔业中，营养层级较高的鲾科鱼和鳐鱼被营养层级较低的石首鱼、鱿鱼和虾等取代；从底层渔业和中上层渔业的产量比例来看，底层渔业呈下降趋势，渔民更多地转向中上层渔业资源的开发。

总之，1946 年以后，菲律宾逐渐出现了渔业资源衰退的渔业危机。从渔业产量来看，市域渔业产量在 1980 年代以后大体上陷入了增长停滞甚至下降的状态，商业性渔业也在 1976—1985 年和 2004—2018 年出现了产量增长停滞或者倒退的情况。从单位捕捞努力量渔获量来看，市域渔业和商业性渔业都出现了持续下降的趋势，这也就意味着渔业资源密度的持续下降。从渔获物的物种构成来看，菲律宾渔业出现了营养层级较低的鱼类取代营养层级较高的鱼类的趋势。渔业产量、单位捕捞努力量渔获量和渔获物的物种构成这三大指标的变化情况共同证明了菲律宾出现了渔业资源衰退的危机。

（二）渔业生境危机

二战后，菲律宾渔业所面临的危机不仅仅是产量危机和渔业资源危

---

1 Stuart J. Green, et al., *The Fisheries of Central Visayas, Philippines: Status and Trends*, pp.28-30.

机，还有渔业生境危机。生境危机一方面反映出海洋生态系统所遭受的
威胁，另一方面也会加重渔业资源危机，并影响渔业的可持续发展。其
中最为显著的问题包括红树林和珊瑚礁等生态系统的退化以及海洋的污
染和富营养化等。

红树林是菲律宾海岸区域的重要生态系统之一，它为部分鱼类和
其他海洋动物如具有重要经济价值的珊瑚礁鱼类鲷科鱼、鲹科鱼、龙
占鱼科和篮子鱼科鱼等提供哺育场所和营养物质。[1] 然而，20 世纪菲
律宾红树林的面积出现了持续且严重的缩减。1918 年，红树林面积估
计达 45 万公顷，而到 1993 年仅剩 13.8 万公顷。不仅如此，1990 年代
初仅存的红树林中 95% 为次生林，仅 5% 为原始红树林且大多分布于
巴拉望岛。[2] 这是因为政府为推动水产养殖业的发展，鼓励养殖者将大
量红树林改造成水产养殖池，而鱼虾价格的稳步上涨也吸引了更多的
投资者，助推了水产养殖池的扩张。到 20 世纪末，水产养殖池的面积
约为 28.9 万公顷，其中超过 80% 的区域是由红树林转化而来。[3] 此外，
人口的增长以及随之而来的对燃料和建筑材料的需求的增长也加速了
对红树林的滥伐。

菲律宾的珊瑚礁面积达 2.7 万平方公里，栖居其中的海洋动物和
植物近 4000 种，包括 400—500 种珊瑚。[4] 珊瑚礁不仅是众多海洋生物
的家园，而且为渔民提供了丰富的渔业资源和收入来源。据估计，珊

1 Janne Dalby and Thomas Kirk Sorensen, "Coral Reef Resource Management in the Philippines – With Focus on Marine Protected Areas as a Management Tool," MS Thesis, University of Copenhagen, 2002, p.37.

2 Alan T. White and Royolsen D. Deleon, "Mangrove Resource Decline in the Philippines: Government and Community Look for New Solutions," in Department of Agriculture-Bureau of Fisheries and Aquatic Resources, *In Turbulent Seas: The Status of Philippine Marine Fisheries*, pp.84-89.

3 Alan T. White and Royolsen D. Deleon, "Mangrove Resource Decline in the Philippines: Government and Community Look for New Solutions," in Department of Agriculture-Bureau of Fisheries and Aquatic Resources, *In Turbulent Seas: The Status of Philippine Marine Fisheries*, pp.84-89.

4 Janne Dalby and Thomas Kirk Sorensen, "*Coral Reef Resource Management in the Philippines – With Focus on Marine Protected Areas as a Management Tool,*" p.39.

瑚礁渔业直接贡献了菲律宾全国市域渔业 15%—30% 的产量。[1] 为了对菲律宾珊瑚礁的状况进行评估，研究者根据珊瑚礁上活珊瑚的覆盖比例将其分为四等，即：0—24.9% 为"差"，25%—49.9% 为"一般"，50%—74.9% 为"好"，75%—100% 为"优"。根据他们对 1980 年代的珊瑚礁状况的调查，被评估为"优"的仅占 5.3%，评估为"好"的占 25.2%，评估为"一般"的占 39.1%，评估为"差"的占 30.4%。1990 年代，状况略有变化，其中"优"的比例降至 4.3%，"好"的比例升至 27.5%，"一般"的比例升至 41.6%，"差"的比例降至 26.6%。[2] 尽管最糟糕的情况有所缓解，但是状况最好的珊瑚礁也有所退化。总的来看，到 20 世纪末，菲律宾近 70% 的珊瑚礁处在环境亟须改善的状态。

此外，海洋和陆地紧密相连，海洋也难以避免受到陆上因素的影响。海岸带甚至更远的内陆地区的发展，都可能通过河流和排水系统等与海洋环境的变化联系起来。导致海洋环境退化的两个重要陆源因素是泥沙淤积和污染。

河流所携带的大量泥沙会增加海水的浑浊度，减弱黄藻的光合作用，进而影响珊瑚的生长，甚至导致其死亡。有时候，大量的泥沙淤积会直接埋没珊瑚礁，导致珊瑚幼虫无法迁移，从而摧毁一个区域的珊瑚礁生态系统。二战后，菲律宾的森林滥伐导致严重的水土流失，一些海湾内的泥沙沉积比海湾口的高 60 倍，而当地活珊瑚的损失程度与平均淤积量呈显著的正相关关系。[3] 尽管来自陆上的泥沙裹挟的有机物为海洋生物提供了营养，但是过多的泥沙也会损害部分海洋生境，并对海洋生物的生存环境构成威胁，进而影响渔产品的产出。

1　Porfirio M. Alino, et al., "Philippine Coral Reef Fisheries: Diversity in Adversity," in Department of Agriculture-Bureau of Fisheries and Aquatic Resources, *In Turbulent Seas: The Status of Philippine Marine Fisheries*, pp.65-69.

2　Janne Dalby and Thomas Kirk Sorensen, *Coral Reef Resource Management in the Philippines – With Focus on Marine Protected Areas as a Management Tool*, p.39.

3　Janne Dalby and Thomas Kirk Sorensen, *Coral Reef Resource Management in the Philippines – With Focus on Marine Protected Areas as a Management Tool*, pp.35-36.

来自陆上的工业、矿业、农业、水产养殖业和城市生活产生的废水，以及海上活动的废弃物和石油泄漏，是海洋污染的主要来源，也是导致海洋环境退化的重要原因之一。海洋水质的恶化会对渔业产生严重的影响。1980 年代初，多个国家完全禁止从菲律宾进口牡蛎，因为它被多次检测出大肠杆菌和其他致病菌超标。这些受污染的牡蛎大多来自马尼拉湾的甲米地和班诗兰省的达古潘市，而且都生长在靠近城市排污口的河口区域。[1] 20 世纪七八十年代在林加延湾周围，由于铜矿和金矿的开采，每天有数千吨的尾矿和废水被排入阿格诺河和布埃河。当雨季到来时，尾矿库中的废弃物也经常被冲入河中。这些矿业废渣和废水最终进入林加延湾，并且带来大量酸性物质和有毒金属。[2] 矿业废弃物进入海洋环境不仅会改变鱼类生境，而且会对海洋生物产生毒害作用。在富集效应的影响下，这些有毒物质最终通过渔产品传递给人类，并损害人的健康。

菲律宾的矿业引发渔业生境危机的一个典型案例是马林杜克岛的尾矿污染事件。马林杜克岛的卡兰坎湾曾以丰富的渔业资源而著称。然而，马尔科帕矿业公司的到来改变了这个岛和它周围海域的环境以及栖居者的命运。1969 年，马尔科帕矿业公司开始在马林杜克岛开采铜矿。最初尾矿被堆放在陆地上，从 1975 年开始马尔科帕公司将尾矿倾倒至附近的卡兰坎湾，到 1991 年，共有大约 2 亿吨尾矿被排进卡兰坎湾，导致80 平方公里的海底被尾矿覆盖。[3] 尾矿的大量排放摧毁了本地渔民赖以为生的渔业资源和海洋生态系统。尽管矿业公司否认对渔民的伤害，但是调查表明，尾矿处理系统的运营导致渔民渔获量下降 50%—80%。[4]

---

1 Westremundo M. Rosario, et al., "Oyster Depuration: One Answer to Polluted Estuaries," *ICLARM Newsletter*, Vol. 5, No. 3 (1982), p. 14.

2 Liana T. McManus and Chua Thia-Eng, eds., *The Coastal Environmental Profile of Lingayen Gulf, Philippines*, Manila: International Center for Living Aquatic Resources Management, 1990, p.32.

3 "Environmental Justice Case Study: Marcropper in the Philippines," http://www.umich.edu/~snre492/Jones/marcopper.htm#Background, 2020 年 11 月 15 日访问。

4 Gliceria M. Tuazon and Milagros Ancheta, "Effects of Mine Tailings on the Fishery Resources of Calancan Bay," *The Philippine Journal of Fisheries*, Vol. 21, No. 1 (1990), pp.15-26.

　　污染物造成菲律宾渔业生境危机的另一个典型例子是赤潮现象。根据格雷格·班考夫的研究，从 1980 年代起，赤潮在菲律宾频频发生并且范围不断扩大。在十年间，赤潮的发生区域从米沙鄢的局部海域向北扩展到马尼拉湾，向南则扩张到棉兰老岛北部沿岸海域。1983 年 7—9 月，东米沙鄢海域出现了赤潮，萨马岛和莱特岛超过 300 公里海岸受到影响。赤潮在海岸区域特别是河口附近尤为严重。这次赤潮爆发导致近 700 人中毒，300 多人住院治疗，至少 20 人死亡。1987 年，赤潮再次光顾萨马岛—莱特岛区域，并且扩展到三描礼士海岸，导致 205 人中毒和 6 人死亡。1988 年，赤潮第一次出现在马尼拉湾，导致 61 人住院治疗和 4 人死亡。1987—1989 年，菲律宾出现了 7 次严重的赤潮，总共造成 1200 个麻痹性贝类中毒病例和 42 人死亡。人类中毒主要是因为食用了受污染的贝类，尤其是翡翠贻贝、蛤蜊和牡蛎。例如，在 1987 年萨马岛赤潮爆发期间的 211 个麻痹性贝类中毒病例中，67% 的人是因为食用了受污染的贻贝中毒。[1] 由此可见，海水污染所引发的赤潮不仅对海洋生物和渔业生产造成严重损害，而且会对人的健康和生命构成严重威胁。

　　总之，二战后尤其是 1970 年代中期以后，菲律宾出现了严重的渔业生境危机，主要表现为红树林和珊瑚礁等生态系统的缩减和退化，以及海洋污染和赤潮频发等问题。这些问题的出现不仅对海洋生物的生存和健康构成威胁，而且削弱和损害了渔业可持续发展的能力，甚至对人的健康和生命构成威胁。

第三节　菲律宾的渔业社会危机及其表现

　　1946 年以后，菲律宾在出现渔业环境危机的同时也面临着渔业社

1　Greg Bankoff, "Societies in Conflict: Algae and Humanity in the Philippines," *Environment and History*, Vol.5, No.1 (February 1999), pp.97-123.

会危机，主要表现为市域渔业渔民的贫困化和非法捕捞盛行。这些问题既是渔业环境危机所促成的结果，又进一步加剧了渔业环境危机，形成相互作用、相互交织的状态。

（一）市域渔业渔民的贫困化

从市域渔业和商业性渔业的产量与渔民数量的对比来看，小渔民所从事的市域渔业在菲律宾占据更加重要的地位。1946 年至今的大多数年份里，菲律宾市域渔业产量都要高于商业性渔业产量。2004 年，市域渔业渔民达 137.2 万人，商业性渔业渔民为 1.6 万人，前者是后者的 83 倍。[1] 事实上，菲律宾小渔民数量一直远多于商业性渔业渔民，并且这些渔民支撑着相应数量的家庭生存。可见，市域渔业在提供就业岗位和维持社会稳定等方面发挥着更为重要的作用。

然而，庞大的小渔民群体在渔业发展过程中面临着贫困化问题。市域水域的有限性和小渔民数量众多等原因，使小渔民可以获得的渔业资源非常有限。加之小渔民的渔具的捕捞范围和捕捞能力有限，难以通过捕捞大量渔获物来换取现金收入。随着小渔民数量的不断增长和渔业环境危机的加剧，小渔民的生活状态进一步恶化。作为菲律宾最贫穷的群体之一，渔民群体和佃农、农业工人一样有着高达 70%—90% 的贫困发生率。[2]1981 年的调查显示，菲律宾市域渔业家庭的平均年收入约为 4410 比索，甚至不到贫困线 10261 比索的一半。[3]

到 21 世纪初，菲律宾渔民群体仍然保持着惊人的贫困发生率。许多调查结果都显示，其贫困发生率高于 50%，与 1980 年代初的情况差不多。2002 年，一项对菲律宾 6 省小渔民的调查显示，高达 80% 的渔

1 Bureau of Fisheries and Aquatic Resources, Philippines, *Philippine Fisheries Profile: 2004*, p.8, https://www.bfar.da.gov.ph/publication.jsp?id=36#post, 2020 年 7 月 23 日。

2 The World Bank, *Aspects of Poverty in the Philippines: A Review and Assessment, Vol I: Overview*, Country Programs Department, East Asia and Pacific Regional Office, 1980, p.4.

3 Jeanne Frances I. Illo and Jaime B. Polo, *Fishers, Traders, Farmers, Wives: The Life Stories of Ten Women in a Fishing Village*, Manila: Institute of Philippine Culture, Ateneo de Manila University, 1990, p.16.

民家庭生活在贫困线以下。[1] 另一项调查显示，菲律宾海岸渔民的家庭年收入仅 4.3 万比索，远不及 8.9 万比索的全国平均家庭年收入。这份很低的家庭年收入需要供养 5—6 名家庭成员，以至于超过 60% 的海岸人口生活在贫困线以下。[2] 例如，2006 年，拉努扎湾渔民的贫困发生率仍然高达 66.7%，远高于全国的 32.9% 的平均贫困发生率。[3]

　　小渔民的贫困化问题不仅反映在他们的家庭收入上，也反映在他们的受教育水平和家庭成员在生产活动中的参与等方面。贫困使渔民家庭的子女难以接受更多的教育，家庭其他成员通常也要参与渔业生产相关的活动以弥补收入的不足。根据康纳·贝利等人对圣米格尔湾小规模渔业的调查，大约 86% 的受访渔民接受了 1—7 年的年限不等的基础教育，其中约 54% 的人完成了小学教育，仅有很少的人接受或完成了中学及大学教育。他们的孩子也有不少因为贫困而放弃接受更多的教育，并且很早就参与渔业生产活动。这些孩子或者在渔船上帮助父亲，或者帮助其他渔民将渔获物从渔船运到岸上以换得一笔微薄的酬劳。此外，渔业社区的女性也积极参与渔业活动，她们通常在渔产品销售和加工中发挥着主导性作用，这使她们能够补充家中捕捞收入的不足。超过 83% 的受访渔民都希望他们的子女能够去其他省或其他市镇工作，而不是留在本地继续从事渔业生产。[4] 然而，小渔民群体的贫困状态使贫困在代际间不断传递，他们的下一代通常也难以摆脱贫困的命运。

1　Stuart J. Green, et al., *Philippine Fisheries in Crisis: A Framework for Management*, p.43.

2　Fisheries Improved for Sustainable Harvest (FISH) Project, *7 Years & 4 Seas: Our Quest for Sustainable Fisheries*, A Special End-of-project Report to Partners on the Implementation of the Fisheries Improved for Sustainable Harvest (FISH) Project in Coron Bay, Danajon Bank, Lanuza Bay and Tawi-Tawi Bay, Philippines, 2003-2010, Fisheries Improved for Sustainable Harvest (FISH) Project, Cebu City, Philippines, 2010, p.152.

3　Fisheries Improved for Sustainable Harvest (FISH) Project, *7 Years & 4 Seas: Our Quest for Sustainable Fisheries*, p.187.

4　Conner Bailey, ed., *Small-scale Fisheries of San Miguel Bay, Philippine: Social Aspects of Production and Marketing*, Institute of Fisheries Development and Research, College of Fisheries, University of the Philippines in the Visayas, Quezon City, Philippines; International Center for Living Aquatic Resources Management, Manila, Philippines; and the United Nations University, Tokyo, Japan, 1982, pp.7-13.

二战后，菲律宾市域渔业渔民的收入状况并没有随着渔业的发展而有大的改善，反而随着渔业资源的衰退而面临贫困化的趋势。市域水域及其渔业资源的有限，加上小渔民的渔船、渔具和技术的局限，使小渔民难以通过渔业获得足够的收入。渔业资源的衰退更加深了小渔民的贫困程度。到 1980 年代，小渔民的贫困发生率达 70%—90%；21 世纪初，小渔民的贫困发生率仍然维持在超过 50% 的水平。

（二）非法捕捞的盛行

菲律宾的非法捕捞行为主要包括渔民使用炸药、毒药和驱入网等非法的工具或方法，以及商业性渔船侵入市域水域。这些非法捕捞活动不仅严重破坏渔业资源和渔业生境，而且在市域渔业和商业性渔业之间制造冲突，激化渔业社会矛盾。

使用炸药进行捕鱼的方法在第一次世界大战后传入菲律宾，到 1930 年代初已经被不少渔民使用。然而，它的盛行和广受关注是在二战后。1953 年，一位渔业专家认为战后数年间炸鱼捕捞的盛行给菲律宾渔业带来了"灭绝性的危险"，应该为许多渔场的衰退负责。也有人将炸鱼等非法捕捞行为和渔业的衰退联系起来，认为捕捞中使用炸药和毒药是犯罪性的活动，它正在导致菲律宾渔业衰退。[1]

二战所遗留的大量炸药以及矿业所使用的炸药都是渔民炸鱼所用炸药的重要来源。此外，农业中所使用的化学肥料也可以制成炸药，并且很容易获得。1980 年前后，炸鱼等非法捕捞手段所收获的珊瑚礁鱼类产出，占市域渔业产量的比例高达 20%。[2] 据估计，曾经有多达一半的

1 Andres S. Torres, "The Economic Significance of the Introduction of Tilapia in the Philippines," in Daniel M. Bunag, ed., *Philippine Fisheries Yearbook: 1953*, p.28.

2 Ian R. Smith, et al., *Philippine Municipal Fisheries: A Review of Resources, Technology and Socioeconomics*, Manila: International Center for Living Aquatic Resources Management, and the Fishery Industry Development Council, 1980, p.73.

小规模渔民在一年中的部分时间使用炸药捕鱼。[1]尽管政府颁布了不少法令试图禁止这种非法捕捞活动，但是炸鱼行为却屡禁不止，1980年代有报告称这种非法捕捞行为大量存在。到21世纪初，尽管炸鱼捕捞已经很大程度减少，但是在个别地方如塔威塔威省，在一些节日前需要准备大量食物时，一些渔民仍然被公开鼓励去使用炸药进行捕捞，而且这种非法活动在平时也很猖獗。[2]这种捕捞方法不仅不分大小地捕杀大量的鱼和杀死鱼卵，而且严重破坏了包括珊瑚礁在内的海洋生态系统，使多产的近海几乎成为水底荒漠。[3]

　　除了炸鱼，投毒捕鱼和日本渔民引入的驱入网捕捞，因其破坏性也被政府禁止，但同样难以禁绝。所不同的是，作为针对岩礁渔业资源的高效捕捞工具，驱入网更多地被商业性渔业捕捞采用。

　　炸鱼和投毒捕捞等非法渔业不仅与渔业环境危机紧密相关，而且与渔民的贫困化问题息息相关。渔民的贫困和渔业资源衰退所加剧的贫困问题，让部分渔民短视地选择极具破坏性的捕捞方法，而它所带来的破坏性后果又进一步加剧了渔民的贫困，由此形成一种恶性循环。

　　然而，促成这种恶性循环的因素不只存在于市域渔业内部，还来自非法的商业性渔业。商业性渔业侵入市域水域，与市域渔业争夺渔场和目标鱼类，加剧了市域水域的渔业资源竞争和捕捞压力。小渔民面对来自商业性渔业生产者的非法捕捞时，他们无力对抗这个拥有强大经济实力和政治影响力的群体。即便他们尝试通过法律途径来解决问题，也常常徒劳无功。在这种情况下，炸鱼捕捞成了他们的一种生存手段和反抗方式。尽管它是一种破坏性的非法捕捞方法，但是它的破坏性却未必比

1　Peter J. Rubec, "The Need for Conservation and Management of Philippine Coral Reefs," *Environmental Biology of Fishes*, Vol. 23, Nos. 1-2 (1988), pp.141-154.

2　Fisheries Improved for Sustainable Harvest (FISH) Project, *7 Years & 4 Seas: Our Quest for Sustainable Fisheries*, p.25.

3　John G. Butcher, *The Closing of the Frontier: A History of the Marine Fisheries of Southeast Asia, c. 1850-2000*, p.177.

拖网捕捞更为严重。[1]

　　总之，市域渔业中长期盛行的炸鱼和投毒捕鱼等非法捕捞行为和商业性渔业侵入市域渔业的非法捕捞活动，不仅加速了渔业资源的衰退和生境的退化，而且制造了更多的社会冲突和不稳定因素，从而加深了渔业环境和渔业社会危机。

　　二战前，菲律宾渔业资源比较丰富，仍有大量较少被开发的海域和渔场。太平洋战争对渔业生产力的破坏使海洋生物得到短暂的喘息之机，渔业资源也有所恢复。二战后初期的渔业资源调查表明，菲律宾仍有大量未被开发的渔场、丰富的中上层渔业资源和可用于发展水养殖业的海岸湿地。然而，在之后数十年间，菲律宾的渔业资源被不断开发、过度利用和破坏，以至于出现严重的渔业危机。

　　通过全面的考察可以看到，菲律宾渔业危机并不限于渔业资源衰退问题，还表现为海洋生态系统退化、海水污染和赤潮等生境危机。此外，在渔业社会方面，小渔民群体的贫困发生率长期维持较高的水平，大量小渔民从事非法捕捞，商业性渔业经常非法侵夺市域水域渔业资源，形成渔业社会危机。渔业环境危机和渔业社会危机相互作用、密切交织，构成整体性的渔业危机。

　　菲律宾渔业危机的演变是一个渐进的发展过程。从空间来看，渔业危机从靠近主要城市的渔场向全国水域蔓延，从局部性危机逐渐演变为整体性危机。从时间来看，渔业危机从独立后开始逐步加深，到1980年代初至1990年代末形成了全国性渔业危机。现在，菲律宾的渔业危机仍在持续。这说明，渔业危机一旦形成，要想遏制和恢复需要更长的时间，需要付出更多的努力。

1　Flor Lacanilao, "State of Philippine Coastal Fisheries," *SEAFDEC Asian Aquaculture*, Vol. 20, No. 6 (Dec. 1998), pp.14-17.

·第二部分　菲律宾经济史·

第五章　美国殖民时期菲律宾土地市场化尝试及其失败原因

18 世纪以后，随着菲律宾经济作物种植业兴起，土地分配不均问题日益突出，土地过于集中在大地产者手中，分成制下的无地农民负担过重。美国占领菲律宾后，尝试向菲律宾引进自耕农制度，通过确认私有产权将土地这一生产要素纳入资本主义生产方式，推动土地交易的市场化。

殖民政府参照美国的土地分配制度制定并实施了一系列土地政策，包括抛售菲律宾公地和所购得的教会土地，通过宅地定居制度将公地有条件地低价售给无地菲律宾人，将他们变成类似美国那样的自耕农，同时设定严格的面积限额以防滋生大地产主等等。殖民政府还推行新的土地登记制度，向符合条件的菲律宾人颁发土地凭证，希望在菲律宾建立一个自由买卖的土地市场。

但由于美国人的土地分配计划与菲律宾的社会实际存在很大差距，况且卡西克[1]（Cacique）地主势力也不支持，土地分配和宅地定居措施远没有达到预想效果，最后签发的转让凭证数量也很少。只有一部分菲律宾人获得了土地凭证，有了土地买卖自由，但这部分土地大都落到菲律宾地主手里。

有关这一时期菲律宾土地制度方面的著述，尽管有的会涉及土地分配、宅地定居和土地确权以及自由转让等措施，但这些研究很少系统关注菲律宾自由土地市场形成的问题，对实施土地制度最终失败的原因分析也不够深入。美国学者佩尔策认为原因有二：其一是殖民者误以为菲律宾农民会像许多美国人那样喜欢迁徙；其二是当局向获得土地农民颁发土地凭证时，地主集团巧取豪夺。[2]博松在《菲律宾的土地改革（1880—1965）》一书中总结了美国在菲律宾推行宅地定居政策失败的七个方面的原因，[3]如菲律宾人习惯居住在一个社区而不愿迁居到千里之外，地主操纵，阻止佃农申请宅地定居，政府无力完成全面丈量用于宅地定居的公地，交通和卫生条件等政府配套措施不到位，以及有些部落因担心世代居留地被宅地定居者侵占而怀有抵触情绪等。科普兹认为政府无力或无意解决土地问题，使宅地定居和土地登记收效甚微。[4]波尼法秀·撒拉曼卡把土地登记失败的原因归咎于菲律宾人对土地权利认识不足以及对土地权利确认不热心。[5]上述对土地政策失败原因的探讨都是有道理的，但并不全面，尤其是对美国在菲殖民当局与包括菲律宾地主阶层在内的菲律宾精英之间的妥协关系缺少关注，同时对菲律宾农民的社会实际分析也不够深入。

1　卡西克称呼源自海地，指拿督和镇或社区大家族族长等地方势力。

2　Karl J. Pelzer, *Pioneer Settlement in the Asiatic Topics*, New York: American Geographical Society, 1945, pp.109-111.

3　Leslie E. Bauzon, *Philippine Agrarian Reform, 1880-1965*, Singapore: Institute of Southeast Asian Studies, 1975, p.12.

4　Onofre D. Corpuz, *An economic history of the Philippines*, p.279.

5　Bonifacio S. Salamanca, *The Filipino reaction to American rule, 1901-1913*, Quezon City: New Day Publishers, 1984, p.129.

基于此，本章试图通过阐述这一时期菲律宾土地市场化过程，重新探讨美国殖民政府在菲律宾建立自耕农制度或土地市场化尝试失败的原因。

第一节　美国向菲律宾引入自耕农制度的背景和初步考虑

16 世纪西班牙殖民者入侵之前，菲律宾尚处在以土地共有共耕为基础的家族公社"巴朗盖"社会形态之下，"巴朗盖"由公社首领即拿督（后称巴朗圭卡巴赞）进行统治，规模从 30 至 100 个家庭大小不等，土地由公社成员共同占有和使用，不存在土地私有观念。西班牙殖民菲律宾后，很多"巴朗盖"公地沦为西班牙王室财产，然后以国王的名义被捐赠或出售给教会和私人。西班牙王室还从美洲殖民地引入赐封制，将土地赐给受赐人，受赐人有对辖区内居民征收贡品的权利，也有保护、防卫和基督教化辖区内居民的义务。1620 年代后，赐封制走向没落，但也没有直接催生出菲律宾的土地私有制和教会大地产制。

为维持殖民统治，西班牙殖民政府保留巴朗盖形态，拿督成为殖民统治的代理人，这些菲律宾地方领袖后来逐渐演变为卡西克地主阶层。他们把持地方税收和司法等本地统治权，拥有土地并控制依附农民。

随着赐封制的没落，卡西克巧取豪夺土地，提供高息贷款给农民，但必须以土地作为抵押担保，如果偿还不了，则土地归放贷者所有，卡西克借机获得了其依附者所耕种土地所有权后，依附者就变成了分成种植者，于是分成制兴起，地主提供土地、工资和资本，佃农提供劳力和畜力，负责耕种土地，仅获得收入的两成，其余归地主所有。19 世纪末，卡西克分成制蔓延更甚。

1780 年以后，西班牙殖民政府开始鼓励种植和出口经济作物。随着马尼拉开港,菲律宾被纳入世界经济体系。19世纪中叶更多菲律宾港口开放,特别是1869年苏伊士运河通航以后,菲律宾被急剧卷入世界市场。西班牙教会、官吏、军人、商人以及当地菲律宾人统治阶层在经济利益的驱使下,通过捐赠、购买甚至强占不断兼并土地,少数集团和私人占有土地制度即大地产制兴起。

至美国占领菲律宾时,菲律宾土地占有制形式主要是大地产制和卡西克土地私有制,即西班牙人、西班牙梅斯蒂索人或者教会集团拥有为数不多但面积很大的大地产,包括卡西克在内的菲律宾社区首领拥有很碎的小块地产。[1]无地农民成为依附者,他们与庇护者的关系演变为地主-佃农关系。

《巴黎和约》生效后,这些原属西班牙王室所有的菲律宾公地归美国政府所有。关于如何处理这些公地,早在1900年12月30日"菲律宾委员会"[2]就提出了把公地卖给个人的建议:"应该制定宅地定居和公开拍卖土地的法规,为此应首先加以勘查和丈量,成本费用记在申购者身上,且他们所获土地面积以政府丈量结果为准。同时还要限制宅地面积,不过为鼓励资本投资以及引入现代农业技术,我们认为应该在一定的条件下允许拍卖大块公共土地,且不能低于最低价格。而对于已拥有土地或是实际上正在耕种的人应该给予他们获得土地所有权的机会。"报告还建议授权"菲律宾委员会"颁布公共土地法,限定土地交易的数量、价格和购买条件,并且建议实行托伦斯土地登记法。[3]

1　Leonard F. Giesecke, *History of American economic policy in the Philippines during the American colonial period, 1900-1935,* New York & London: Garland Publishing Inc., 1987, p.195.

2　1900年9月获得立法权后,"菲律宾委员会"成为殖民政府的立法机构,存在时间是1900年至1916年。

3　托伦斯登记制度1858年在澳大利亚首创,因由托伦斯爵士(Sir Robert Torrens)发明而得名。基本内容包括:由国家主持进行一次全面的不动产资源调查,根据调查的情况进行一次总登记,并由政府根据登记簿的情况制作权利书状,交付权利人,该权利证书具有证明权利存在的效果。不过此时的托伦斯土地登记制度已经美国化,其中大部分规定沿袭了1898年美国马萨诸塞州制定的托伦斯土地登记法。

对于出售土地是否要限制面积，美国国会存在两种不同意见。[1] 包括"菲律宾委员会"在内的反对者认为，菲律宾公地辽阔，如果菲律宾人仅靠自己的财力发展他们的国家可能需要几百年时间，但如果吸引外国资本建立热带作物种植园参与菲律宾经济开发，对于资本家和菲律宾都是利好。而支持者认为，如果无限制地把大片土地卖给个人或公司，会把菲律宾变成种植园殖民地，不利于菲律宾人未来政治和经济发展，甚至可能把菲律宾人变成种植园工人，美国在菲律宾的巨额投资不仅不利于菲律宾政治进步，还会阻碍菲律宾最终的独立。实际上，限制土地占有面积的支持者主要是担心菲律宾制糖业会面临拥有廉价劳动力优势的甜菜糖制糖利益集团的竞争。[2] 美国国会 1902 年颁布的《菲律宾组织法》最终还是限制了公司占有土地的面积。这对于私人占有土地具有重要意义，因为随后对菲律宾公地和所购教会土地进行分配主要是针对菲律宾无地农民。

第二节　菲律宾土地市场化尝试

据"菲律宾委员会"1900 年度报告的统计数据，当时菲律宾国土面积为 29694500 公顷，其中仅有约 2000000 公顷土地属个人所有，其他均为公地（含教会地产，下同）。[3] 农业用地也非常少，据1907年的数据，仅有 2827704 公顷。为处置公地和教会土地，1901 年 9 月 2 日公共土地局（1906 年后改称土地局，所购教会土地也归其管理）成立，专门负责处置菲律宾公地。

对于如何处置教会地产，菲律宾总督塔夫脱主张由文职政府出面购

1　〔菲〕J.S. 古狄尔列斯：《关于菲律宾人对土地所有权和土地税态度的历史之研究》，《南洋资料译丛》1960 年第 3 期。

2　Karl J. Pelzer, *Pioneer Settlement in the Asiatic Topics*, p.105.

3　*Report of the Taft Commission*, Nov. 30, 1900, p.33. ——这里指整个菲律宾群岛的国土面积，笔者注。

买教会地产。"菲律宾委员会"采纳了塔夫脱的建议，并建议购回教会
地产后分售给无地农民，还提请国会授权"菲律宾委员会"发行足以购
买教会土地的债券，"菲律宾委员会"掌握债券收益，将其作为偿还
基金。[1]

1902 年 7 月，美国国会正式批准并颁布《菲律宾组织法》，授权文
职政府处理菲律宾公地，包括对菲律宾所有农业公地据其特征和肥力予
以分类，确定用于宅地定居、出售还是租给个人和公共农地公司；向无
土地所有权的实际土地持有者颁发土地自由转让凭证；公地和农地的转
让或出租对个人不超过 16 公顷，对公司不超过 1024 公顷，实际占有者
和宅地定居者优先等。[2] 面积限制显然是为了保护土地占有者小块持有，
防止向大种植园方向发展。

1903 年 10 月"菲律宾委员会"通过《公共土地法》，仿照美国西
部土地开发做法，详细制定公地处置措施，以把宅地制度引入菲律宾。
对于公地出售，欲获得土地者首先必须提出申请，经公共土地局审查满
足条件后才能批准出售。公地可以卖给或租给菲律宾人或美国人个人，
也可以卖给或租给菲律宾或美国的公司，不论公司股东属于哪国国籍，
面积限制不变。[3]

土地法施行后，申购者寥寥无几。据公共土地局的报告，1905 年
仅有 36 名个人和两家没有法人地位的美国公司申购农业公地，其中包
括一名教士只要求购买 1 公顷用于礼拜而遭到拒绝，一家仅有 6 人股东
的公司只申购了 98 公顷，另一家公司申请后又撤回。殖民政府以为出
现这种情况是因为菲律宾人不知公地出售消息，于是在 1906 年用西班
牙语和使用人数较多的方言制作了 52000 本印有土地法基本内容的宣传
册以及《公地知识入门》等宣传材料，发给学校（再由学生带给家长）

1　*Annual Report of the Philippine Commission*, 1901, Part I, pp.24-25.

2　José S. Reyes, *Legislative history of America's economic policy toward the Philippines*, New York: Columbia University, 1923, pp.147-148.

3　*Acts of the Philippine Commission*, 1903, pp.739-755

以及不了解情况的菲律宾人，以便申购者尽快了解购地和租地基本规则，另外还通过立法让各省财务官员同时兼任土地官员，以加强出售公地的宣传力度，但仍无多大效果。1906 年土地局共收到 62 份申请。从公共土地法颁行算起，截至 1907 年，获批的购买申请仅有 168 份，面积 4987 公顷。

对土地法特别是对公司设定 1024 公顷的出售面积限制一直持反对意见的"菲律宾委员会"坚持认为，"设法收集到关于公地和私人土地不完整的记录并将土地进行系统勘查和分类不具有可行性"，[1] 因此，应该放开土地面积限制，引入外国资本帮助菲律宾发展，"目前的最大需求是为菲律宾农业资源开发适当引入资本。将蔗糖和椰子种植园交由配备现代机器的现代人经营，将会给当地人民带来极大的好处……现在之所以有这些限制，无疑是担心财力雄厚的人会全部买入大块土地用以开发，进而妨碍当地菲律宾人使用公共领地服务于他们自己的利益。这样的意图无疑是最值得赞扬的，但是据了解，目前菲律宾当地人仅占有岛上很少一部分土地，现在还有数百万英亩的公共土地未被利用，而且如果不给购买者提供较大面积的地块，将可能导致这些土地一直闲置下去。根据调查，我们相信，这种担忧并没有合理的依据。因此，有机会大规模从事农业的人，不但根本不会成为当地人的威胁，事实上还会给他们带来好处，因为这些人不仅将向他们展示如何最大限度地利用他们的土地，而且将以较高的工资向劳工提供工作机会"。[2] 也有人认为应该适度放宽面积限制，在人口稀疏地区对个人售地应放宽至 160 英亩。[3] 还有人主张至少应放宽到 1 万英亩或大约 4050 公顷，只有达到这个规模，一个公司才能建立配备现代机械和设施的农场。美国总统和国会对于在菲律宾放开购地面积限制一直持反对意见，"菲律宾委员会"只好执行国会制定的土地政策。美国国会和殖民政府的分歧在于，前者主要

1　*Annual Report of the Philippine Commission*, 1902, Part I, pp.295-296.

2　*Annual Report of the Philippine Commission*, 1904, Part I, p.28.

3　*Report of Chief Bureau of Insular Affairs*, 1905, p.8.

考虑的是土地分配的公平和平等，而后者更关注开发菲律宾的效率和效果。

1919 年，殖民政府对土地法中关于菲律宾人和美国人开发和利用公地的限制规定进行了修订，尽管仍允许外国人购买菲律宾公地，但规定该公司至少 61% 的股份属于菲律宾人或美国人，这实际上使美国和菲律宾以外的外国人无法申购公地。法案还放宽了个人申购面积限制，如果是通过宅地程序，个人申购面积限制由 16 公顷放宽至 24 公顷，非宅地性质购买公地则放宽到 100 公顷，之后又进一步放宽至 144 公顷。但对于公司购地，仍然没有突破美国国会设定的 1024 公顷限制。实际上，在公地出售和出租过程中，一些公司和富裕的菲律宾个人想方设法突破了这一限制，导致土地法既没有抑制住土地兼并，也没有减轻农民负债，越来越多土地仍集中到少数人手里。

在整个殖民统治时期，公地出售情况都很不理想。从 1903 年土地法施行至 1911 年，土地局共收到 423 份购买公地申请，最后真正购买的只有 88 份，约 8124 公顷。据 1913 年土地局的保守估计，没有被占据、没有获得凭证但可耕种的公地尚有 500 万公顷。至 1913 年 6 月底，10 年内土地局共收到 892 份购买公地申请，几乎全是个人购买，实际成交的只有 170 份约 11412 公顷土地，土地局仅颁发了 7 个土地凭证。[1]1913 年以后，公地售出的数量和面积虽然逐渐有所增加，但发出的土地凭证数量仍很少。从 1914 年至 1921 年，土地局共收到 4851 份申请，颁发了 50 个土地凭证。[2] 根据"菲律宾委员会"历年报告数字统计，1922 年至 1933 年土地局共收到 10416 份申请，不算 1922 年，这 11 年仅仅颁发了 153 个土地凭证。

除了出售菲律宾公地，殖民政府还出资购买教会土地，并依据参照《公共土地法》制定的《教会土地法》出售或出租土地。

1　*Annual Report of the Philippine Commission*, 1913, p.160.

2　*Annual Report of the Governor General of the Philippine Islands*, 1921, p.160.

据 1903 年 12 月 22 日文职政府与教会最终达成的购地协议，文职政府用美国国会授权发行债券所获的资金，在 1905 年 10 月 20 日最终以 6930462.70 美元的价格购买下约 410000 英亩（约 165000 公顷）的土地，[1] 其中耕地为 145940 英亩，约 161000 户佃农耕种其中一半的土地，另外一半则无人占有或耕种。"菲律宾委员会"根据《教会土地法》，将全部所购教会土地交给公共土地局统一处置，其中 2/3 的土地随即出售给或出租给已在其上耕种的菲律宾佃农，土地的实际售价是土地售价加每年利息增额和管理费用，必须在 20 年内付清。

教会土地中的耕地部分处置起来相对容易，1910 年土地局售出 63185 英亩，租出 82755 英亩。但耕地以外的教会土地，跟以前处理公地的情况一样，也没能吸引到农民购买。一个重要的原因是，政府为收回购买教会土地花费的资金以及在美国发行债券产生的利息，把教会土地价格推得过高，甚至比公地还贵，这导致原来无人耕种的教会土地难以售出，只有少量传统地主阶层和公司才有钱购买教会土地。为此，"菲律宾委员会"不得不在 1907 年修订《教会土地法》，规定购买教会土地不受公共土地法的购地面积限额影响。但至 1930 年代，这些无人耕种的教会土地售出的仍然不多，而且大都被美国的大公司和有权势的菲律宾人购得。就把购得的教会土地分成小块卖给无地农民的计划而言，实际上也没有取得成效。这意味着让菲律宾农民在所购教会土地上实现宅地定居的目标落空了。

宅地定居（homestead），指文职政府将未开发的土地（主要是公

---

1 这是实际支付价格，参见 Bonifacio S. Salamanca, *The Filipino Reaction to American Rule, 1901-1913*, p.132; Jose, N. Endriga, "The Friar Lands Settlement: Promise and Performance," *Philippine Journal of Public Administration*, XIV (October, 1970), pp.402-403. 金应熙主编《菲律宾史》一书中所提到的 7239784 美元只是协议价格。参见 Nicolas Zafra, *Philippine history through selected sources*, Quezon City: Alemar-Phoenix Pub. House, 1967, pp.264-265; Oscar M. Alfonso, *Theodore Roosevelt and the Philippines*, 1897-1909, New York: Sentry Press, 1970, p.115. 和 Renato Constantino, *A history of the Philippines: from the Spanish colonization to the Second World War*, New York: Monthly Review Press, 1975, p.297。

地）低价卖给无地农民，吸引他们移居到所购宅地上并耕种开发土地，耕种时间超过一定年限并付清地款后就可以归私人所有，并拥有土地产权和自由转让权利。宅地定居做法最能反映出美国殖民者将自耕农制度引进菲律宾的意图。

1902 年制定的《菲律宾组织法》除限制把公共土地售给和租给公司外，还规定了宅地定居相关内容。根据法律，土地被分为三类：适于耕种土地、采矿地和采伐林地。只有适于耕种土地可以用作宅地用地。菲律宾人可以购买采矿地，但面积和数量有严格限制。采伐林地只能出租或作为政府保留地。关于宅地定居，该法律规定只要是菲律宾人、美国人或是美国属地的公民，只要年满 18 岁，都可以在未被占用或耕种的公地上申请获得宅地。无地菲律宾人申请获得宅地还必须签订协议，承诺要连续居住和耕种 5 年，土地价格按 5 年分期付款，每年支付 20 比索，5 年付清后政府方承认土地所有权并颁发土地自由转让凭证。这些规定显然是为了鼓励土地小块持有，增加自耕农的数量。

但毕竟菲律宾不是美国，美国的宅地模式复制到菲律宾后，鼓励宅地定居的做法在菲律宾收效甚微。

1905 年公共土地局共收到 270 份宅地定居申请，其中除了 3 份遭拒、4 份撤回外，只有 22 份获批，而剩下的 241 份则因为申请格式不当被驳回。后来公共土地局又收到 188 份宅地定居者要求获得土地自由转让凭证的申请，其中只有 40 份合格，12 人遭拒，136 人申请资格不符。1906 年虽收到 578 份申请，1907 年增至 2669 份，仍这两年仅有 1459 份获批。其中不少人申请宅地并非为了真正定居并耕种土地，而只是为伐木或耕种一两季后卖掉，甚至还有卡西克地主强迫其佃户申请宅地，从中获利。

据 1913 年土地局统计，从 1904 年 6 月 26 日至 1913 年 6 月 30 日的 10 年间，他们收到宅地定居申请 19313 份，批准 8225 份，而最后签发土地凭证仅有 58 个，另有 180 个尚在审查中。[1] 从施行宅地定居政策到菲律宾自治政府成立的 30 余年间，在约 212000 份宅地定居申请中，获批准的仅约 55000 个，最终拿到土地凭证的不足 35000 个，[2] 颁证的宅地总面积也不到 35 万公顷。

造成这种情况有很多原因，一方面是客观条件不允许以及菲律宾人安土重迁的观念。比如，菲律宾的气候条件比不上美国，而且菲律宾是群岛国家，跨域岛际移居至无人定居的土地要比美国穿越大平原移居困难得多。而且卫生医疗条件也不如美国，移居到遥远他乡的宅地定居者会觉得，远离医疗设施会导致自己遭受到很多无法对付的热带疾病的侵袭。还有文化因素，移居者到了一个新地方，不仅远离了自己的亲朋好友，且与当地人语言不通。另一方面，卡西克地主势力设法并变相阻止他们的佃农迁往他地。比如他们提前知道修建公路后，就抢占先机申请购买公路沿线的土地，并强迫把可能在公路沿线宅地定居的菲律宾人赶往他处。

1912 年之后，宅地定居申请人数增长虽缓慢，但在稳定上升。自 1912 年至 1925 年，每年增加 5000—10000 份不等；1926 年至 1930 年，平均每年增加约 12000 份。之后增长缓慢，1934 年，也就是菲律宾自治前一年约有 7000 份申请。从 1904 年 7 月 26 日至 1934 年 11 月 14 日，土地部门共收到了 212094 份宅地定居申请，其中 81086 份遭拒，21577 份被取消。虽有 55450 份申请获得认可，但也只有 34821 份最后获得土地凭证，仅占申请总数的 16.4%。[3]

实际上，缺少对公地的勘查是宅地定居申请遭拒的重要原因。宅地申请者在选择定居地时缺少指导，不得不自行选择他们希望的定居地。而土地部门只有在收到土地申请后才能确定申请的土地是否属于公地，

1　*Annual Report of the Philippine Commission*, 1913, p.156，而据 1918 年菲律宾统计资料，土地局共收到 21968 份申请，10155 份获批，颁发 135 份土地凭证，参见 Census of 1918, Ⅲ, p.88, 转引自 Bonifacio S. Salamanca, *The Filipino Reaction to American Rule, 1901-1913*。

2　Erich H. Jacoby, *Agrarian Unrest in Southeast Asia*, London: Asian Publishing House, 1961, p.216.

3　Karl J. Pelzer, *Pioneer Settlement in the Asiatic Topics*, p.111.

同时还需要协同林业部门确定那块土地是农业用地而不是林地，以及所申请土地有没有其他人更早申请过。如果其他申请者在那块土地上已经耕种一段时期后又回来的话，即便已获批准的申请，也不能保证申请者不会有劳动成果损失，因为直到宅地定居者申请土地所有权时政府才会根据司法程序理清公地土地所有权归属情况。另外，没有达到宅地定居和耕种条件也会导致申请被取消。因为要得到土地凭证，申请者要在5年内至少要清理和耕种出所要求获得土地的20%。实际上，一般规模的自耕农场完成不了这个比例，即使是比中等规模更大的家庭农场也很难完成。而如果在5年内完成不了耕种面积，申请就会失效。不少移居者就没有达到要求，因此他们的申请也无法获得批准。

勘查程序复杂导致土地部门批复缓慢，也是导致宅地定居失败的重要原因。《菲律宾组织法》规定，宅地定居申请批准前要先确定土地分类，而做出分类前又需要进行土地勘查，政府部门之间进行沟通和协调。申请的数量和得到批准数量之间差距如此之大，正是因为宅地定居申请者需要承担宅地边界勘查成本，需要了解未开垦耕地的可利用性就必须自己雇用勘查人员。但当时勘查人员非常稀缺，雇用成本高得让他们难以接受，而且政府也没有财力去勘查哪些土地可以移居。

缺少通往宅地的公路也影响了宅地定居。不过一旦修通公路，宅地定居者就很快聚集。由于缺少将剩余农产品运到市场的支线公路，宅地定居者很难开发耕种距干线公路10英里以外的土地，对他们来说，是否能定居在干线公路附近的土地尤为重要。而有权势的富人则容易解决交通问题，他们可以抄近路利用干线公路把农产品运往市场出售。对于那些有权势的人来说，他们在公路修通前夕就私下获知消息，提早选择即将修通公路两旁的土地作为宅地，通过雇用劳动力在5年内开垦出20%的土地。达到获得土地所有权的最低要求后，他们就可以占有这些土地用以投机了。后来总督罗斯福察觉到了这种土地投机行为，遂在1932年颁布行政命令，规定"新建公路两边2公里范围内公地，超过350英亩的地块不准出售或出租，这种大块土地必须有节制地处置，不能越出临路空地，也不能挨得很近"。[1] 但这也没能完全杜绝土地投机行为。

对于公地的土地自由转让凭证，《公共土地法》还规定，自 1898 年 8 月 1 日起一直占有并耕种且属于 1902 年《菲律宾组织法》所确定的农业公地，或 1898 年 8 月 1 日之前本人或其先辈一直占有并耕种 3 年以上的公地，或 1902 年 7 月 4 日起至《公共土地法》生效前一直占有并耕种的公地，政府将向他们颁发土地自由转让凭证，但仍然限制在 16 公顷内。同样，获得土地自由转让凭证也需要填写申请，且必须在 1907 年 1 月 1 日之前经土地部门审查通过后方可获得。

除了上述购买公地和宅地定居仅有的为数不多的人获得土地自由转让凭证外，也有相当一批一直占有并耕种公地的菲律宾人申请获得土地自由转让凭证。后来因为土地法修改，申请获得土地自由转让凭证的时限经常延后。

总体来说，土地局颁发出去的凭证数量不多。自 1903 年 10 月《公共土地法》生效至 1913 年 6 月底，土地局共收到 15885 份获得土地自由转让凭证申请，最后实际颁发了 722 份，尚未颁发的有 3483 份。[2]。1914 年至 1921 年土地局共收到 8724 份申请，最后实际颁发了 7543 个土地自由转让凭证，显然较 1913 年之前有了显著增加。从 1922 年至 1933 年土地局共收到 30393 份申请，颁发了 7386 个凭证。

无论是通过处置公地、宅地定居还是因一直占有并耕种公地而获得凭证，一旦有了土地自由转让凭证，土地所有者就有了买卖土地的机会和权利。文职政府所颁发的凭证本身就代表着土地自由转让权，这是菲律宾土地市场兴起的起点和基础。对于西班牙统治时期已经占有的私人土地的管理，文职政府实行的土地登记制度也是围绕确认土地所有权并授予土地自由转让凭证从而推动土地自由买卖而展开的。

1　Theodore Roosevelt, "Land Problems in Puerto Rico and the Philippine Islands," *Geographical Review*, Vol. 24, No. 2, (1934), p.202.

2　*Annual Report of the Philippine Commission*, 1909, p.116; 1913, p.164.

文职政府推行新的土地所有权登记制度，目的是理清和明确西班牙殖民者遗留的混乱的土地所有权，重新确认土地产权。当时菲律宾土地所有权制度很不完善，且大部分农民缺少土地所有权。更重要的是，只有首先通过土地所有权登记确认土地产权，才能实现土地自由买卖，在菲律宾造就一个土地市场。

土地分配以及颁发土地自由转让凭证针对的是公地和教会土地，而土地所有权登记针对的则是私人占有的土地。不动产税，也就是后来的土地税，是菲律宾地方政府财政的基础，而对土地所有权登记则是征收土地税的依据，所以加紧推行土地登记也是政府财政必须做的，因为通过土地登记确认其土地所有权就确立了纳税人的身份及其承担的义务，农民才可以抵押土地所有权向农业银行贷款。

1902 年 11 月，"菲律宾委员会"通过《土地登记法》，规定菲律宾土地所有权的确认必须施行托伦斯登记制度，该制度的主要内容是：政府保证授予土地占有者土地所有权，但必须经过土地勘查并获得法庭证实后方能授予，勘查费用由申请者支付；成立土地登记法庭，[1]法庭设两名法官，一名"土地法庭法官"，一名助理法官，皆须经"菲律宾委员会"推荐、批准并由总督任命，专门负责在菲律宾实施土地登记。另外还规定必须经过土地登记法庭判决才能认定占有者的土地所有权。[2]

然而，面临登记的这些土地多数是西班牙统治时期已经被卡西克地主占有的土地，卡西克地主瞅准制度新出台且没有实行强迫土地登记的空当而抢先登记，而且他们有钱雇用到私人土地勘查员。而普通农民不知道这部法律，即使已经知道也因为勘查、聘请律师和诉讼这些附加成本而无力申请获得土地所有权。据 1910 年"菲律宾委员会"给陆军部的报告，1902年 7 月之后 7 年零 5 个月中，土地登记法庭只判决授予了 3902 个土地凭证，其中大部分是大块私人地产，被少数人登记占有。时任总督福布斯也承认

1　判决程序参见 *Annual Report of the Philippine Commission*, 1903, Part 3, pp.272-276。

2　*Annual Report of the Philippine Commission*, 1904, Part 3, pp.354-355。

授予凭证的"几乎大部分是私有大地产和政府购买的地产"。[1]

为加快土地登记，1911年10月"菲律宾委员会"颁布《土地清查法案》，全面勘查所有省市的土地，凡是没有土地凭证的占有者，政府责令他们交出土地，否则会面临刑事诉讼。但如果土地占有者能令法庭"满意地证明其所有权且要求没有引起争议"，他们就可以获得土地凭证。但土地清查工作进展并不顺利。政府无法保证土地所有权申请者迅速获得土地凭证，而且政府也没有足够多的办案人员。土地清查也没有解决土地登记问题，多数菲律宾人对于土地登记并不积极，因为他们看不到获得土地所有权与其每年收成的利害关系，更何况获得土地凭证还需要支付勘查费用以及向法庭支付费用。

尽管殖民政府从一开始就在努力限制大种植园的发展，但美国所推行的一系列土地政策并没有阻止土地兼并趋势，甚至还在继续扩大。"在天平的一端是广阔的大庄园，另一端则是大量的一公顷以下即不足2.5英亩的小块土地"。[2]一边是半数以上的自耕农拥有的面积非常小的土地，往往不到1或2公顷，一边则是大部分土地集中在少数人手里。自耕农只有2—4公顷土地，约2000人拥有2—99公顷土地；相比之下，50个大地产者拥有500—999公顷的土地，还有15个大地产者拥有1000公顷的土地。[3]

与此同时，随着土地兼并，自耕农场数量也随之下降。据1939年统计，菲律宾自耕农场的数量从1520000个降至805000个，由佃农耕种的农场的数量则由435000个增至575000个，其中还不包括255000个半自耕农场。[4]大地产扩张和地产主势力的上升，可以满足向菲律宾引入农作物大规模种植模式以及美国开放市场的需要，菲律宾原来的小农业已经难以适应规模种植经济。而规模种植经济，是在美菲自由贸易政

1　W. Cameron Forbes, *The Philippine Islands, I*, Boston; New York: Houghton Mifflin Company, 1928, p.316.

2　〔英〕D. G. E. 霍尔：《东南亚史》，中山大学东南亚历史研究所译，商务印书馆，1982，第876页。

3　Erich H. Jacoby, *Agrarian Unrest in Southeast Asia*, p.200.

4　Erich H. Jacoby, *Agrarian Unrest in Southeast Asia*, p.200.

策激励下美国人和大地产主攫取经济利益的主要来源。

　　土地集中趋势还导致佃农在农民总数中的占比上升，土地拥有者的比重下降。据 1903 年、1918 年和 1939 年的三次土地统计，土地拥有者和佃农所占比例有着明显的变化：1903 年土地拥有者和佃农分别占 80.8% 和 19.2%，1918 年为 77.7% 和 22.0%，1939 年为 49.2% 和 35.1%。[1]

　　土地集中扩大趋势及其后果也旁证了美国在菲律宾引入自耕农制度以及建立小块土地产权市场的失利。美菲贸易带动了菲律宾种植园经济的繁荣，造成与种植园经济相关的美国人和菲律宾利益主体不断挤压菲律宾自耕农的生存空间。菲律宾很多小块土地的私有产权尚未获得确认就遭到大地产主的侵吞，这意味着公地出售和宅地定居最终没能促成菲律宾土地的小块持有，而土地市场的形成不仅需要首先确认土地产权并保证自由转让和抵押的权利，还需要存在一个规模相对均等的小块地产分布格局，这样，土地作为生产要素才可能在市场竞争中自由交易。再者，土地兼并趋势之下菲律宾农民失去土地，意味着作为土地交易主体的土地所有者数量不断减少，愈加不利于土地自由交易市场的形成。

第三节　土地市场化尝试失败的原因

　　前面提到，由于政府缺少诸如分期贷款和基础设施建设等帮助那些购地农民维持土地占有和应对自然灾害的配套措施，大部分教会土地落到了美国人种植园主和菲律宾地主手里。出售公地和宅地定居情况也是如此，对于那些想购买土地或获得宅地的农民来说，"不但手续过于烦琐，而且信贷机构也不够多。更重要的是，土地局对霸占土地者的奸狡计谋故作不知，使他们得以逃避法律上对土地投机和农业剥削的限

1　根据《1960 年菲律宾调查，农业部分的摘要报告》，1903 年自耕农比重和佃农比重分别为 81.8% 和 18.2%，1918 年为 83.4% 和 16.6%，半自耕农的数字归于自耕农之中；1939 年的数字相同。转引自〔日〕潼川勉《菲律宾土地问题的发展》，《南洋资料译丛》1974 年第 3 期。

制"。[1]默菲总督在总结美菲土地政策的报告中也承认："公地并没有得到开发,没有容许菲律宾人成为自己国家小块土地的主人。菲律宾昔日的痛处——大地产授予制这种天然禀赋并没有改变。"[2]

在菲律宾实施托伦斯土地登记制度的初衷和结果大相径庭。依据殖民政府的设想,在菲律宾按照托伦斯制进行土地登记后,土地就被确定为私有财产,土地买卖会更为便利。而且这一登记制度已在美国被广泛采用,应该是适合自由市场机制的较为现代的土地登记形式。但结果并非如此。菲律宾是美国海外领地中土地充裕的国家,尽管少数地区人口超出了土地供养能力,但大部分地区无人开发,土地价格仍然较低。该制度规定土地转让前要进行所有权调查,这需要较长时间周期和较大成本,就这一点来说,精明的富人侵占缺少见识的穷人的土地不会那么方便。但是,托伦斯登记制度下,只要在证书上签字,土地所有者就可以轻易而合法地把土地所有权转让给富裕的菲律宾人。换句话说,托伦斯制本身是一个很不错的经济制度,其特点是产权转让充分利用市场且规定具体细致,但在菲律宾采用这一制度却并非最合适。实践证明,这种制度没能阻止卡西克地主或富裕的菲律宾人对穷人土地进行巧取豪夺。

所以说,托伦斯土地登记制度并不切合菲律宾社会的实际。首先是托伦斯制的登记程序问题,确定土地所有权前首先要进行勘查,这样就增加了额外的成本。勘查人员本来就稀缺,很少有人乐意承担勘查支出。佃农每天的收入才15分,几乎没有经济能力向法庭提起诉讼。土地登记诉讼还涉及土地相关知识以及对司法程序和技术问题的理解,而一般佃农大都没有文化也没有受过教育,无法理解法律的复杂性。但地主不仅有能力支付登记诉讼费用,甚至贿赂法官,付给律师高额费用,而且因为富有,他们受过较高的教育,理解法律细节和程序,甚至知道其中的漏洞。所以,土地登记的后果是,卡西克地主抢先登记,并侵占

1　〔英〕D. G. E. 霍尔:《东南亚史》,第877页。

2　*Annual Report of the Governor General of the Philippine Islands 1935*, p.14. 转引自 Karl J. Pelzer, *Pioneer Settlement in the Asiatic Topics*, p.108。

了原本应该属于无地农民的土地。

　　菲律宾农民长期处在对地主的依附关系之中，绝大部分没有受过教育，没有文化。[1]他们不了解公共土地法，也不知道政府的宅地定居措施，更重要的是，即便他们知道了这些法律和措施，大部分人也不想远离家乡去开发一片陌生的土地。"当时的封建社会机体阻碍了宅地定居，菲律宾小农场主不愿意居住在一片远离同乡的孤立土地上"。[2]刚施行公共土地法之初，美国殖民者就发现，"事实上，尽管我们的公共土地法案已经实行了 15 个月之久，但几乎没有菲律宾家庭参与，他们也没有就租借公共土地提出任何申请。尽管菲律宾某些地区的人口已经极度拥挤，但就本地人而言，并没有任何迹象表明他们愿意离开他们出生长大的家乡去寻求改善自身处境的新环境"。[3] 1905 年菲律宾委员会在分析公共土地出售或出租数量较少原因时总结了两点："一是人们还不知晓公共土地法赋予他们的权利；二是法案中对个人或公司的面积限制。"尤其是普通菲律宾人对该法案一无所知。"很明显，相当一部分人当时还不知道关于给予当地人的公共土地自由购买权或者是公共土地宅地定居的这项法案"。[4]毕竟，多数菲律宾人还可以在分成制下继续耕种大地产主的土地，他们"并不想面对清理和耕种荒地带来的额外麻烦和成本"。[5]不仅如此，没有受过教育还导致他们缺失土地所有权的法律意识，不知道获得土地所有权的重要性，因此对获得土地所有权也不怎么关心："菲律宾人对于获得土地所有权很不关心，只要允许他们占有公共土地，他们似乎不关注是否拥有土地所有权。"[6]

　　"乡村相对缺乏公共教育，农民总是任凭那些受过教育并有势力的

1　1903 年时，菲律宾 80% 人口不识字。参见 Census of 1903, Table 40。

2　Lewis E. Gleeck, *American Institutions in the Philippines, 1898-1941*, Historical Conservation Society, Manila, 1976, p.237.

3　*Annual Report of the Philippine Commission*, 1905, Part I, p.74.

4　*Annual Report of the Philippine Commission*, 1905, Part II, p.37.

5　*Report of the Director of Lands*, in *Annual Report of the Philippine Commission*, 1906, Part II p.142.

6　*Annual Report of the Philippine Commission*, 1908, Part II, p.51.

人的摆布。这些人保持着传统社会的优势，控制着现代国家的新制度并从中获益"。[1] 也就是说，正是菲律宾农民很少有机会受过教育，导致他们法律知识尤其是产权法律观念的缺失，才为有钱人和原来的地主阶层抢先侵占以及通过土地所有权登记巧取豪夺创造了机会。比如，官方土地勘查员不足时，政府允许雇用私人勘查员，这就给有钱的菲律宾人创造了机会，他们得以抢先登记土地所有权。其至有些卡西克地主强迫其依附者依据宅地规定条款申请宅地，目的是"从一开始获得对这块地的实际控制权，并最终以名义价格获得这块地的所有权"。[2] 例如，在新怡诗夏省，宅地定居的政策反而成了土地投机者或地主利用那些没有财力也没有能力定居的小块宅地申请者扩大前者地产的工具。甚至有势力的人冒用他人名字，而被冒用者本人还不知道已经填写了申请表。还有一些大地产主欺压和蒙蔽那些有意获地却缺乏知识的菲律宾人，阻止他们移居他乡获得宅地："很多卡西克积极地设法阻止想要成为宅地所有者的人获得公地，目的是让这些人仍然无地可种，继续做低工资的劳动力。"[3]

综上所述，无论是采取实施分售土地、宅地定居，还是设法确认土地私有产权等政策，美国殖民政府一开始确实试图在菲律宾建立土地自由市场，但这种尝试是非常初步的。结果更与初衷不符，不仅最后售出的土地不多，而且大部分被有钱的菲律宾人和大公司购得。尽管宅地定居做法在菲律宾的确催生出一批所谓的自耕农，但数量极为有限，土地局所颁发的自由转让证书以及土地凭证的数量更是寥寥无几。

美国殖民政府在菲律宾土地市场化尝试的失败，既有土地制度执行者不赞成土地面积限制的原因，也有制度本身不符合菲律宾实际的原因。在宅地定居和确认土地产权环节上，卡西克地主势力的抵制和菲律

1　George E. Taylor, *The Philippines and the Unite States: Problems of Partnership*, New York: Published for the Council on Foreign Relations by Praeger, 1964, p.85.

2　*Annual Report of the Philippine Commission*, 1907, Vol. II, p.41.

3　*Annual Report of the Philippine Commission*, 1911, p.97.

宾农民生存状态则是最大阻力，毕竟无地农民获得土地意味着将不再依附于地主，这触动了卡西克地主的既得利益。而对美国殖民者来说，"地主阶级的合作是重要的，所以当局没有采取任何措施破坏那些大庄园"。

更关键的是，美国殖民政府所进行的土地市场化尝试，更多是出于殖民统治需要进行土地私有产权确认，并非真正的市场化，毕竟美国殖民者的经济利益系于美菲贸易中的美国投资商和菲律宾大种植园主，菲律宾人持有小块土地不符合他们的利益追求。

第六章 美国殖民时期菲律宾国家银行经营方式的变化

　　菲律宾国家银行是美国殖民时期菲律宾最重要的本土金融机构。在开展经营的第二年（1917年），银行就已成为菲律宾境内资产和信贷规模最大的金融机构，并在纽约、上海等金融都会都开设了海外分行。国家银行曾是菲律宾人经济繁荣年代的"金色希望"。[1]然而，在1920到1921年，银行遭遇严重金融危机。一战结束后，美国"战时景气"消失，主要面向美国市场出口农产品的菲律宾遭遇严重打击。为菲律宾出口农业部门提供信贷的菲律宾国家银行短期内亦面临经营危机，银行大量信贷难以收回，资产规模急剧下滑。危机发生后，美国新任共和党总统沃伦·哈丁委

1　Gregorio Nieva, "Nuestras Mayores Facilidades Bancarias Hoy," *The Philippine Review*, Vol.3, No.1 and 2(1918), p.11.

派伍德－福布斯特殊使团调查危机起因。特殊使团在报告中写道,"菲
律宾国家银行的经历是菲律宾历史上最不幸和最黑暗的一页"。[1]此后,
这一表述被政府报告和公共报刊广泛引用,成为评价菲律宾国家银行经
营状况的经典论述。

菲律宾国家银行的曲折遭遇激发了学界对其经营方式的探讨。大
体上,现有研究主要参考伍德政府的说法,认为菲律宾国家银行的经营
方式可分为截然对立的前后两个阶段。第一阶段该银行由专业的美国银
行家管理,他们为菲律宾引入了现代银行经营规范。当银行转交菲律宾
人管理后,银行经营进入第二阶段。菲律宾人违背了美国人设计的银行
经营规范,执行不负责任的信贷扩张政策,给银行带来了沉重的经营危
机。[2]事实上,这些研究既未深入阐释美国银行家引入菲律宾的经营方
式,也没有深入比较菲律宾人与美国人经营方式的异同,而是习惯性地
在"美国人"与"菲律宾人"这样二元对立的框架下展开论述,强调美
国人引入的现代银行规范与菲律宾人传统行为模式的截然对立。本章尝
试在继承现有研究成果的基础上,突破二元对立式的叙事框架,重新理
解美国殖民时期菲律宾国家银行的经营方式。

本章在时段上聚焦于国家银行建立的 1916 年到银行遭遇危机
的 1922 年。在此期间,两位美国人和一位菲律宾人相继担任银行行
长,银行基本经营制度和经营方式成型,并一直延续到美国殖民时期
结束。[3]

1　*Report of the Special Mission to the Philippine Islands to the Secretary of War*, Washington: Government Printing Office, 1922, p.38.

2　相关研究参见 Peter Stanley, *A Nation in the Making: The Philippines and the United States, 1899-1921*, pp. 240-246; Paul D. Hutchcroft, *Booty Capitalism: The Politics of Banking in the Philippines*, Ithaca: Cornell University Press, 1998, pp. 65-71; Yoshiko Nagano, *State and Finance in the Philippines, 1898-1941: The Mismanagement of an American Colony*, Singapore: NUS Press, 2015, pp.156-164。

3　Yoshiko Nagano, *State and Finance in the Philippines, 1898-1941: The Mismanagement of an American Colony*, pp.64-66.

第一节　菲律宾国家银行的建立

由地区商业银行和大型投资银行联结而成的信贷中介网络是 19 世纪后半期美国完成工业化、实现经济腾飞的重要金融制度保障。[1] 美国在菲律宾建立正式殖民统治后，如何将美式商业银行体系及其经营理念引入菲律宾，开发菲律宾自然资源，实现殖民地经济繁荣，是殖民政府要解决的重要问题。

菲律宾文官政府正式组建后，塔夫脱领导下的菲律宾委员会提出了一份详细的开发菲律宾资源的经济规划，其中的重要提议包括：调查菲律宾公共土地，按照美国《宅地法》模式将公共土地出售给私人，完成地籍测量和土地确权；修建铁路和公路，改善道路和港口交通条件；建立便利资本流动的金融体系，鼓励美国企业家投资菲律宾；建立公共卫生体系和教育系统，提高本地劳动力素质；建立美菲自由贸易关系。委员会的目标是向菲律宾引入美国的投资，开发这里丰富的热带自然资源，同时让菲律宾出口农产品以较低的运输成本流向美国免税市场。委员会意在将美国成熟的经济开发模式移植到菲律宾，由政府创造一系列便利市场流通的制度条件，以激发菲律宾的私人企业家精神。委员会写道："只有私人企业——这类帮助我们自己国家实现了繁荣昌盛的组织，才能将产业活动、充满活力的企业和经济繁荣，以及广泛的国民幸福带给菲律宾。"[2]

在金融方面，塔夫脱委员会的目标是鼓励美国私人银行家在菲律宾开设分行，融通菲美之间的信贷和资本市场。为此，委员会提议在菲律宾建立金汇兑本位制，并立法允许符合《国民银行法》规定的美国银行在此经营。委员会写道："国会应立法允许将国民银行体系扩展到菲律

1　〔美〕乔纳森·休斯、〔美〕路易斯·凯恩：《美国经济史》（第 8 版），杨宇光等译，上海人民出版社，2013，第 411—424 页。

2　*Reports of the Taft Philippine Commission*, p.7.

宾，使这里的金融机构在我国法律规定的保障下组织起来。"[1] 提议中的
"国民银行"（national bank）是一个容易引起误解的词。在美国，"国民
银行"既不是像英格兰银行那样政府参与金融事务管理的中央银行，也
不是政府为实现特定产业发展或投资目标而组建的政府投资银行。美国
"国民银行"仅指遵守 1864 年《国民银行法》中一系列监管规定的私人
商业银行。国民银行体系实际上发端于 1838 年纽约州建立的"自由银
行制度"，它尝试取代此前由州政府授予特权建立州特许银行的模式，
采用银行自行注册、州政府监管的"自由银行"模式。南北战争期间，
北方联邦政府为筹集战争资金、规范货币市场，亦介入银行业监管。自
行注册成立的私人银行需同时接受州政府与联邦政府的监管，形成了美
国独有的"双重监管"体系。[2]

　　所以，委员会提议的"国民银行"，其性质是美国式私人商业银
行，但它拥有一项重要的金融权力，即有权发行国民银行券。国民
银行券是银行以所持有的国债为抵押而发行的纸币，是银行创造信
贷的重要手段。1865 年南北战争结束前夕，联邦政府通过《国民银
行法》的一份修正案，对此前拥有银行券发行权的州银行征收寓禁
税，此后，只有以所持国债为担保、加入国民银行体系的会员银行才
有权发行国民银行券。银行券发行权使国民银行有机会参与货币创
造，通过货币乘数效应为资本市场提供信贷和流动性。也就是说，委

1　*Reports of the Taft Philippine Commission*, p.93.

2　19 世纪美国银行业的经历与欧洲截然不同。19 世纪欧洲银行业的总体趋势是集中化和中央
化。大部分商业银行业务聚集到少数总部设在首都金融中心的大银行，地方商业银行转变成
首都大银行在地方上的分行。在英国，这是作为金融中心的"伦巴第街"和"五大商业银
行"的成型期。原本负责为国债融资的英格兰银行发展为"银行的银行"，成为现代意义上
负责制定货币政策的中央银行。而同一时期的美国则持续抵制银行和金融事务的集权化，银
行业务分散在众多地方商业银行中。银行券的发行权先是被授予州特许银行，后被授予符合
州监管规定的"自由银行"。《国民银行法》通过后，符合联邦监管规定的"国民银行"获得
发行国民银行券的权力。加入国民银行体系的成员银行要同时接受联邦和州政府监管。在复
杂的"双重监管"体系下，美国商业银行的分散化趋势有增无减。1910 年代，英国只有 5 到
10 家大型商业银行，而美国国民银行体系下有 7500 家成员银行，全部商业银行的数量则超
过 20,000 家。见〔美〕乔纳森·休斯、〔美〕路易斯·凯恩《美国经济史》（第 8 版）。

员会的提议意在允许美国私人银行像在美国一样，在菲律宾获得纸币发行和创造信贷的权力，以此造就一个繁荣的私人投资市场。委员会相信，美国银行资本将在菲律宾获得大量经营机会。一座美国式商业银行将有机会从事外汇交易，考虑到马尼拉庞大的进出口贸易，这项业务十分有利可图。它将成为政府资金的存款银行，部分取代菲律宾境内英资银行的地位。它在菲律宾能发行银行券，参与菲律宾国内的货币兑换和资金往来，还能吸收商业储蓄，并为菲律宾国内企业提供贷款。[1]

　　委员会的经济规划需要美国国会立法通过后方能实施，然而，出于各种各样的原因，国会否决了委员会提交的大部分经济议案。[2] 对于委员会提议将公共土地出售给私人的计划，国会立法限定了土地出售的数额，规定出售给个人的公共土地最高不得超过 16 公顷，出售给企业的不得超过 1024 公顷；委员会让菲律宾出口产品免税进入美国市场的提议，遭到了强大的共和党贸易保护主义集团的反对，后者依照政策惯性，继续阻止此类法案通过；对于委员会提议的鼓励美国私人资本投资菲律宾基础设施和种植园的方案，持反帝国主义立场的民主党人担忧这将在美国殖民地塑造一些根深蒂固的特殊利益集团，使美国继续深陷帝国主义漩涡。但在共和党人主政的十数年间，菲律宾委员会一直在尝试让国会立法通过塔夫脱委员会最初的经济规划。[3]

　　事实上，到 1903 年，委员会提出的诸项经济议案中，唯一获国会通过的议案是在菲律宾建立金汇兑本位制。在委员会和陆军部的坚持下，华尔街金融专家查尔斯·科南特的游说工作取得进展，国会最终从三项货币改革方案——延续银本位、直接引入金本位和建立新的金汇兑

1　*Reports of the Taft Philippine Commission*, p.94.

2　Glenn Anthony May, *Social Engineering in the Philippines: The Aims, Execution, and Impact of American Colonial Policy, 1900-1913*, p.129.

3　Glenn Anthony May, *Social Engineering in the Philippines: The Aims, Execution, and Impact of American Colonial Policy, 1900-1913*, p. 142.

本位制——中选择了金汇兑本位制，在菲律宾发行新的白银铸币，通过
管理货币储备基金的方式将菲律宾比索与金本位美元之间的汇率固定为
二比一。[1]

国会同样否决了将美国国民银行体系扩展到菲律宾的立法动议。
1903 年菲律宾委员会报告写道："在上一年的报告中，我们曾提议，或由
国会立法，或授权菲律宾委员会在此建立一个银行体系，允许符合监管
规定的银行获得银行券发行权。然而，国会虽已立法通过了菲律宾货币
议案，但没有同意在此组建发行银行。"[2]1906 年，菲律宾通过《公司法》，
该法案部分吸收了金融专家查尔斯·科南特 1901 年《菲律宾货币与银
行特殊报告》中的提议，允许在菲律宾设立储蓄与抵押银行，前提是
严格保障银行资金安全。然而，国会却没有同意在菲律宾开设国民银
行。[3]1908 年，菲律宾第二任总督亨利·伊德写道，"美国国民银行法案依
然未能扩展到菲律宾，迄今为止，依然没法在此组建美国国民银行"。[4]

塔夫脱及之后几任共和党总督既不能顺利吸引美国商业银行进入菲
律宾，也不能有效回应菲律宾本地呼吁增加农业投资的要求。1903 年，
菲律宾委员会成员何塞·卢祖里加呼吁政府设法改善菲律宾的信贷状
况，缓解菲律宾陷入困境的糖业经营。[5]1904 年到 1905 年，菲律宾前独
立领袖阿奎纳尔多向政府提交了一份为农业开发提供信贷的请求。作
为回应，殖民政府委派时任菲律宾货币司司长埃德温·甘末尔起草一
份组建政府农业银行的规划。甘末尔借鉴英国在埃及创办农业银行的
经验，提出一份由美国银行家出资、政府负责经营和监管的农业银行

1　Emily S. Rosenberg, *Financial Missionaries to the World: The Politics and Culture of Dollar Diplomacy, 1900-1930*, Cambridge, Massachusetts: Harvard University Press, 1999, pp.14-18.

2　*Report of the Philippine Commission 1903*, Washington: Government Printing Office, 1904, p.291.

3　Act No.1459, "Corporation Law," *Acts of the Philippine Commission*, 1906.

4　Henry C. Ide, "Banking, Currency and Finance in the Philippine Islands," *The Annals of the American Academy of Political and Social Science*, Vol. 30, 1907, p. 32.

5　José R. De Luzuriaga, "Sugar Culture," *Census of the Philippine Islands in the Year 1903*, Vol. 4, Washington: United States Bureau of the Census, 1905, pp.26-32.

方案。然而，此时恰逢美国遭遇 1907 年银行业危机，政府未能找到合适的出资人，只得改由政府出资、政府经营。政府农业银行的经营卓有成效，但银行资产规模太小，依然无法满足菲律宾农业开发的庞大需求。[1]

此外，菲律宾政治家也开始反对共和党人的商业银行规划，反对共和党总督鼓励美国私人资本进入的政策。在提议兴办一座新的政府商业银行时，众议院议长奥斯敏纳提出，基于普遍的互惠准则，如果菲律宾人当下在银行事业上想寻求外资的帮助，那么未来可能无法拒绝外资的索求。反之，如果菲律宾人不想面对未来必须偿还债务的尴尬局面，那么最好现在就依靠自己的力量组建自己的银行。[2]

正是在殖民之初这种菲律宾商业银行业发展不顺利的背景下，接替共和党的民主党人和菲律宾政治领袖提议，由国家财政出资组建一家大规模的国家银行。1913 年，致力于推进国际民主政治的威尔逊就任美国总统后，任命弗朗西斯·布顿·哈里森为菲律宾新一任总督。履职后，哈里森执行旨在加快菲律宾人自治的"菲律宾化"政策。在经济领域，"菲律宾化"意味着将菲律宾人培养成美国式的企业家。如果说塔夫脱政府的政策是向菲律宾人展示美国企业家的榜样，那么哈里森政府的政策便是创造条件让菲律宾人直接参与本国的商业和金融事务管理。作为"菲律宾化"政策的一部分，哈里森政府和菲律宾议会政治领袖提议由政府财政出资，组建一家由政府控制的现代金融机构。

1916 年，第三届菲律宾立法议会第四次会议通过组建菲律宾国家银行的第 2612 号法案，即《菲律宾国家银行法案》。法案主要内容可分为以下几个部分：银行的基本情况（第 1—2 节）、银行资本金来源（第 3—9 节）、银行主要业务与经营规范（第 10—19 节）、银行组织结构

1　Yoshiko Nagano, *State and Finance in the Philippines, 1898-1941: The Mismanagement of an American Colony*, pp. 69-90.

2　"Financing the National Bank (Attitude of Speaker Osmeña toward Outside Capital)," *The Philippine Review*, Vol.1, No.1(1916), p.41.

（第20—32节）、银行开办分行的方式（第33—35节）、与银行贷款相关的规定（第36—43节）、其他规定（第44—53节）。[1]

在业务、经营规范和贷款方面，法案的关键内容包括：（1）国家银行的资本金为2000万比索，分为20万股，每股面值100比索。到1917年1月底，政府将出资购买101000股，另外99000股将面向公众发售；（2）菲律宾政府农业银行的所有资产和负债都将转移到国家银行，此次资产转让将作为政府认购的国民银行股份的一部分；（3）银行的总贷款额不得超过银行资本金、盈余及银行以地产为抵押所发行的银行券全部价值之和的50%；（4）银行接受的地产抵押应是首次抵押，为此发放的贷款不得超过地产估值的60%，地产抵押的期限最短为一年，最长为30年；（5）银行可接受稻米、马尼拉麻、椰子、蔗糖和烟草等农产品抵押，贷款价值不得超过农产品当季估值的70%；（6）银行发行的银行券总额不得超过银行所持有的全部抵押品价值的75%；（7）银行可接受菲律宾政府、省和市政府，以及邮储银行、协会、公司和个人的存款，菲律宾政府和省市政府应将政府资金存入国家银行。[2]

1916年5月国家银行正式开业后，接收了财政局所属政府农业银行的全部资产，政府农业银行则停止办公。与此同时，遵照法案规定，菲律宾各级政府将政府资金存入银行，这使银行在开业之初资产规模即超过1000万比索，并持有大量现金资产。

银行的组织结构与人员配置遵循哈里森政府的"菲律宾化"政策。银行决策权被授予美国人和菲律宾人共同组成的董事会，日常运营和具体行政事务则交由招募而来的菲律宾职员负责处理。法案规定，银行由董事会管理，董事会包括7名成员，除银行行长和副行长外，另包括5名选任的银行董事。经总督委派、议会同意，行长和副行长的一届任期可达6年，银行董事采用选任制，每年3月由股东大会选举产生，任

---

1   Act No. 2612, "An Act Creating the Philippine National Bank," *Laws of the Philippine Legislature*, 1916.

2   Yoshiko Nagano, *State and Finance in the Philippines, 1898-1941: The Mismanagement of an American Colony*, pp.93-94.

期为 1 年。首届董事会由 5 名美国人和 2 名菲律宾人组成，他们是：莱昂·罗森塔尔、辛森·恩卡纳西翁、维南西奥·康赛普西翁、亨利·帕克·威利斯（行长）、塞缪尔·弗格森、威廉·安德森和查尔斯·罗宾逊。在日常运作方面，菲律宾国家银行重视招募并培养优秀的菲律宾人银行职员。最初的核心团队职员来自政府农业银行。在政府农业银行的资产全部转移到菲律宾国家银行以后，原先为政府农业银行工作的菲律宾职员也直接转入国家银行。[1]

菲律宾国家银行的特点可概括如下。其一，银行的所有权和控制权始终由菲律宾政府掌握，银行的股权结构和股份购买规定用于保障这一点。其二，国家银行是一家多功能银行，能同时经营多种业务。银行负责管理部分外汇基金，能直接参与外汇交易。银行能发行银行券，并为商业票据提供贴现。银行还能从事一般的商业银行业务，可接收存款、接收商业票据抵押发放短期贷款，以及接收固定资产抵押提供长期贷款。其三，在人员构成和管理结构上，银行遵循"菲律宾化"原则，银行的日常经营由经过培训的菲律宾银行职员负责，银行决策权则由美国人和菲律宾人共同组成的董事会掌握。

从业务与功能来看，菲律宾国家银行并非负责货币政策制定和执行的"中央银行"，而是一家政府商业银行。菲律宾当时唯一的货币政策是金汇兑本位制。国家银行既不是这一政策的制定者，也无权改变这一政策。作为一家政府出资的商业银行，国家银行最显著的特点是它的业务范围，银行可从事全部领域的商业银行业务，能接收所有类型的储户存款，也能参与外汇交易，还能发放短期和长期贷款。最重要的是，它得到政府授信，获得了发行银行券的关键权力。亨利·帕克·威利斯总结说，"对美国来说，菲律宾国家银行代表了政府参与商业活动的新形式，它尝试通过有计划的努力来解决某些紧迫的经济问题"。[2] 将菲律宾

1　Henry Parker Willis, "Philippine National Bank," *Bankers Magazine*, Vol.95, No.2(1917), p.251.

2　Henry Parker Willis, "The Philippine National Bank," *Journal of Political Economy*, Vol.25, No.5(1917), p.409.

国家银行与塔夫脱委员会最初提议的商业银行相比，不难看出，菲律宾国家银行实际上是以政府出资、政府运营的形式实现了塔夫脱最初设想的"国民银行"。不过与美国分散化的国民银行体系不同的是，菲律宾国家银行是菲律宾境内唯一一家得到政府支持的政府商业银行。

第二节　美国银行家的经营理念及其对菲律宾国家银行的管理

菲律宾国家银行的首任行长是美国银行家亨利·帕克·威利斯。履职之前，威利斯已是美国公认的银行改革专家，是负责起草 1913 年美联储法案的"国家货币委员会"成员。美联储组建后，威利斯出任首任秘书。此外，威利斯还是参议院筹款委员会的顾问。在政府公职之外，威利斯还是哥伦比亚大学的经济学教授，还曾担任《商业杂志》的主编，出版了多本专著，主题涉及关税互惠、现代商业银行和银行业改革。1922 年版《大不列颠百科全书》中的"美联储"词条即由威利斯撰写。作为一名基督教普救派信徒，威利斯也关心美国殖民地的"文明化"进程。1905 年，他在菲律宾实地考察了美国的殖民政策后，出版了《我们的菲律宾问题：美国殖民政策研究》一书。他写道，如果美国人想要证明本国的海外扩张根本上不同于欧洲掠夺式的帝国主义政策，证明美国人是"为了文明而托管菲律宾"（trust for civilization），那么有必要改变当前立法的拖延状况，明确规划菲律宾的独立事业。[1]

作为菲律宾"文明化"进程的一部分，威利斯重视改革菲律宾银行业的不合理状况。他写道："长久以来，菲律宾群岛的银行业一直十

1　Henry Parker Willis, *Our Philippine Problems: A Study of American Colonial Policy*, New York: Henry Holt and Company, 1905, pp.452-454.

分古怪。"[1]具体来说，菲律宾银行业存在三类不合理状况。第一类问题
是菲律宾大部分商业银行业务都不由菲律宾人控制，而是被外资银行
垄断，这意味着菲律宾人尚无法自主管理本国经济，其中最大的两家
金融机构是英资银行——汇丰银行和渣打银行。它们在菲律宾开设的分
行，资产规模庞大，控制着菲律宾金融业的命脉。殖民初期，汇丰银行
甚至派人前往美国游说国会，提议反对塔夫脱政府的金汇兑本位制改革
方案。而美国银行在菲律宾表现不佳。两家资产规模较小的美资银行曾
在美国殖民之初短暂开业，但因外汇投机失败和管理不善而很快倒闭。
1903 年，根据康涅狄格州法律组建的美国国际银行公司在马尼拉开办
分行，依靠政府存款和资金转移业务站稳了脚跟，美资银行才真正进入
菲律宾商业银行界。菲律宾唯一依靠本地资本组织起来的现代银行是菲
律宾群岛银行。它的前身是 1857 年根据西班牙王室法令组建的西菲银
行。成立之初银行的主要资本来自菲律宾境内天主教会的"慈善基金"，
在西班牙殖民政府废除烟草垄断制度后，该银行参与了西班牙人控制的
几家大型烟草公司的投资。美国殖民统治建立后，银行改制为菲律宾群
岛银行，该银行在西班牙殖民时期获得的银行券发行权得以保留，但发
行银行券的准备金比率需大幅提高。大体上，外资银行很少为菲律宾当
地的工商业提供贷款，而是将经营范围限定在进出口贸易、外汇兑换和
资金转移等纯粹金融业务上。

　　菲律宾银行业的第二类问题是民间信贷中广泛存在的高利贷现象。
资金实力雄厚的外资银行基本不涉足实体经济，而菲律宾本地借款人则
多半是地方上专职放高利贷的梅斯蒂索商人和拥有大笔闲置资金的地区
教会。在马尼拉，如果运气上佳，以优质不动产作抵押，能借到年利率
10% 的资金。而在外省，大部分贷款的月利率都超过 2%。威利斯打趣
地说道，在菲律宾，如果有人愿意提供月利率 1.5% 的贷款，那么他已

---

[1]　Henry Parker Willis, "The Philippine National Bank," *Journal of Political Economy*, Vol.25, No.5(1917), p.410.

经可以荣膺"慈善家"的称号了。[1]信贷资金匮乏和民间利率畸高被认为是延缓菲律宾农业复苏的重要原因。

除了菲律宾银行业本身存在的问题外，威利斯还论述了由于殖民政府对菲律宾金汇兑本位制的不当管理而造成的第三类问题。金汇兑本位制建立后，用于维持货币体系稳定的外汇储备金由菲律宾财政局负责管理。在这种局面下，菲律宾外汇事务面临着两项难题：其一，尽管政府拥有外汇储备金的管理权，但实际的外汇业务掌握在外资银行手中，它们组成行业同盟，垄断外汇交易费率的定价权；其二，由于财政紧张，政府总有将外汇储备金贷出投资的倾向。威利斯并不反对政府贷出外汇储备金，但是他认为政府的资金管理并不专业，没有仔细评估贷款的风险、期限和清偿性问题。[2]

为了改善菲律宾银行业的不合理状况，威利斯提议运用政府财政资源将菲律宾国家银行建成一个独立、专业的金融机构。一个"独立"的菲律宾国家银行首先意味着银行的经营应独立于银行之外"特殊利益集团"的干预。在美国政治语境下，与"菲律宾问题"联系在一起的"特殊利益集团"主要指相互勾结的共和党政客和觊觎菲律宾特殊利益的私人资本家。在威尔逊出版影响深远的《国会政体》一书后，"有权而不负责任"的国会利益小团体的说法传播开来。一些自私短视的共和党人小团体被认为是"民主机体上的毒瘤"。他们聚集在国会中，不负责任地通过与团体狭隘利益和偏见相符的短视法案，破坏民主机体的正常运转。威尔逊关于国内政治问题的看法也被用于解释美国的海外问题。在探讨美国的"菲律宾问题"时，威利斯写道，菲律宾的独立前景之所以难以明朗，是因为"年复一年，越来越多的利益诉求围绕菲律宾政策聚

1 Henry Parker Willis, "The Philippine National Bank," *Journal of Political Economy*, Vol.25, No.5(1917), p.411.

2 Henry Parker Willis, "The Philippine National Bank," *Journal of Political Economy*, Vol.25, No.5(1917), pp.413-415.

集起来，进而反对任何试图改变菲律宾现状的政策"。[1] 威尔逊为美国国内政治改革提供的处方是增强行政机构的独立性与权力。与之类似，威利斯为改革菲律宾银行业开出的处方是增强政府银行的独立性与权力，避免银行业受特殊利益集团的摆布。

作为菲律宾的国家银行，银行的"独立"还意味着银行应帮助菲律宾避免外国势力以"债主"的名义干预菲律宾内政。威利斯想到了拉美国家的遭遇，他写道，"许多拉丁美洲国家的金融机构因为被放置在了'政治'基石之上，导致这些机构分崩离析。他们或者被迫借贷，参与那些从银行视角看明显不明智的经营；或者被立法机构强迫将资金用于非经济的目的，结果造成了金融机构自身的灾难"，糟糕的金融管理带来严重的政治灾难，引来其他国家或外国金融家的干涉，"他们打着保护自己财产的幌子，趁机帮助自己获得比之前更多的东西"。如果菲律宾国家银行想避免类似的命运，就应设法让银行不受外国政客和金融家的干预或控制。[2]

银行的"独立"地位需由"专业"经营来保证。这意味着，银行将招募和培训专业的银行职员，执行严格的资产审查政策，并尽可能争取由银行而不是其他机构来处理专业的金融业务。

招募并培训专业的银行职员是国家银行要解决的首要问题。除了首批来自政府农业银行的有经验的核心员工外，国家银行很难再直接招募到有经验的银行职员。这是因为菲律宾境内的外资银行为避免员工流动制定了独特的薪酬规则。外资银行鲜少聘用菲籍员工，而是从本国调派员工。为避免职员跳槽，外资银行的经营惯例是平时只支付较低薪酬，到职员服务期满时额外支付一笔高额奖金。如果要让菲律宾人管理本国的国家银行显然不能再沿用这样的管理办法，唯一的途径是在招募完全

1　Henry Parker Willis, *Our Philippine Problems: A Study of American Colonial Policy*, p.454.

2　Henry Parker Willis, "The Philippine National Bank," *Journal of Political Economy*, Vol.25, No.5(1917), pp.439-441.

没有银行从业经验的菲律宾职员后让他们接受专业培训。[1]

　　银行的专业性还体现在银行将严格遵照经营规范评估抵押资产的价值并发放贷款。在接收政府农业银行的资产和业务时，威利斯指出要严格审查农业银行的每笔贷款。为此，他制定了审查农业抵押贷款的七条规则：（1）拒绝任何土地所有权不明确的贷款申请，除非贷款申请人可以找到拥有明确财产且价值不容置疑的背书人或担保人；（2）即使土地所有权明确，如果该土地没有任何合理的经营价值，也应拒绝贷款申请；（3）发放贷款时，应按月分期预先放款，以便种植者有足够的资金支付实际必需的费用；（4）在所有情况下，都应让拥有土地优先留置权的抵押人签署文件，声明放弃他对土地之上出产的农产品的所有权利；（5）每笔贷款都至少要有一名可靠的担保人，如家庭成员是某项产业的共同所有人，则须坚持所有人就该产业的全部贷款承担共同责任；（6）在可能的情况下，如果获得了贷款人可能拥有的抵押资产以外的任何其他财产，这些财产应被视作抵押品；（7）农产品交易结束后应尽快清偿贷款。经过严格执行资产审查后，政府农业银行的资产中，约90万比索的贷款被判定为难以清偿的坏账，当年的许多农业贷款申请亦被否决。[2]

　　与此同时，威利斯也设法增强了菲律宾国家银行在金融领域的权力地位。作为银行专家，威利斯很自然地认为，金融领域的专业事务理应交由专业的国家银行处理。在此期间，菲律宾金融领域发生了一项重要变化：先前主要由财政局管理的外汇储备金，在哈里森政府和银行董事会的安排下，开始转移到菲律宾国家银行账户名下。授予菲律宾国家银行外汇储备金管理权的关键条款是第2612号法案第19节，法案内容为："授权菲律宾国家银行可接收菲律宾政府、省、市、邮政储蓄银行、协

1　Henry Parker Willis, "The Philippine National Bank," *Journal of Political Economy*, Vol.25, No.5(1917), pp.419-421.

2　Yoshiko Nagano, *State and Finance in the Philippines, 1898-1941: The Mismanagement of an American Colony*, p.104.

会、公司和个人的资金存款，并特此要求菲律宾政府、各省以及市政府将政府资金存入国家银行，菲律宾国家银行就上述存款支付的年利息不超过 4%。"[1] 这条将财政局名下的货币储备金转交给菲律宾国家银行的规定，后来引起了极大争议。[2] 但显然，威利斯认为，凭借这条规定，银行获得了管理货币储备金的权力。因为早在 1916 年银行成立之初，威利斯就指定纽约欧文国民银行为菲律宾国家银行在美国的临时代理机构，并要求将一笔 200 万美元的货币储备金存入菲律宾国家银行的账户名下。在写给银行董事会的信中，他特意强调国家银行接管货币储备金的行动符合《菲律宾国家银行法案》中的规定："对储备问题的考虑，应该与国家银行关于如何管理政府存款的政策保持一致，这些政府存款具备我刚才提到的托管性质。货币储备包括属于银圆券基金和金本位基金账户下的所有存款。"[3]

银行的独立性和专业性相互依赖，缺一不可。只有免于国内党派利益偏见和国外债权人蛮横干涉，独立银行才能保证银行经营的专业性，而专业的银行经营才能保障银行作为独立金融企业的地位。如何理解威利斯对于菲律宾国家银行经营的独立性与专业性的强调？我们有必要参照同一时期美国国内银行改革的经历，才能更好地理解威利斯的银行经营理念。

威利斯的国家银行经营理念反映了美国进步主义时期技术专家的改革信念，即在技术专家的领导下，有意识地运用国家和政府的力量，能改进自由主义的政治经济体系，造就更高水平的民主政治与社会福利。这一时期颇有影响力的公共知识分子赫伯特·克罗利在《美国生活的希望：政府在实现国家目标中的作用》一书中，将进步主义的改革目标总结为以

1　Act No. 2612, "An Act Creating the Philippine National Bank," *Laws of the Philippine Legislature*, 1916.

2　George Luthringer, *The Gold-Exchange Standard in the Philippines*, Princeton: Princeton University Press, 1934, p.98.

3　转引自 George Luthringer, *The Gold-Exchange Standard in the Philippines*, p.105。

"汉密尔顿式的联邦政府手段"实现"杰斐逊式的民主国家目标"。[1]进步主义改革的特点也反映在这一时期美国社会科学的发展趋势中。多罗西·罗斯总结说，美国在建国之初形塑的美国例外论社会科学知识框架，在经历内战、工业化和城市化的冲击后，在进步主义时期设法与以社会控制和社会改良为目的的技术治国论相结合，希望由此找到改革社会弊病的良方。[2]类似的倾向反映在威利斯作为成员起草的《国家货币委员会报告》中，就是银行专家们严厉批评了美国南北战争后的国民银行体系：

> 银行在国内外贸易活动中所提供的贷款服务不仅方式拙劣，而且费用畸高，这实在有辱美国人聪明能干的名声……我们的银行和银行家在对外贸易融资中起到的作用微不足道，这对于一个进步中的国家来说简直是耻辱……银行业的无能不仅拖累了出口产品的制造商，而且也危害到了绝大部分国内贸易活动。[3]

专业的银行家在国家银行事务中难以发挥作用，被认为是导致美国银行业出现种种缺陷的根源。因此，进步主义改革者认为，美国银行业改革应由银行专家主导，以建立更适宜贷款和贸易需要的商业银行秩序。进步主义的改革信念同样适用于菲律宾，在这里，银行业被外资银行和缺少现代经营意识的民间高利贷人掌控，产生了诸多不合理的状况。殖民政府对金融事务的干预则由于缺乏专业性而造成了更多问题。

更具体地说，威利斯的国家银行经营理念受到他在美联储改革经历的影响。在技术上，美联储的建立是为了向市场提供"弹性货币"（elastic currency）。"弹性货币"是今天经济学中已不太常见的一个词语，

1　〔美〕赫伯特·克罗利：《美国生活的希望：政府在实现国家目标中的作用》，王军英等译，江苏人民出版社，2006。
2　〔美〕多萝西·罗斯：《美国社会科学的起源》，王楠等译，生活·读书·新知三联书店，2019。
3　*Report of the National Monetary Commission*, Washington: Government Printing Office, 1912, pp.28-29.

却是当时美国国内货币与银行改革的中心议题。在解释为何要建立美联储时，威利斯写道：

> 美国联邦储备银行系统是"银行业改革"的产物。内战后建立的国民银行体系，到 1913 年已拥有 7500 家成员银行。它允许股东按照自己的意愿组织独立机构开办银行，只要银行遵守《国民银行法》的规定即可。法案背后的核心理念是"自由银行"……事实证明，这种制度是不完善的，在压力或恐慌时期，缺乏一致方案缓解银行压力；此外，货币缺乏弹性，受限于国民银行所持有的政府担保债券，银行券的发行和偿付都很缓慢。[1]

威利斯认为，美国"自由银行"体系的主要缺陷在于不能提供"弹性货币"。所谓"弹性货币"，包括两重相互关联的含义。第一重含义与银行存款有关，银行能提供"弹性货币"，意味着银行能随时保证通货与存款之间的可转换性，即使是在市场遭遇恐慌性挤兑时，银行依然能保证应对储户的提现需要。第二重含义与银行应提供何种类型的信贷有关。支撑"弹性货币"原则的是一种今天已经非常陌生的货币理论，即"真实票据"（real bills）理论。这种理论相信，对商业银行来说，短期商业票据的清偿性高、违约风险低，是反映经济体真正信贷需要的"真实票据"。"真实票据"理论表达了一种关于货币问题的普遍信念，即经济体中货币发行的总量应主要跟随近期市场交易的需要而变动。与之相应，作为信贷创造机构的银行，其贷款或银行券发行应主要用于满足近期（通常为 60 天以内）的交易需要。如果大量信贷资源被长期贷款挤占，则银行兑现即期票据的能力会遭到侵蚀，一旦市场提现需求增加，就很容易陷入无法兑付的困境。[2] 也就是说，1910 年代美国银行业

1　Henry Parker Willis, "Federal Reserve Banking System," *Encyclopædia Britannica*, 1922.
2　〔美〕米尔顿·弗里德曼、安娜·施瓦茨：《美国货币史：1867—1960》，巴曙松、王劲松等译，北京大学出版社，2009，第 114 页。

改革的出发点是弥补"自由银行"制度下商业银行的缺陷，改革目标是建立更符合"弹性货币"原则的商业银行体系。

"弹性货币"是这一时期美国国内银行改革的中心议题，也是理解威利斯为菲律宾国家银行所设计的经营方案的关键。一方面，建立菲律宾国家银行，正是因为菲律宾境内的商业银行体系显然不能提供"弹性货币"。外资银行操控汇率市场的行为阻碍了贸易和货币的正常秩序，菲律宾民间借贷和政府的金融干预非但不能缓解这一状况，反而制造了更多问题。另一方面，国家银行为避免使自己陷入无法为市场提供"弹性货币"的境地，尤其要注意保持资产的流动性，避免以固定资产为抵押的长期贷款占用银行的兑付能力。威利斯为农业贷款设计的原则最鲜明地反映了这一货币理念。按照他制定的审查规则，银行券和信贷应主要随交易的需要发放，因此，"发放贷款时，应按月分期预先放款，以便种植者有足够的资金支付实际必需的费用"，而一俟"农产品交易结束，信贷就应立即清偿"。

应当注意到，在美国专家的商业银行理念中，并没有出现同一时期法国、德国和日本那样受政府鼓励和资助的"产业银行"观念。为了加快本国的工业化进程，大部分后发国家都会创立某种形式的政府"产业银行"，在政府或拥有特殊权力的商业组织的领导下，产业银行有意识地积聚金融资源，以优先发展国家重视的工业部门。产业银行在一定程度上能取代私人商业银行的投资和融资功能，部分替代私人企业家的经营精神。[1] 然而，美国却从未出现过政府产业银行的对应物。在美国，与工业投资密切相关的是一类被称作"投资银行"的私人金融中介组织，它们是活跃的证券和股票交易商，是股份有限公司背后的金融控制机构。事实上，美国多次银行业恐慌与投资银行的过度投机有关，这使投资银行常常成为美国政府加强监管而非资助的对象。

总之，威利斯的国家银行经营理念主要源于进步主义时期美国国内的银行业改革经历。他相信在银行专家的指导下，政府商业银行能改善

1　〔美〕亚历山大·格申克龙：《经济落后的历史透视》，张凤林译，商务印书馆，2012。

菲律宾境内不合理的银行状况。银行专业的经营制度围绕着为市场提供"弹性货币"这一原则而设计，银行券发行和信贷主要跟随市场真实交易需要的变动而变动。理论上，只要严格遵循这一原则，银行就不会遭遇贷款无法收回、存款无法兑付的困境，能抵御各类市场突发状况而保持自身经营的独立性。然而，这些源自美国改革经历的银行经营规则却未必适用于菲律宾特殊的经济状况。

第三节　菲律宾人的经营理念及其对国家银行的管理

1918 年，菲律宾人维南西奥·康赛普西翁接替为期甚短的第二任行长塞缪尔·弗格森，担任国家银行第三任行长。康赛普西翁属于在西班牙殖民后期成长起来的菲律宾"知识分子"（ilustrado）阶层。菲律宾独立革命爆发后，他曾在米沙鄢联邦中代表卡皮兹担任联邦议员，后代表怡朗出席马洛洛斯国会。1898 年他被阿奎纳尔多将军任命为邦板牙军事指挥官。殖民文官政府组建后，他进入政府的国内税收局，在这一部门工作多年后升任国内税收局局长。1916 年国家银行组建后，部分凭借他的财政工作经历，部分依靠他与菲律宾政治领袖奥斯敏纳的关系，他入选银行董事会，成为掌握银行最高权力的董事会成员，主要负责银行的农业部门。

威利斯是来自美国的专业银行家，康赛普西翁则是从菲律宾财政部门提拔上来的本地官员。他们不同的职业经历使人们习惯于认为，两人分别代表了银行前后截然对立的经营方式。这样的叙述模式最早出现在伍德－福布斯特殊使团的报告中。在小标题为"菲律宾国家银行"的段落，使团论述了银行开业以来的经营方式：

> 银行的第一任主席来自美国，具有深厚的银行从业经验，但其任期甚短。之后另一名经验不足的美国人接替了他的职务。在

第二任美国官员去世后，一位完全没有银行从业经验的菲律宾人成了第三任主席。这导致了一系列的损失……我们的审查揭示了这样一个事实，即在任命威尔逊先生担任经理之前，该银行几乎在其经营的整个时期违反了审慎、明智甚至诚信所要求的每一项原则。[1]

特殊使团的说法出现在一个特殊历史时刻。当时美国需要决定是否按照 1916 年《琼斯法案》中的提议，在菲律宾建立起稳定政府后允许菲律宾立即独立。1920 年 12 月，威尔逊总统接受菲律宾总督哈里森的建议，向国会提议允许菲律宾立即独立。然而，这一议案出现在威尔逊即将离职的特殊时期，而民主党刚刚在大选中失利，共和党在参众两院都成为多数党。新上任的共和党总统沃伦·哈丁相信，威尔逊的提议不过是为了使他难堪，而实际情况是菲律宾在各方面都未做好最终独立的准备。为了回应威尔逊的提议，哈丁接受菲律宾前任总督卡梅伦·福布斯的提议，组建一支特殊使团，由菲律宾前摩洛省督列奥纳德·伍德和福布斯担任联合负责人，前往菲律宾实地考察后评估菲律宾独立的前景。[2]

特殊使团将银行的经营方式分为两种类型，代表了银行经营的两个阶段。他们认为银行第一任主席的特征是"来自美国"，"具有深厚的银行从业经验"，而第三任主席是"菲律宾人"，"完全没有从业经验"。第一阶段"为时甚短"，因此，银行还没有充足时间学习现代银行的经营规范。这导致它在第二阶段违反了银行业"审慎、明智甚至诚信所要求的每一项原则"，并引发了一系列灾难。

特殊使团的说法影响了后来的学术研究，学者们也常常采用这种二元对立的模式来看待菲律宾国家银行的经营方式。一名美国历史学家写道，菲律宾人的经营方式表明，他们不仅严重缺乏专业能力，而且常常

1　*Report of the Special Mission to the Philippine Islands to the Secretary of War*, p.38.

2　Vicente Angel S. Ybiernas, "Philippine Financial Standing in 1921: The First World War Boom and Bust," *Philippine Studies*, Vol.55, No.3(2007), pp.345-372.

出于私利和个人消费需要而挪用银行公共资金。[1]另一名政治经济学家采用了更一般的"私人利益"与"公共责任"这一二元对立的叙事，认为身处家族网络中的菲律宾官员更关心的是私人集团利益，而非整个国家的经济前途。当国家公共资源不幸被这些只关心私利的菲律宾人掌握时，系统性的腐败就发生了。[2]

然而，如果我们仔细比较1918年前后银行的经营方式，不难发现，康赛普西翁在接任菲律宾国家银行行长后，在制度和业务等诸多方面都延续了美国银行家的做法。最显著的是，银行的基本经营制度在1918年之后没有出现明显变化。在所有权和控制权方面，菲律宾政府依然凭借着银行股权结构牢牢掌控着银行。同样，银行的经营和管理依然由菲律宾和美国银行家共同组成的董事会负责。在康赛普西翁担任行长期间，一名美国银行专家J. 埃默尔·德莱尼（J. Elmer Delaney）被任命为副行长兼总经理。他是银行外务部门的负责人，拥有处置银行持有的外汇储备的巨大权力。银行自成立起就施行的"菲律宾化"政策同样得到延续。对此，为菲律宾人自治能力做辩护的马克西莫·加劳写道："菲律宾国家银行成立两年来取得的成功，证明了菲律宾人的商业才干。在菲律宾历史上，菲律宾人还是首次有机会成为大型银行机构的负责人。菲律宾国家银行的管理层几乎都是菲律宾人，与此同时，银行为其雇用的年轻人提供了掌握复杂的银行业务的机会，它将通过培养训练有素的银行职员来帮助组织和管理菲律宾未来的银行，这对菲律宾的商业繁荣而言是不可或缺的。"[3]

银行的一项关键业务常常被认为是菲律宾人曲解法律违规操作的结果，这就是银行所拥有的货币储备金的管理权，然而实际上这是银行建立以来的精心安排，是首任行长亨利·帕克·威利斯让专业的银行专门管理金融事务的计划的一部分。在银行组建的1916年，货币储备金还分

1　Peter Stanley, *A Nation in the Making: The Philippines and the United States, 1899-1921*, p.244.

2　Paul D. Hutchcroft, *Booty Capitalism: The Politics of Banking in the Philippines*, p.65.

3　Maximo M. Kalaw, *Self-Government in the Philippines*, New York: The Century Co., 1919, p.82.

散在金本位基金和银圆券基金两个账户下。随着两笔基金功能的交叉与混合，殖民政府修改法案，允许两笔基金合并为统一的货币储备金。之后，按照威利斯的设计和银行管理层的安排，货币储备金账户下的资金逐渐转移到国家银行名下。

不过，菲律宾人在一个地方改变了美国人的做法，那就是银行的信贷政策。与美国人相比，菲律宾人除继续为商业和贸易提供贷款外，也愿意为菲律宾企业家的农业综合工厂提供贷款。对此，康赛普西翁有清晰的认识，在回顾国家银行的经营历程时，他写道：

> 需要指出的是，如果国家银行是像威利斯博士所计划的那样，将大量信贷资源用于推动（美菲）贸易，而不是投资于糖业综合工厂和其他农业活动的话，该机构原本会因为市场预期的崩塌而遭受更沉重的灾难。[1]

康赛普西翁论述了他与威利斯在银行经营政策方面的主要区别。威利斯更愿意为商业和贸易提供短期贷款，这些贷款时限较短，交易完成后即可偿还，理论上不会让银行陷入无法兑付银行券的境地。然而，康赛普西翁相信，在"一战"后菲律宾出口贸易急剧衰退的经济大环境下，威利斯的设计会让国家银行面临更严重的困境。而他之所以觉得银行为农业综合工厂提供的贷款并没有为银行招来更大的危机，是因为这些贷款转化成了菲律宾出口农业的长期产能。在他写作《菲律宾国家银行的"悲剧"》的1927年，这些综合工厂生产的精炼蔗糖已成为菲律宾出口换汇的主要产品。[2]

康赛普西翁的说法与这一时期菲律宾国家银行的信贷扩张模式相符。1917年以后菲律宾国家银行的信贷扩张呈现两个重要特点：其一，

1　Venancio Concepción, *"La Tragedia" del Banco Nacional Filipino*, Manila: The Cellar Book Shop, 1927, p.35.
2　Venancio Concepción, *"La Tragedia" del Banco Nacional Filipino*, p.37.

贷款的总规模快速增长；其二，为农业综合工厂提供的长期贷款占银行总贷款的比重越来越高。

表6-1 菲律宾国家银行的总资产和贷款（1916—1922年）

年份	总资产（千比索）	贷款（千比索）	贷款比例（%）
1916	50786.5	13012.6	25.6%
1917	138276.1	40766.9	29.5%
1918	248798.1	139193.4	55.9%
1919	223141.7	130344.8	58.4%
1920	288441.4	151506.8	52.5%
1921	185631.1	122031.8	65.7%
1922	149429.6	130671.9	87.4%

资料来源：Yoshiko Nagano, *State and Finance in the Philippines, 1898-1941: The Mismanagement of an American Colony*, p.143.

如表6-1所示，在1916—1918年，菲律宾国家银行的总资产从50786500比索增长到248798100比索，贷款数额则从13012600比索增长到139193400比索。贷款占总资产的比例增长了约一倍。

与此同时，越来越多贷款流向农业综合工厂。1918年到1921年间，菲律宾国家银行同时为多座蔗糖综合工厂提供了长期贷款。其中规模最大的六座综合工厂（以其所在地命名）及资助规模分别是：伊萨贝拉1700000比索、马奥6350000比索、巴科洛德2900000比索、塔利赛3500000比索、邦板牙4500000比索、比纳尔巴干5000000比索。[1]

那么，菲律宾人为什么会采用这一新的信贷政策？这首先源于当时一项特殊的经济状况。1915年以后，菲律宾出口贸易急剧增长，货币供给亦随之急剧上升，大量现金资产涌向菲律宾国家银行。威利斯认为过多的长期贷款会侵蚀银行的兑付能力。然而，当时菲律宾国家银行面

---

1 John A. Larkin, *Sugar and the Origins of Modern Philippine Society*, Berkeley: University of California Press, 1993, p.156.

临的主要问题并非流动性紧张，而是资产的突然暴涨，银行需要为这些资金快速找到投资渠道。康赛普西翁描述了 1917 年到 1919 年菲律宾国家银行的经营状况：

> 当时银行的经济状况再好不过了。它拥有大笔流动资金，除了为私人账户支付利息外，它也严格按照要求向菲律宾政府、省和市政府支付日益增加的存款利息。银行经理德莱尼先生对银行的巨额资金充满信心。在弗格森先生的时代，银行一再拒绝接受政府每年支付的 1010000 比索的股份认购资金。当时国家银行的主要问题是为这些巨额流动资金寻找投资机会，以获得至少能支付其运营开支和存款利息的收益。[1]

正当银行亟需为大笔现金资产寻找投资途径时，恰逢菲律宾出口农业部门正在快速工业化，需要投入大量资金以购买美国的农业机械与农产品加工技术。1909 年《佩恩－阿尔德里奇法案》通过后，美菲自由贸易关系形成，菲律宾出口农业部门的工业化进程加速。银行之所以会将大笔贷款投向蔗糖、椰油和马尼拉麻等出口农业部门，是因为这些部门是当时菲律宾唯一的现代化经济部门。我们应当注意到，菲律宾的工业化是在"二元经济"的背景下展开的，现代化的出口农业部门是唯一需要投入大量资金、并依赖外来技术的部门。[2]

除银行资产急剧增长这一特殊情况以及菲律宾独特的经济结构外，从根本上来说，菲律宾人的经营选择受到他们的互惠观念的影响。菲律宾人常将银行家比作菲律宾企业家的"保护人"。银行的资金来自国家的税收，为此银行家有义务保护为国家经济做出贡献的菲律宾企业家。在解释建立菲律宾国家银行的原因时，康赛普西翁从银行与本国企业之间的关系的角度论述了银行的职责与目标：

1　Venancio Concepción, "*La Tragedia*" *del Banco Nacional Filipino*, p.18.

2　O. D. Corpuz, *An Economic History of the Philippines*, pp.235-256.

　　菲律宾国家银行的建立是为了满足该国商业、工业和农业部门的深刻需求。这对于任何人，甚至对于那些从未从事过经济活动的人来说，都不是什么秘密。在这家银行问世之前，菲律宾人已经将他们的资本和精力投入商业、工业和农业。但他们缺乏一个信用机构，缺乏一个能为他们提供必要的现金或信贷、帮助他们进一步扩展业务的金融机构。他们能获得的信贷援助非常有限，而且主要来自垄断了银行业务的外国银行机构；这些外资银行只有在他们的主要客户（绝大多数是外国人）有相关的业务需求，并要求银行为菲律宾人提供信贷便利时，才会为菲律宾人提供有限的帮助。由于这种状况，即使是农业——菲律宾主要的财富来源，由菲律宾人几乎完全独占和控制的唯一经济活动——也因缺乏信贷的强大支持而处于停滞和虚弱的状态。[1]

　　康赛普西翁认为，银行与企业家之间的互惠义务就像人与人之间的互惠关系一样，是一种普适的社会关系原则。国家银行的经营目标和它的价值应体现在它能否满足本国"商业、工业和农业部门的深刻需求"，银行的价值在于它能否与本国其他需要信贷援助的经济部门之间形成良好的"互惠关系"。他将这一点看作银行经营的"常识"，认为这一点对"任何人、甚至于那些从未从事过经济活动的人"来说，"都不是什么秘密"。在将"互惠"界定为银行经营的公正标准时，康赛普西翁也界定了与这一标准相背离的、非公正的"剥削"概念。这一概念体现在外资银行的行为模式中，他们受惠于菲律宾的经济机遇，却不愿为菲律宾人的经营需要提供信贷帮助，正是由于非公正的剥削状况的存在，菲律宾人陷入了经济困境。

　　康赛普西翁从银行经营的"互惠"式公正的角度来解释银行对菲律

<hr />

1　Venancio Concepción, *"La Tragedia" del Banco Nacional Filipino*, p.18.

宾企业家的"保护"。菲律宾国家银行的出现正是为了矫正外资银行对本国经济的"剥削"。它是为了菲律宾人的利益而建立的，它的主要资本来自国家的赋税，所以它更有义务回应菲律宾人的经营需要。如果银行没能为菲律宾企业家的事业提供互惠式援助，便与《菲律宾国家银行法案》中确立的经营目标背道而驰。尤其是当时的经济环境对菲律宾人的经营事业是如此有利，国家银行更应抓住机遇，为促进国民经济的整体繁荣做出自己应有的贡献。

在银行需要帮助菲律宾企业家抓住的机遇中，当时最重要的便是菲律宾出口农业部门的工业化。康赛普西翁写道："自国家银行成立以来，在银行农业部门工作的职员，一方面出于自己的信念，另一方面是根据农业发展政策的需要，他们特别注意蔗糖综合工厂的建设事业。"[1]

简言之，菲律宾人按照银行经营的互惠准则改造了美国人的政府商业银行的设计，使之适应菲律宾国民经济的现实需要。他们尤其重视为菲律宾企业家的农业综合工厂事业提供帮助，因为这是菲律宾当时最重要的经济现代化部门，被视作实现整体国民经济繁荣的关键。

综上所述，菲律宾国家银行在创办与经营的过程中，融合了美国商业银行理念、美国进步主义时期的"银行改革"观念和菲律宾人的互惠与社会公义理念，形成了一种混杂的现代银行经营方式。与美国银行家设计的商业银行模式相比，菲律宾银行家意识到本国金融体系承担着促进本国工业化的义务。在"一战"带来战时景气的背景下，他们利用当时特殊的经济环境改造了美国人设计的政府商业银行，使之适应菲律宾出口农业部门工业化的现实需要。菲律宾国家银行是菲律宾人在美国殖民背景下管理本国金融机构的重要实践，是菲律宾人探索本国金融现代化历程中的一段重要经历。

---

1 Venancio Concepción, *"La Tragedia" del Banco Nacional Filipino*, p.35.

·第三部分　菲律宾文化史·

第七章 技艺与审美的十字路口：
菲律宾的欧洲印刷品
与华人工匠

　　欧洲书籍在菲律宾群岛传播的历史可追溯至西班牙殖民时代早期。1574 年，在明朝海盗林凤袭击马尼拉后，马尼拉奥古斯丁会修道院图书馆被毁，不过被损毁书籍的详尽信息却保留了下来。[1]欧洲书籍在菲律宾的流传不仅促进了西班牙殖民地内部的文化交流和知识生产，也影响了在菲华人工匠，包括画师与刻工，因为他们为西班牙人制作书籍及手稿。

　　与欧洲书籍在新西班牙与秘鲁的研究相比，菲律宾书籍史受到学界的关注较少。受现存西语文献的影响，学术界对跨大西洋和跨太平洋书籍贸易兴趣程度有别。具体而言，菲律宾书籍史研究中的重大挑战之

1　Vicente S. Hernandez, *History of Books and Libraries in the Philippines, 1521-1900*, Manila: National Commission for Culture and the Arts, 1996, p.323.

一是贸易清单中缺乏对书籍商品的详细记录。欧文·伦纳德在墨西哥档案总馆的宗教裁判所（Inquisition）文档里发现了一份书籍清单，上面有 1583 年自墨西哥运往马尼拉的 54 种图书书名。[1]此外，约翰·克罗斯利从菲律宾藏欧洲善本书籍中识别出 24 本属于埃尔南多·德·里奥斯·科罗内尔的私人藏书，它们刊印于 1519 至 1593 年，现存于马尼拉圣托马斯大学图书馆（菲律宾最古老的天主教大学，1611 年建立）。[2]然而，16 世纪实际流入菲律宾的欧洲书籍必定远超过这些数目。

2015 年，马修·希尔的博士学位论文探讨了 1571—1821 年欧洲书籍在菲律宾的传播历史及印刷业在菲律宾发挥的作用。[3]根据希尔的研究，由于宗教、教育和娱乐等原因，菲律宾定期进口欧洲书籍，故而这处遥远的西班牙殖民地也出现了根植于欧洲传统的知识与文化。希尔强调，在西班牙殖民的 4 个世纪里，印刷业塑造了菲律宾的政治、社会与历史景观。然而，就 16 世纪而言，由于欧洲史料匮乏，希尔主要依靠伦纳德的研究来说明跨太平洋书籍贸易和欧洲书籍对菲律宾的影响。而且，希尔更强调这一时期中国书籍的传播和雕版印刷术在马尼拉的出现。

为规避 16 世纪菲律宾书籍史史料局限的问题，本章采取另一条路径，即以 1590 年代在菲制作的手稿与刊刻的书籍为切入点来探讨欧洲书籍文化对菲律宾产生的影响。相较于追溯哪些欧洲书籍被带到西属菲律宾，本章更关注 16 世纪末 17 世纪初欧洲印刷品对菲律宾书籍装饰的影响。扉页是欧洲书籍进入印刷时代的一个新特征。16 世纪末菲律宾出现的手稿和印刷书籍中也出现了大量插图、页面装饰及扉页，其制作者正是在菲华人画师和刻工，他们还受到当时中国书籍文化的影响。因

1　Irving Leonard, "One Man's Library, Manila, 1583," in *Books of the Brave*, 2nd ed., Berkeley: University of California Press, 1992, p.100.

2　John N. Crossley, "One Man's Library, Manila, ca. 1611: A First Look," *Script & Print* 30, no.4 (2006), pp.201-209.

3　Matthew Hill, *Intercolonial Currents: Printing Press and Book Circulation in the Spanish Philippines, 1571-1821*, PhD diss., The University of Texas at Austin, 2015.

此，本章将以 16 世纪末菲律宾制作的手稿和印刷品为例，勾勒 16 世纪中国（尤其是福建）与欧洲的书籍文化在西班牙殖民地产生的跨文化对话。

第一节　史料与分析框架

本章研究所采用的主要史料是《谟区查抄本》（*Boxer Codex*）。1947 年 7 月 10 日，研究伊比利亚与荷兰帝国历史的著名历史学家查尔斯·博克塞在拍卖会上购得了伦敦荷兰之家伊尔切斯特勋爵图书馆珍藏的一本配有精美插图的西语手稿。拍卖目录将它描述为 18 世纪制作的"东方"手稿，在 1940 年图书馆遭遇轰炸时奇迹般幸存。然而，当博克塞进一步研究手稿细节，尤其是抄写字体后，他意识到这份抄本的制作时间应该是 16 世纪晚期，且抄本来自西属菲律宾。1950 年，博克塞发表了他对这份抄本的研究，尤其强调了在菲华人对该抄本制作的贡献。[1] 如今，这部手稿被称为《谟区查抄本》，收藏于印第安纳大学伯明顿分校莉莉图书馆（LMC 2444）。

《谟区查抄本》是一份制作精美、插图丰富的 16 世纪晚期手稿。它可能是给西班牙国王或其他要人准备的礼物，以展示西班牙帝国在亚洲的殖民事业。该抄本共 612 页，包括 97 页彩插（每页以华美的边框和金箔装饰）和 318 页文字，共 22 个章节。[2] 抄本的第一页是一幅引人注目的 24 乘 8 英寸折页插图，描绘的是莱德隆群岛（Ledrones Islands，马里亚纳群岛旧称）的查莫罗人（Chamorro）在 1590 年左右迎接西班牙

1　Charles R. Boxer, "A Late Sixteenth Century Manila MS," *Journal of the Royal Asiatic Society* 82, no.1-2 (1950), pp.37-49.

2　编纂者只提供了 5 章的作者信息，其余 17 章作者不明。有明确作者信息的包括第 17 章里马丁·德·拉达神父对中国的论述，第 11 至 13 章里葡萄牙作者唐·若昂·里贝罗·盖奥及合作者的航迹图，第 14 章里米格尔·罗克索·德·布里托关于新几内亚的记载。

大帆船到来的场景。[1] 在该页图像后，以地理上的顺时针叙述结构，抄本各章介绍了东南亚与东亚区域地理及各族群：从菲岛各族开始，续以周围的东南亚岛屿与大陆，然后是日本，接下来将最重要的篇幅集中于中国的社会、历史、信仰、神奇动物等各个方面，最后以占城收尾。该抄本插图中约 40% 是各族群男女的图像，特别是展示了他们的服饰和阶级，其余则是华人信仰的众多神祇、《山海经》中的怪诞生物及各种鸟类。这些插图风格杂糅，融汇了中国风格的笔触和欧洲风格的图案及色彩，很可能是在菲华人画师在西班牙人授意下绘制的。然而，该抄本从未出版成书，甚至没有完稿。[2] 目前学者们也未在西语档案中发现证明该手稿的确切编纂时期、编纂者或赞助人、编纂目的、流传线索等等。不过，从内部文本和图像线索来看，《中国动物寓言》一章的图像底本很可能是 1593 年夏胡文焕刊印的《新刻山海经图》或其在日用类书中的衍生，这说明《谟区查抄本》的编纂不可能在 1593 年前完成。[3]

《谟区查抄本》制作于菲律宾印刷业初步兴起的时期，故本章使用的另一类史料是 16 世纪末、17 世纪初菲律宾出版的书籍。1593 年，马尼拉很可能出现了三册雕版印刷的宗教书籍。第一本是 1593 年春多明我会修士高母羡的中文著作《新刻僧师嚼咈羡撰无极天主正教真传实录》。该书扉页上有胡安·德·奎亚尔的签名，此人可能也是《谟区查抄本》的编纂者之一。[4] 另外两本书是不同语言版本的《基督教义》（*Doctrina Christina*）。一本是 1593 年方济会修士胡安·德·普拉森西亚出

1　查莫罗人是马里亚纳群岛中关岛（最大、最靠南的岛屿）的原住民。

2　参见 George Bryan Souza and Jeffrey Scott Turley, *The Boxer Codex: Transcription and Translation of an Illustrated Late Sixteenth-Century Spanish Manuscript Concerning the Geography, History and Ethnography of the Pacific, South-East and East Asia*, Leiden: Brill, 2015, "Introduction," pp.1-36.

3　具体细节见作者博士学位论文第四章。Niping Yan, *Making the Boxer Codex: Sixteenth-Century Book Cultures and Sino-Hispanic Interactions in the Philippines*, PhD diss., University of British Columbia, 2023.

4　见 Joan-Pau Rubiés, "El Códice Boxer como enigma," in Manel Ollé and Joan-Pau Rubiés eds., *Códice Boxer, El. Etnografía colonial e hibridismo cultural en las islas Filipinas*, Barcelona: Edicions Universitat Barcelona, 2019, pp.37-90.

版的《西班牙语与他加禄语基督教教义》，由马尼拉取得书籍许可证的华人基督徒胡安·德·维拉刊刻。另一本《汉字与汉语基督教义》未标出版日期，但可能刊刻于同一年。该书扉页信息称，它是由马尼拉华人区"涧内"（Parian）的 Keng Yong 出版的。许多学者认为 Keng Yong 和前述胡安·德·维拉可能是同一个人。[1]

16 世纪末到 17 世纪初，华人刻工和出版商在马尼拉相当活跃。上面提到的胡安·德·维拉不仅出版了前述中文版教义问答手册，17世纪初，他还出版了他加禄语和西班牙语的多种书籍。另一位佩德罗·德·维拉（可能是胡安的兄弟）在岷伦洛（Binondo，1594 年后马尼拉修建的华人区）出版了两本中文书籍，即多明我会修士罗明敖黎尼妈（Domingo de Nieva）的《新刊僚氏正教便览》（*Memorial de la Vida Christiana en Lengua China*，1606）和哆妈氏（Thomas Mayor）的《新刊格物穷理便览》（*Simbolo de la Fe, en Lengua y Letra China*，1607）。

虽然《谟区查抄本》和以上印刷书籍都制作于菲律宾，但它们面向的读者多是西班牙人，因而从视觉特征来看，这些书籍或手稿的审美是欧洲式的，尤其是它们的装饰性边框。从博克塞开始，学者们普遍认为《谟区查抄本》的装饰性边框受到欧洲《时祷书》（*Book of Hours*，一种天主教祈祷书）的影响。博克塞认为该抄本页缘边框呈现的狐狸、鸟类、蜜蜂和花卉纹样会让人联想到杰弗里·托里（约 1488—1533）设计并印刷的《时祷书》页缘边框装饰。[2]2010 年，约翰·克劳斯利与雷加拉多·特罗塔·何塞在圣托马斯大学图书馆发现了一份 16 世纪上半叶的

---

1 许多学者对马尼拉刊刻的中文书籍进行了研究，本文仅列举部分，如 Edwin Wolf, Doctrina Christiana, *The First Book Printed in the Philippines, Manial, 1593*, Library of Congress, 1947；方豪：《从中国典籍见明清间中国与西班牙的文化关系》、《明万历年间马尼拉刊印之汉籍》，见《方豪六十自定稿》下册，台北：学生书局，1969，第 1487—1517 页、第 1581—1524 页；戚志芬：《中非交往与中国印刷术传入菲律宾》，《文献》1988 年第 4 期；张西平：《菲律宾早期的中文刻本再研究》，《南洋问题研究》2010 年第 3 期；Lucille Chia, "Chinese Books and Printing in the Early Spanish Philippines," in Eric Tagliacozzo and Wen-Chin Chang eds., *Chinese Circulations: Capital, Commodities, and Networks in Southeast Asia*, Durham, NC: Duke University Press, 2011, pp.259-282。

2 Boxer, "A Late Sixteenth Century Manila MS," p.46.

《时祷书》手稿。[1] 克劳斯利和何塞推测这份手稿可能曾属于 1590 年代西班牙菲律宾总督戈麦斯·佩雷斯·达斯马里尼亚斯的妻子，戈麦斯和他的儿子先后担任总督，他们也可能是《谟区查抄本》的赞助人。圣托马斯大学稿本《时祷书》的边框纹样中出现了花朵、鸟类、蝴蝶、蜗牛等装饰元素，故克罗斯利与何塞认为制作《谟区查抄本》的华人画师可能见过圣托马斯大学《时祷书》稿本。然而，两位作者也承认《谟区查抄本》与圣托马斯大学稿本《时祷书》的边框并不一致，《谟区查抄本》的对称性装饰纹样与传统《时祷书》（尤其是圣托马斯大学这本）的非对称性特征并不一致。最近，詹妮弗·尼尔森认为，《谟区查抄本》的页缘边框设计更接近那个时期中国外销刺绣品的褶边，而非欧洲的《时祷书》。[2] 事实上，中国传统装饰图案不光被应用于刺绣品边缘，还被应用于各种工艺品、瓷器和建筑中。然而，16 世纪晚期，中国人并没有将这类装饰元素融入书页设计当中。1600 年以前，似乎只有金陵富春堂的印刷品有独特的回字纹边框图案，如《新刻出像音注司马相如琴心记》扉页所示（见图 7-1）。

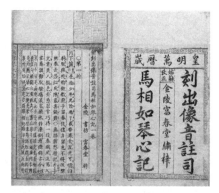

图 7-1　《新刻出像音注司马相如琴心记》扉页（金陵富春堂，万历时期）

1　John N. Crossley and Regalado Trota Jose, "The University of Santo Tomas Hours: Surprising Discovery of A Treasure," *Philippiniana Sacra* 46, no.138 (2011), pp.731-758.

2　Jennifer Nelson, "A Ming Chinese and Spanish Imperial Collaboration in Southeast Asia," *The Art Bulletin* 104, no.4 (2022), pp.20-45.

当进行书籍或书籍页面装饰设计时，虽然华人画师很可能受到欧洲书籍影响，但这个灵感来源不一定是某一特定的《时祷书》手稿或印本。这种带有花、鸟和动物主题的边框是常见的书籍内页装饰样式，在16世纪欧洲宗教及世俗性的书籍中均可看到。此外，随着16世纪印刷业蓬勃发展，这种装饰性边框也出现在欧洲各大书商出版物的扉页。

本章下面的内容将分五个小节论述这一时期欧洲印刷品对菲律宾手稿 / 书籍制作的影响，尤其是对中国画师和刻工的影响。首先，本章将利用之前的调查数据、档案资料及圣托马斯大学图书馆现存的欧洲书籍来说明16世纪欧洲书籍流入菲律宾的情况。其次，本章将深入探讨欧洲书籍的装饰边框从中世纪手稿时代到印刷时代的演变，尤其是印刷品扉页的装饰纹样的演变，将《谟区查抄本》同更加广阔的欧洲书籍文化联系起来。鉴于中国早于欧洲进入印刷时代，且16世纪福建建阳印刷的书籍也有自己的扉页特征，本章亦将讨论中文书籍的扉页，以分析欧洲书籍装饰技艺和审美在何种程度上影响了在菲华人画师和刻工。再次，本章将分析欧洲和中国书籍装饰传统对菲律宾早期印刷品的影响。最后，本章以17世纪中国书籍扉页的类似装饰性边框为例，进一步说明近代早期欧洲书籍装饰对东亚的影响。

第二节　欧洲书籍与菲律宾

1556年，费利佩王子加冕为西班牙国王费利佩二世后，颁布了一项皇室法令，要求西印度事务委员会审查北美及亚洲殖民地的书籍，并禁止在整个西班牙帝国内部印刷和销售未经许可的书籍。[1] 此后，任何人向海外殖民地运送书籍都需获得允准。例如，1588年，当多明戈·德·萨拉查神父即将启程前往菲律宾担任主教职务之时，他获准携

1　Indiferente 425, L.23, fols. 247r-248r. Archivo General de Indias (AGI), Sevilla, Spain.

带私人藏书，以供学习之用。[1] 两个月后，萨拉查又获准将某些关于礼拜仪式的材料带到菲律宾，包括 18 本祈祷书、18 本昼祷书、12 本弥撒书、4 本歌集与 12 本礼拜仪式所用的圣歌书。[2]

　　将书籍带到菲律宾的不光有宗教人物，还有殖民地官员和学者。1585 年，刚被任命为菲律宾法官的安东尼奥·里贝拉·马尔多纳多获准携带私人书籍前往东方。[3] 与之类似，1593 年，菲律宾代理总督安东尼奥·德·莫尔加获准将书籍带到群岛，既为自己研究之用，也为营造菲律宾的学术氛围。[4] 除此之外，天文学家杰米·胡安（1585）、法官阿尔瓦罗·罗德里格斯·桑布拉诺（1595）、财政官热若尼姆·德·萨拉萨与萨尔隆多（1595）、多明我会修士米格尔·德·贝纳维德斯（1596）、文书路易斯·奥提兹·德·帕迪亚（1597）及前文所提到科罗内尔（1607）等等，在前往菲律宾时都获得了许可证，获准将他们的书籍带到菲律宾。[5] 1590 年代，这些人不仅是菲律宾殖民地的官员，也是《谟区查抄本》可能的赞助者达斯马里尼亚斯父子的同僚和熟人。

　　虽然具体的图书清单已无从得知，但克罗斯利从圣托马斯大学图书馆现存的 16 世纪书籍里发现了属于科罗内尔的 24 本藏书。根据克罗斯利的分析，这些书主要是《圣经》注释，但有 4 本例外，分别是 1519 年版的阿尔伯图斯·麦格鲁斯的自然史著作《动物论》；1543 年初版的哥白尼《天体运行论》；1582 年出版的塞隆雷·拉奥的气象学著作《流星论》；1593 年出版的约瑟夫·斯卡利杰的《关于历法改进的研究》。[6] 虽然哥白尼的著作在这一时期被列为禁书，但初版《天体运行论》出现在马尼拉，表明该"异端著作"可能已经遍及西班牙帝国的全球殖民地。此外，这 24 本书当中，只有 2 本是在西班牙印刷的，分别是在萨

1　AGI, Filipinas 339, L.1, fol. 150r.

2　AGI, Filipinas 339, L.1, fols. 158r-159r.

3　AGI, Filipinas 339, L.1, fol. 322v.

4　AGI, Filipinas 339, L.2, fol. 44r.

5　AGI, Filipinas 339, L.2, fols. 110v, 111v-112r, 124r, 231v; Filipinas 36, N.21.

6　Crossley, "One Man's Library, Manila," pp.201-209.

拉曼卡和马德里，其他书籍则来自欧洲各大印刷出版中心，如安特卫普、巴黎、威尼斯、科隆和纽伦堡。

尽管菲律宾的许多欧洲书籍都毁于战乱，但圣托马斯大学图书馆还有一批幸存的藏书，仅 1600 年前出版的就有 466 本。[1] 进一步探索这些书籍，就会发现 16 世纪的西班牙帝国更多是一个书籍进口国。圣托马斯大学藏书中印刷时间最早的一本是 1492 年出版于塞维利亚的西语译本《犹太战争》，该书是弗拉维奥·约瑟夫斯（约 37—约 100 年）对第一次犹太—罗马战争的记述。虽然此书是拉丁名著的西语版，但圣托马斯大学现存的大部分书籍都是用拉丁语（它是当时欧洲的教会和学术语言）写作的。这些书籍印刷于欧洲的天主教与新教区域，包括巴黎、里昂、巴塞尔、威尼斯、罗马、安特卫普、法兰克福、科隆和都灵等城市。许多书籍也来自西班牙当时的印刷中心萨拉曼卡，但其数量无法同前者相比。圣托马斯大学图书馆目录中也包括伊比利亚半岛其他城市，如马德里、科英布拉、里斯本、塞维利亚、巴利亚多利德、埃纳雷斯堡、坎波城、托莱多、萨拉戈萨、瓦伦西亚、巴塞罗那和格拉纳达等地印刷的书籍。从圣托马斯大学图书馆现存的这些 16 世纪书籍的刊印地点范围来看，当时西班牙帝国的书籍贸易并没有受到天主教与新教区域区分的影响。

在贸易层面，书籍应是跨太平洋西班牙大帆船运输的常规货物之一。伦纳德在 1947 年发现的 54 部书是 1583 年的书商胡安·特雷维诺从墨西哥运往马尼拉的货物。[2] 这 54 部书多是流行纯文学和世俗非虚构作品，还有儿童读物和入门书籍。根据希尔的观点，特雷维诺是"墨西哥城的独

---

1 圣托马斯大学是马尼拉大主教、多明我会修士米格尔·德·贝纳维德斯于 1611 年创立的。这家天主教大学图书馆的收藏始于米格尔·德·贝纳维德斯神父的收藏及其他赞助者的捐献。在西班牙殖民时期，该大学的藏书规模迅速扩大，现在拥有菲律宾规模最大的珍本书籍。关于圣托马斯大学现存的欧洲珍本，参见 Fr. Angel Aparicio O.P. ed., *Catalogue of Rare Books: University of Santo Tomas Library,* Vol.1, Catalogue of Books Printed Between the Years of 1492 and 1600, Manila, Philippines: University of Santo Tomas Library, 2001。

2 Leonard, "One Man's Library," p.100.

立图书经销商，并同伊比利亚半岛上的印刷商、商人和图书经销商有着
紧密合作"，他还投资跨太平洋书籍贸易。[1] 因此，这 54 部书可能是特
雷维诺准备在马尼拉出售的书籍。此外，根据以下线索，希尔将特雷维
诺同萨拉查神父 1590 年致费利佩二世信中提到的一位马尼拉的墨西哥
装订商联系起来：[2]

　　　　让我们大家都兴高采烈的是，从墨西哥来了一名书籍装订工。
　　他携带书籍（来到马尼拉），开办了一家装订店，雇佣了一个"常
　　来"（在菲律宾的华人）帮他做事。然而，这个"常来"在主人没
　　有留意的时候偷瞄他如何装订书籍，所以不到 [空白] 他就离开了
　　那家店，说不愿再帮主人干活了，且开了家类似的店铺。我向陛
　　下保证，这个"常来"已经变成了非常优秀的工匠，逼得原主人
　　放弃这一行业，因为"常来"已经把生意都引了过去。他装订得
　　极好，所以不再需要西班牙人了。写信时我手里有一本拉丁语版
　　的 Nabarro 是由他装订的。在我看来，就算在塞维利亚，也不可能
　　装订得更好了。[3]

　　因近代早期欧洲的书籍装订与销售密切相关，且书籍装订工与销售
商的角色多有重合，希尔认为来自墨西哥的书商特雷维诺很可能就是信
中所说的来马尼拉的墨西哥书籍装订商。[4] 在早期欧洲书籍史上，书籍
装订并非在印刷环节完成，印刷出来的书页通常先堆在一起，在售卖环
节由书商装订。[5] 如果菲律宾也是这样的情况，那么书籍装订工很可能
参与到书籍销售。若此现象也适用于华人，那么前述"常来"此时或许
也参与了欧洲或中国的书籍贸易。同时，这个案例也展示了菲律宾手工

1　Matthew Hill, "The Book Trade in the Colonial Philippines," *Book History* 20, no.1 (2017), p.52.

2　Hill, "The Book Trade," pp.54-55.

3　Salazar, "The Chinese and the Parian at Manila," 24 June 1590, *BR*, Vol.7, pp.226-227.

4　Hill, "The Book Trade," p.54.

5　Alison Cullingford, *The Special Collections Handbook*, London: Facet, 2011, p.47.

业被华人垄断的过程。西班牙人将书籍装订知识传授给他们的"常来"仆从，华人学习到技艺后逐渐垄断了菲律宾的书籍装订行业，这可能为1590年代菲律宾印刷业的出现铺平了道路。

第三节　《时祷书》和《谟区查抄本》

15世纪后期欧洲主要国家引进印刷术后，一些之前流行的抄本出现了印本，迎合读者需求的新书籍类型也不断涌现。虽然《谟区查抄本》的装饰边框（见图7-2）可能受到手稿本或印本《时祷书》的影响，但这种装饰图样非《时祷书》（见图7-3）独有，亦见于类似的宗教仪式手稿，如祈祷书（见图7-4）和弥撒用书。随着1480年前后印刷机的兴起，这类原为特权阶层准备的奢华稿本的印刷版开始出现，尤其是在巴黎流

图7-2　《谟区查抄本》，约1590年代，第1页r。印第安纳大学伯明顿分校莉莉图书馆

图7-3　《时祷书》，约1515年，第21页，菲律宾圣托马斯大学图书馆

图7-4　卡斯蒂利亚的伊莎贝拉女王的每日祈祷书，约1497年，第309页v. 大英图书馆，Add.Ms. 18851

行。在欧洲印刷时代早期，虽然为贵族所制作的彩色印本书籍中的插图和装饰纹样还依靠手工上色，但较为便宜的普通印本也吸引了更多的社会阶层，包括商人，使这类书籍的市场需求不断扩大。[1] 以《时祷书》为例，在 1530 年前已出现了 1600 多个版本的《时祷书》，且 90% 以上是在法国生产的。[2]

虽然查尔斯·博克塞已指出 1542 年托里印版《为赞美至圣童贞玛利亚而作时祷书》（见图 7-5）的边框可能受到更早手稿彩饰中的花卉、鸟类、蝴蝶和其他动物形象的启发，16 世纪印刷的其他《时祷书》也具有类似的装饰特征。例如，由佛兰德斯著名雕刻师耶罗尼米斯·维里克斯镌版、由普朗坦出版社在 1570 年印刷的这本祷告书（图 7-6），但这些书中装饰性边框的图像及其非对称特征也与《谟区查抄本》有显著差别。

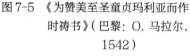

图 7-5 《为赞美至圣童贞玛利亚而作　　图 7-6 《至圣童贞玛利亚时祷书》
　　　　时祷书》（巴黎：O. 马拉尔，　　　　　　（安特卫普：普朗坦出版社，
　　　　1542）　　　　　　　　　　　　　　　　1570）

虽然《谟区查抄本》的设计灵感可能来自具体某本来到菲律宾的稿本或印本的《时祷书》，但必须指出的是，16 世纪流行印本《时祷书》的

1　Jonathan J. G. Alexander, *The Painted Book in Renaissance Italy: 1450-1600,* New Haven: Yale University Press, 2016.

2　Mary Beth Winn, "Printing and Reading the Book of Hours: Lessons from the Borders," *Bulletin of the John Rylands Library* 81, no.3 (1999), pp.177-204.

页边插图已转向另一种风格，即"图像故事"。以巴黎印刷商和著名刻工菲利普·皮古谢印行的《罗马礼仪时祷书》（1504）（图7-7）为例，页边插图呈现了各种"图画故事"以对应该页的拉丁文本。玛丽·贝斯·温研究认为这些图像对于教会的信徒来说是非常重要的。[1] 尽管每页的图画故事按照自己的节奏和顺序推进，但它们同中间的礼拜仪式文本有紧密的关系，因此对于不精通拉丁语的信徒来说，他们可以在图画故事的帮助下想起那些拉丁文诗句并阅读这些祷告书籍。[2]

图7-7　《罗马礼仪时祷书》（巴黎：菲利普·皮古谢，1504）

虽然《时祷书》的装饰风格有重要的转向，但以花鸟动物为装饰性的边框仍在欧洲蓬勃发展，应用于各种类型的书籍。以前述位于安特卫普的普朗坦出版社为例（这是16世纪欧洲最成功的印刷商），他们的出版物当中也出现了大量应用此类页面装饰的书籍。在同普朗坦出版社紧密合作的佛兰德斯雕工约翰内斯·维里克斯和前述耶罗尼米斯·维里克斯创作的插图中也常见这样的例子，如1571年出版的《人类救赎纪念》（见图7-8），1573年出版的《圣母玛利亚的圣职仪式》等等。由此可见，这种装饰性边框的样式不仅在同一类型的书籍内

图7-8　《人类救赎纪念》（安特卫普：普朗坦出版社，1571）

1　Winn, "Printing and Reading the Book of Hours," p.183.

2　Eamon Duffy, *The Stripping of the Altars*, Yale: Yale University Press, 1992.

出现，还扩展到同一出版社所出版的不同类型书籍，因此它代表的是一种流行的书籍装饰文化。这种情况下则需进一步考虑书籍从稿本时代到印刷时代发展过程中出现的新特征。

第四节　书籍扉页

16 世纪欣欣向荣的图书行业在经济上激励了出版商，促使他们在出版物中加入新的特征以吸引读者。中世纪的欧洲手稿通常没有标题，文本的开始通常由拉丁文短语"*incipit*"（始于此处）标记。而书籍扉页或者说标题页的出现则是书商对印刷时代书籍大规模生产和销售的回应。[1] 随着古腾堡印刷机的引入，越来越多无法立即装订和出售的书籍复本出现。书商们逐渐选择用一张空白页覆盖和保护这些印好的散装书页，并在空白页上添加识别书名、作者及印刷商等信息的标签。这种信息页逐渐演变成了扉页或者说标题页。而自 1485 年起，威尼斯印刷品的扉页上出现了图像装饰。因此，扉页是印刷时代书籍的重要特征。

书籍扉页是吸引读者的第一道大门，扉页上的文字与图像内容也使读者们能联想该书的具体内容，塑造他们对书籍的期待与购买欲望。[2]因此，以牟利为目的的印刷商肩负着设计扉页的任务。欧洲书籍扉页上出现的元素通常有建筑物，作者肖像，印刷商的徽标、会徽、格言等等，而装饰性边框也是一个常见的元素。例如，1579 年由普朗坦出版社刊行的《伦理寓言集》（见图 7-9）扉页上就有点缀着各种鸟兽的装饰性边框。《伦理寓言集》以不同动物为主角进行道德教育，该书扉页的装饰边框正好呼应了这个内容，以吸引可能对此书感兴趣的读者，这

1　Margaret M. Smith, *The Title-Page: Its Early Development, 1460-1510*, London: The British Library; New Castle, DE: Oak Knoll Press, 2000.

2　Gitta Bertram, Nils Büttner, and Claus Zittel, *Gateways to the Book: Frontispieces and Title Pages in Early Modern Europe*, Leiden: Brill, 2021.

是一种营销策略。[1]

检视书籍扉页的装饰性边框，在 1542 年托里《时祷书》之前，这种花卉和动物图案的装饰边框已出现在诸多书籍的扉页上。以路易斯·罗德里格斯、若昂·德·巴雷拉、若昂·阿尔瓦雷斯及热尔曼·加尔哈德四位葡萄牙印刷商的作品为例，可以看到这种样式的扉页在 16 世纪的伊比利亚半岛广泛流行。1540 年，罗德里格斯在里斯本印刷了《葡萄牙文语法》（见图 7-10），该书扉页的装饰性边框中出现了鸟类、蜜蜂、蝴蝶

图 7-9　《伦理寓言集》（即《伊索寓言》，安特卫普：普朗坦出版社，1579）

和花卉图像，以不对称的方式排布。同年，罗德里格斯对原先的刻板进行了微调，然后将该扉页设计应用在《基督的耐心》（第一册）上。塞莱斯特·佩德罗认为这种独特扉页是此时语法书扉页的常见形式。[2] 她指出，耶罗尼莫·卡多索的《语法学》（1552 年由巴雷拉在里斯本印刷）和《希伯来语语法》（1566 年由阿尔瓦雷斯在科英布拉印刷）的扉页也采用了同样的版刻。[3] 在语法书以外，类似的雕版其实也应用于 1540 年前后的非语法类书籍扉页。在 1536 年前后，里斯本的一位印刷商加尔哈德为《教父目实践》设计了类似的扉页（见图 7-11）。1540 年，加尔哈德将这一扉页的雕版用于《圣地亚哥骑士团规章》。前述罗德里格

1　Alastair Fowler, *The Mind of the Book: Pictorial Title pages*, Oxford and New York: Oxford University Press, 2017.

2　Celeste Pedro, "A Sixteenth-Century Board Game by João de Barros," in Alexander S. Wilkinson ed., *Illustration and Ornamentation in the Iberian Book World, 1450–1800*, Leiden: Brill, 2021, pp.284-314.

3　Jerónimo Cardoso, *Grammaticae introductiones breviores & lucidores*, Lisboa: João de Barreira, 1552.

斯和加尔哈德关系密切，他们似乎共享一些扉页雕版。除开已提到的
书籍，阿尔瓦雷斯刊印的《海战艺术》（1555）和巴雷拉印刷的三本书
也都采用了这种式样的边框装饰，后者即《我们救赎历史的第二部分》
（1554）、《论特权与特殊权利》（1557）和《一篇值得注意的论文：记述
一位农夫与波斯国王阿尔萨诺之间的对话》（1560）（见图7-12）。[1]

图7-10 《葡萄牙文语
法》（里斯本:
路易斯·罗
德里格斯,
1540）

图7-11《教父目实践》
（里斯本：热尔
曼·加利亚德印
行，约1536）

图7-12 《一篇值得注意的
论文：记述一位
农夫与波斯国王
阿尔萨诺之间的
对话》（科英布拉:
若昂·德·巴雷
拉，1560）

　　以上仅是针对四位葡萄牙印刷商刊印的书籍扉页的考察。而若将视
野投向16世纪欧洲各地印刷的书籍扉页，则会发现以这些花卉、动物、
蝴蝶和鸟类图案装饰的边框也是欧陆广泛流行的样式。在德意志（见图
7-13）、尼德兰、法国、葡萄牙和西班牙印刷的书籍里都可以找到带有

1　Leonor de Noronha, *Esta he a segunda parte da historia de nossa redenção*, Coimbra : João de Barreyra, 1554;
　　Ruy Gonçalves, *Dos privilegios e praerogativas*, Coimbra: João de Barreyra, 1557; Codrus Rufus, *Tratado
　　notavel de huma pratica*, Coimbra: João de Barreira a custa de Miguel Maceyra, 1560; Fernando Oliveira,
　　Arte da guerra do mar, Coimbra: João Álvares, 1555.

图 7-13 《德语诗篇》（纽伦堡：弗里德　图 7-14 《至圣童贞玛利亚时祷书》
　　里希·佩普斯，1525）　　　　　　（安特卫普：普朗坦出版
　　　　　　　　　　　　　　　　　　社，1570）

这些装饰元素的扉页。相比于意大利与法国在印刷品技艺方面过于复杂的精美扉页，这种较为简洁的边框更易效仿。此外，尽管尼德兰的加尔文主义运动反抗西班牙的统治，但西班牙与低地国家出版业仍有着密切关系，尤其是前面提到的普朗坦出版社，该出版社将这种边框广泛应用于各种书籍的扉页（见图 7-14）和内页，促进了这种艺术风格的流行。如图 7-14 的这本《时祷书》，其扉页和内页就采用了相同的装饰性边框。

　　以圣托马斯大学所存 16 世纪书籍的目录为线索，可见从欧洲被带到菲律宾的大量宗教或世俗著作都有着精美的扉页。虽然在菲律宾现存欧洲印刷品中无法找到与《谟区查抄本》风格一致或类似的装饰边框，但我们无法忽视大量印刷书籍，尤其是它们扉页所呈现的视觉特征，可能给 16 世纪华人画师和工匠带来的审美影响。相较于需要翻动书页才能见到的内页插图和边框装饰，扉页在视觉引导上更加直接，能够快速让非欧洲人熟悉欧洲书籍的平面装饰艺术和审美特征。当

然，为《谟区查抄本》制作装饰性边框的华人画师现实中可能接触到
西班牙人带来马尼拉的《时祷书》手稿或印本，但因为这种装饰边框
出现在欧洲各种书籍的扉页与内页，所以华人直接的参考对象或灵感
来源可能是多重的，而且他们可能根据自己的审美经验进行了微调，
比如增加了边框的对称性。

最后，由于中国早于欧洲进入印刷时代，且书籍扉页早已出现，
中国书籍已有的内页与扉页装饰特征对于华人画师、工匠必然也有较
大影响，在此有必要简短介绍 16 世纪中国印刷品的扉页。不晚于元代
至治年间（1321—1323），中国书籍中已出现了扉页插图。在现存的
五本讲史话本（即"平话"）中可以看到这些扉页，如《至治新刊全
相三国志平话》（见图 7-15）的扉页上出现了书名、出版者、出版时

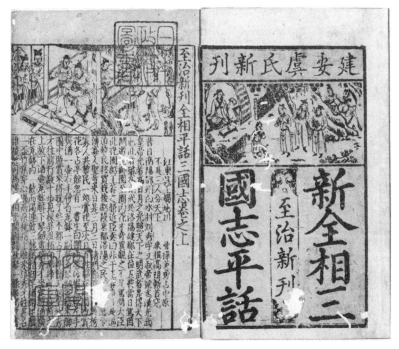

图 7-15　《至治新刊全相三国志平话》（建安虞氏，1321—1323）

间、出版地及图像插画等信息。这些"平话"都是由福建建安（即建阳）虞氏书坊所刻。以《全相三国志平话》为例，该书扉页与内页均遵循传统的"上图下文"格式，扉页插图描绘的是刘备三顾茅庐的故事，起引导读者并预告内容的作用。

在晚明时期，福建建阳以"谋利而印"的出版商给书籍的扉页增添了更多特色。[1]以著名建阳书商余象斗所刊日用类书《新刻天下四民便览三台万用正宗》（1599）为例，该书的扉页上除了插图和书名，还

图 7-16　《新刻天下四民便览三台万用正宗》（建阳余氏双峰堂，万历二十七年）

加上了书商印章（篆书"余氏双峰堂"）充当防伪标签，并出现了一长段广告词。扉页广告是 11 世纪以后中国书籍商业化发展过程中出现的特色。到了晚明，扉页广告成为向目标读者推销书籍的重要策略之一。[2]余象斗在《三台万用正宗》的扉页（见图 7-16）上宣称：

坊间诸书杂刻，然多沿袭旧套，采其一去其十，弃其精得其粗，四方士子惑之。本堂近锓此书，名为万用正宗者，分门定类，俱载全备，展卷阅之，诸用了然，更不待他求矣。买者请认三台为记。

1　关于建阳刻书，见贾晋珠《谋利而印：11 至 17 世纪福建建阳的商业出版者》，邱葵、邹秀英、刘倩等译，福建人民出版社，2019。

2　关于明代图书广告，见王海刚《明代书页广告研究》，岳麓书社，2011。

在这则广告当中，余象斗通过批评其他日用类书因袭的编纂和粗糙的印刷来展示这本新刊图书编辑权威和印刷精良。另外，余象斗的批评也反映了16世纪末日用类书这类书籍的流行趋势及其激烈的出版竞争。在这种激烈的竞争下，为了吸引读者，书名往往十分冗长，以将各种带有销售策略的词语纳入书名，例如"新刊""新刻""新锲""全补""纂图""全相""出相 / 出像""绣像""京本""批点"等等，以强调其编辑和印刷水准。除此之外，像余象斗这本《新刻天下四民便览三台万用正宗》则是将目标读者融入书名，以体现该书服务于"四民"的需求。

第五节　菲律宾早期印刷品

由华人刻工和出版商参与制作的菲律宾早期印刷品都有独特的扉页，这反映了华人工匠在技艺和审美层面向欧洲书籍装饰学习，这一点与《谟区查抄本》一致。然而，菲律宾早期印刷品的读者群更为广泛，并非仅有西班牙人（尤其是传教士），故这些出版物的扉页相比《谟区查抄本》的边框装饰，所呈现的文化元素更为多样。本节将一一分析这些16世纪末和17世纪初菲律宾早期的印刷出版物。

高母羡神父（Fr. Juan Cobo）《辩正教真传实录》（1593）的扉页（见图7-17）遵循的是"上图下文"的中式传统。扉页插图绘的是一位多明我会修士正将书籍送给一位中国学者，后者向修士鞠躬，以表达对这份知识礼物的感激。二人背后的建筑风格迥异，反映了他们不同的文化渊源。从内容看，《实录》并非供神父日常在华人天主教徒中传教使用，而可看作是一本宗教论文集，向有学识的中文读者说明天主教与儒家哲学的一致性，以及佛教的虚妄。[1] 该书的中文标题是竖写的，标题体现了中国书籍的广告特征，如"新刻""真传"，而扉页具体的广

1　金应熙主编《菲律宾史》，河南大学出版社，1990，第172页。

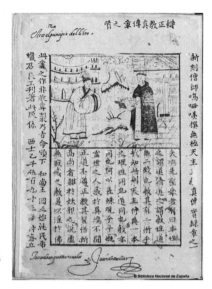

图 7-17 《辩正教真传实录》（马尼拉，1593）

告词中也出现"良工""此原版"之类的词语，以强调该书的印刷质量。《实录》的印刷商非常熟悉上一节中所讨论的中国书籍营销策略，认定这样的扉页会吸引菲律宾的华人读者。

1593 年菲律宾出版的两本《基督教义》则应置于更广阔的背景下理解——在 16 世纪，伊比利亚半岛及西班牙帝国的全球殖民地都出版了类似的双语教义问答手册。1540 年代，康斯坦丁诺·庞塞·德·拉·富恩特神父，作为菲利普亲王的牧师，用卡斯蒂利亚语写作了好几本颇有影响力的教义问答手册，包括《基督教教义总纲》（1543）、《基督教教义问答》（1547）、《基督教教义》（1548）。这三本教义问答手册在西班牙、葡萄牙、佛兰德斯和西班牙海外殖民地广泛流行并被不断重印。[1]此后，西班牙的神父又编写了几部双语教义问答书，以指导西班牙帝国内讲其他语言的新臣民。例如，佩德罗·德·甘特神父编纂了纳瓦特尔语版的

1　Michel Boeglin, "Doctor Constantino's *Doctrina Cristiana*: Divine Compassion and True Faith in the Work of a Sixteenth Century Converso Author," in Kevin Ingram, ed., *The Conversos and Moriscos in Late Medieval Spain and Beyond*, Vol. 4, Resistance and Reform, Leiden: Brill, 2021, pp.95-110.

《墨西哥语言基督教义》(1547)，希望帮助新西班牙殖民地的阿兹特克
民众领悟到更加正统的基督教义。1566年，马丁·佩雷斯·德·阿亚拉
神父的《阿拉伯和卡斯蒂利亚双语基督教教义》出版，该书是为1492
年后伊比利亚半岛改宗天主教的穆斯林（即摩里斯科人）而作。1571年，
墨西哥当地的印刷商刊行了胡安·德·拉·克鲁兹所著《瓦斯特克语与
卡斯蒂利亚语基督教教义》，以指导瓦斯特克人（玛雅人）皈依天主教。
以上这些《基督教义》，包括刊刻于菲律宾的他加禄语和中文版本，都
遵循了共同的理念：传教士希望以殖民地"他者"的语言来更好地指导
这些新皈依的群体。[1]

图 7-18《西班牙语和他加禄语基督　　图 7-19《瓦斯特克语与卡斯蒂利
　　教教义》(马尼拉，1593)　　　　　　亚语基督教教义》(墨西
　　　　　　　　　　　　　　　　　　　哥：佩德罗·奥查特印刷
　　　　　　　　　　　　　　　　　　　　　所，1571)

1　有学者认为中文和纳瓦特尔语教义问答书的创作具有可比性，参见 Miguel Ángel Medina,
　 *Paralelismo entre la 'doctrina christiana en lengua española y mexicana' y la 'doctrina en lengua china' (México
　 1548-Manila 1593)*, Navarra, Spain: Servicio de Publicaciones de la Universidad de Navarra,1990.
　 https://dadun.unav.edu/bitstream/10171/4858/1/MIGUEL%20ANGEL%20MEDINA.pdf。

　　1593 年，当华人在菲律宾刊印两本《教义问答》时，其扉页设计必然也参考了之前出版的其他语言的教义问答手册。《西班牙语和他加禄语基督教教义》（1593，图 7-18）的扉页可能效仿了 1571 年《瓦斯特克语与卡斯蒂利亚语基督教教义》（图 7-19）的扉页图像——装饰性边框环绕下的圣徒，这个图像在更早的《基督教义》类型书籍中已经出现，如1575 年在墨西哥刊印的《非常完整的基督教义》。在《他加禄语基督教义》的扉页，多明我会的创始人圣多明我右手持百合花，左手持书。这一人物图像则可能参考了其他书籍中多明我会的圣徒图像，例如《我们的神父圣多明我的生平》（1521）的扉页或者是《圣徒之花》（1513）第114 对开页中的插图。[1] 汉语本的《基督教义》的扉页（见图 7-20）展示

图 7-20《汉字与汉语基督教教义》　　图 7-21《阿拉伯语和卡斯蒂利亚语基督
　　　（涧内：Kong Yong，约　　　　　　教教义》（瓦伦西亚：胡安·梅
　　　　　　1593）　　　　　　　　　　　　伊，1566）

1　Diogo de Lemos, *Começase a vida de nosso padre sam Domingos*, Lisboa: Germão Galharde, 1525. See Paula Almeida Mendes, "Visual Culture in the Hagiographies and Sacred Biographies of Early Modern Portugal," in *Illustration and Ornamentation in the Iberian Book World*, pp.211-239.

的是多明我会的纹章，与原本卡斯蒂利亚语《基督教义》（1548）及《阿拉伯语和卡斯蒂利亚语基督教教义》（1566）（见图7-21）类似。因为汉语《基督教义》是为在菲西班牙神父而编的，故其扉页是完全欧洲式的，且所有信息用西语表述，只有内页信息才转成中文，这说明出版商并不指望皈依天主教的底层华人会购买这本汉语《基督教义》。在语言风格上，因菲律宾华人主要说闽南语，中文《基督教义》用闽南口语编写，而《实录》则是以文言文撰写。

　　同样的扉页区别还出现在1606年和1607年菲律宾印刷的两部中文天主教书籍，它们也有着不同的目标读者。1606年的《新刊僚氏正教便览》（见图7-22）也是用闽南口语撰写的，扉页采用了欧洲风格，目标读者为西班牙传教士。1607年《新刊格物穷理便览》的扉页（见图7-23）则展示了一种杂糅的审美，模仿欧式的装饰边框内是中文的书籍信息。该扉页正中的图像是一座坟墓上的十字架，两旁是一段广告语："山答

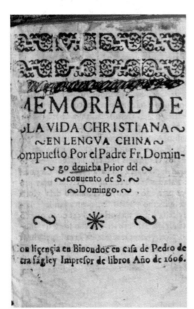 

图7-22 《新刊僚氏正教便览》（岷　图7-23 《新刊格物穷理便览》（岷伦
　　　 伦洛，1606)　　　　　　　　 洛，1607)

罗曰此世上绝无余事物可欣吾心，唯有咱本头西士奇厘实道居律氏记号而已。""山答罗"对应"圣保罗"（San Pedro），"奇厘实道"应是闽南语对西语"耶稣"（Jesucristo）的音译，"居律氏"对应西语的"十字架"（Cruz）。较之1593年《实录》，1607年《新刊格物穷理便览》的扉页广告出现了更明确的天主教人名和术语，这暗示着该书的目标华人读者已熟悉天主教的基本概念，且这些闽南话音译的术语已经广泛流传。

以上在菲华人胡安·德·维拉和佩德罗·德·维拉所制作扉页的审美样式说明了中欧书籍在菲律宾的影响。每本菲律宾早期印刷品的扉页都是为迎合特定读者群而专门设计的，这背后是西班牙传教士与中国刻工的沟通和协同努力。当目标读者是菲律宾的华人时，书籍扉页设计就遵从中式风格与审美，而针对西班牙传教士的书籍扉页则采用了欧洲风格。不过，菲律宾印刷的中国和欧洲风格的书籍扉页都运用了装饰性边框元素，这说明当时很多被带到菲律宾的欧洲书籍都有着这种风格，且这种风格容易模仿，受到华人工匠的欢迎。因此，当华人画师为西班牙人制作《谟区查抄本》的插图时，用装饰性边框来美化插图页面便是很自然的决定，一方面是迎合西班牙人的审美，另一方面因为技艺容易模仿。他们可能受到欧洲书籍扉页风格的启发而非直接照抄某本《时祷书》。此外，在菲华人画师也对风格进行了调整，用对称的设计替代了不对称的图像。

第六节　中国书籍扉页的装饰性边框

虽然以精美边框装饰《谟区查抄本》可能是西班牙人的要求，但从这一时期及之后东亚书籍的扉页来看，这种欧洲风格扉页的影响远超出了吕宋岛，对日本和中国的印刷品也产生了一定影响。与菲律宾的案例类似，这种审美风格在东亚的接受与传教士将欧洲书籍带到中国与日本有关。本章最后一节将以一些17世纪中国印刷品的扉页为例，说明欧洲

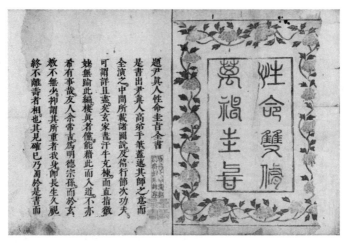

图 7-24 《性命双修万神圭旨》（1615）

书籍装饰风格在亚洲的广泛影响。

1615 年吴之鹤的《性命双修万神圭旨》（见图 7-24）是现存中国书籍扉页上出现彩色边框（牡丹纹样装饰）的一个早期案例。此书迎合了晚明精英对道教"内丹"实践的兴趣——"内丹"旨在寻求一种超越个体和宇宙的存在状态。[1]遗憾的是，目前并没有太多关于 1615 年版《万神圭旨》的具体出版和印刷信息。因《刻性命圭旨缘起》版心下方存黄伯符刻，故此书可能刊刻出自徽州刻工之手。[2]从技艺来看，扉页有着精细的以花卉点缀的彩色边框，且插图的质量也较高。

还有两本人瑞堂刊刻的书籍，其扉页边框同《谟区查抄本》更加接近。从书籍内容和刊刻水平来看，人瑞堂应是一家建阳地区的商业出版机构。《新刻人瑞堂订补全书备考》（图 7-25）属于前文提到过的晚明

1　关于《性命圭旨》一书，参见 Daniel Burton-Rose, *Integrating Inner Alchemy into Late Ming Cultural History A Contextualization and Annotated Translation of Principles of the Innate Disposition and the Lifespan (Xingming guizhi) (1615)*, PhD diss., University of Colorado at Boulder, 2009。

2　见国家图书馆对该书介绍：https://www.nlc.cn/newgtkj/shjs/201809/t20180907_172167.htm。

图 7-25　《新刻人瑞堂订补全书备考》（人瑞堂，1641 年前刊刻）

日用类书。此书扉页边框里装饰着花卉和蝴蝶，这些图像的位置是对称的，但它们的图案细节却又有所不同。《新刻钱希声先生四书课儿捷解》（见图 7-26）是刊刻于清代康熙年间的一本儒家经典入门指南，其扉页的边框以花卉装饰，但依旧是不对称的风格，与欧洲风格一致。这些扉

图 7-26　《新刻钱希声先生四书课儿捷解》（人瑞堂，康熙时期）

页装饰揭示了中国书商和书籍刻工受到传入亚洲的欧洲书籍的影响，他们模仿了欧洲的技艺，接受了边框装饰在书籍扉页应用的审美。

　　本章从欧洲书籍的装饰性边框出发，以《谟区查抄本》和菲律宾早期印刷品的制作为例，考察了16世纪欧洲书籍在菲律宾的历史以及对华人工匠的影响。当时欧陆各大出版社普遍将装饰性边框应用于各类书籍的内页和扉页，而这些边框亦展示了欧洲书籍装饰艺术自抄本到印刷时代的演变。因16世纪中欧均处于印刷出版的黄金时期，本章进一步强调了书籍扉页的重要性，这是印刷时代出现的书籍特征之一。虽然欧洲和中国书籍的扉页均展示了类似的插图元素，且不晚于11世纪中国书籍就已出现了扉页，但书籍扉页在16世纪的欧洲迅速流行开来，并被确立为一种重要艺术形式。因此，当近代早期欧洲书籍被带到亚洲后，其装饰风格对在菲律宾的华人有着重要的影响——他们从这些装饰元素中学习欧洲艺术的技艺与审美，吸收和调整这种书籍装饰风格，并为在菲西班牙人制作他们需要的手稿插图和书籍扉页。此外，17世纪中国（以及本章没有讨论的日本）印刷品扉页上也出现类似装饰性边框，说明了这种流行的欧洲书籍装饰对东亚书商、刻工和书籍制作产生的影响。

第八章 文化展演视角下的菲律宾民间宗教游行

菲律宾是个节日的王国，一年中大大小小的宗教节日贯穿始终，是其宗教文化遗产中重要的"活形态"遗产。除了天主教徒普遍庆祝的圣诞节、万圣节、复活节之外，充满地区特色的宗教节日更是不胜枚举，如卡利博市的"阿提－阿提汉节"（Ati-atihan Festival）、宿务的"西卢罗节"（Sinulog Festival）、帕基尔的"图鲁姆巴节"（Turumba Festival）等等。这些节日活动无论从表现形式还是文化内涵来说，都与正统的天主教节日仪式大相径庭，颇具浓郁的地方特色，不仅反映了菲律宾民族的历史和宗教信仰，而且贯穿在其中的歌舞、选美、戏剧以及各种竞赛活动还充分体现了菲律宾民众知足常乐的天性以及丰富的想象力和创造力。节庆仪式主题通常是敬拜天主教信仰的神灵、圣人，但其表达形式却很本土化，通常采取大众参与的、室外的、混乱的、世俗的方式进行，与正统的、一板一眼的天主教仪式大相径庭。这些宗教节日庆典被认为是"民间天主教"（Folk Catholicism）的表现形式，集中体现了天主教信仰、菲律宾原始宗教、民间传统文化的融合。

经历了长期殖民文化的影响后，菲律宾的民间节庆体现出以天主教为代表的外来宗教与本地民间信仰习俗杂糅共存的特点。从更广袤的东南亚地区来看，在当地流传甚广的佛教、道教、伊斯兰教、基督教、印度教都不是在东南亚发源的，却拥有广大的信众。他们的宗教信仰与宗教发源地相比，融入了更多自身的特色。可以说东南亚人民所信奉和力行的宗教是一种混合形态（Syncretism，或译"融合""综摄"），融合了大量东南亚本地信仰，以及经过外来移民所传播的宗教习惯。在探讨菲律宾的民间天主教节庆时，既往研究通常极力区分"正统"与"民间"，"神圣"与"世俗"，认为节庆活动中展现的菲律宾民间天主教信仰兼具官方与非官方的两面性。民间宗教（folk religion）的存在提供了一种可能性，即大、小传统是可以共存、融合在一套宗教行为中的。

随着笔者对菲律宾民间节庆的观察与思考逐渐深入，渐渐觉得这种绝对的二元对立以及过于笼统的宗教融合似乎还不能准确解释菲律宾民间节庆这种文化现象。在全球化时代，任何一个国家都不可避免地面临外来的影响。虽然在可以预见的未来，世界各地的文化还不至于趋同，但不同文化之间的交往、碰撞却越来越多，每个国家的文化都可以用"混血儿"来比喻，更不用说世界范围内大量流动着的移民群体所代表的文化新形态。因此，即便在民间宗教的普遍理论框架下，亦有必要从菲律宾特殊的历史和现实视角来重新认识民间节庆这一文化现象。笔者选取的考察对象是民间节庆活动中表达最为热烈、直观的宗教游行。

第一节　从民间天主教到文化展演

在菲律宾，游行（巡游）在很多节庆活动中都能见到。早在1898年，就有图片记录了棉兰老岛三宝颜市得土安的小学生参加天主教四旬斋游行的情形（见图8-1）。图片上，小学生穿着整齐划一的服装参加天主教活动。男孩、女孩组成不同的队列，男女老师也各自形成队伍，穿着那个时代较为正式的服装，女性还戴上头纱。游行队伍前方还有一个男孩和女孩分别举着巨大的木质十字架。其实，在菲律宾，宗教游行的历史要比照片记录的时代久远得多。

图8-1　1898年的小学生参加四旬斋游行，棉兰老岛三宝颜市得土安（Tetuan）

资料来源：密歇根大学图书馆特藏"菲律宾群岛图集"，编号PHLA240。

有"马尼拉的心脏"之称的马尼拉老城区溪亚婆（Quiapo）每年1月9日都会举行"黑耶稣"圣像巡游，吸引约900万人跟随圣像走完全程。黑耶稣像由花车承载，壮汉护卫。穿街过巷的游行总长约6公里，耗时15—22个小时，平均每小时只能走两三百米，因为人们总是试图去触摸圣像。即便总是发生踩踏、窒息等人员伤亡事故，依然阻挡不了民众追随圣像的宗教狂热。

在吕宋岛西南部的纳加市，名闻遐迩的佩娜弗兰西亚圣母节于每年9月第3个周六举办。佩娜弗兰西亚圣母（Our Lady of Peñafrancia）是比科地区的守护圣母，当地独特的环境使佩娜弗兰西亚圣母像巡游活动一般都是在水上进行。承载圣像的小船，和其他几艘护卫船一起组成巡游队伍。观看巡游的人们则站在岸边手持蜡烛、挥舞白手帕。

游行（巡游）活动源自天主教。在菲律宾历史和文化研究领域，天主教的传播一直被认为是西班牙殖民时期的主要产物，在菲律宾政治生活、文化生活中发挥着至关重要的作用。传教士很早就发现举办乡镇节日庆祝活动是促进传播天主教的绝佳方式，所以他们把乡村人口按区划片集中居住，定期举行节庆，用热闹的、直观的集体活动吸引民众的注意力，一点一点地向民众灌输天主教信仰。人类学家通过在菲律宾不同岛屿的调查，找到了菲律宾人相对平稳地接受天主教的原因。查尔斯·麦克唐纳通过研究巴拉望南部岛屿的仪式，认为菲律宾人接受天主教是因为本地人有着相似的信仰结构。[1]外来的西方宗教在菲律宾的土壤生根发芽，表现出的实践活动形式也就变成了本地化的天主教，或民间天主教，而乡镇节日可以说是最能体现民间天主教实践的场合。

民间天主教一直是菲律宾天主教活动研究中经久不衰的主题。美国历史学家约翰·费伦最先关注"西化菲律宾"和"菲化天主教"这两个互有交叉的过程，他认为菲律宾的天主教本质上是综摄宗教，费伦写道："菲律宾人给这个新宗教赋予了仪式性和情感性的内容。这种特殊的'菲律宾特色'让群岛上的天主教成为一个世界性宗教的特殊表达形式。在天主教的'菲律宾化'过程中，菲律宾人是主角。他们有选择地

1　Charles J-H Macdonald, "Folk Catholicism and Pre-Spanish Religions in the Philippines," *Philippine Studies,* Vol.52, No.1(2004), pp.78-93. 他加禄人把最高神称作 Bathala。

强调或淡化西班牙天主教的一些特点。"[1] 作为对"菲化天主教"的概括，"民间天主教"这个名词最早由耶稣会学者杰米·布拉塔奥在一篇写于1965 年的文章里提出。[2] 此后，这种概括和观点被研究菲律宾天主教的学者反复提及和引用。

在民间天主教框架下，宗教的日常生活表达开始受到关注。自韦伯开始，民间宗教被纳入学术讨论的范畴，韦伯研究了下层无产阶级、没落小市民阶层更易受到具有巫术形式的宗教感召的现象。[3] 不过，民间宗教视角的局限性直到近年才逐渐得到学界重视。美国天主教史学家罗伯特·奥西认为谈"民间宗教"是走向死胡同，是"不明确、有误导性和倾向性的"，因为它"从一种不明确但明显是符合规范的'宗教'中抹杀掉了一些宗教生活的特定表达形式"。[4] 哪些宗教行为被认为是符合规范、哪些不符合规范，背后的标准和等级观是从文化和权力中建构出来的，也根植于西方种族主义和殖民主义的历史中。密歇根大学的迪德莉·德拉科鲁兹通过研究 20 世纪菲律宾圣母崇拜现象发现，其信仰主体和传播形式等都和传统的民间天主教相反。例如，第二次世界大战后的菲律宾，信仰与圣母相关的超自然现象的人大多是居住在城市的中上层阶级，且依赖大众媒体作为传播手段。这与我们想象和默认的民间宗教的信仰者一概是未受教育的底层乡村人群完全不同。[5]

这说明，民间宗教这种分析框架中蕴含的二元对立思维并不适用于

1　John Leddy Phelan, *The Hispanization of the Philippines: Spanish Aims and Filipino Responses, 1565-1700, Madison, Milwaukee*, London: University of Wisconsin Press, 1967, p.72.

2　Jaime C. Bulatao, S.J., "Reflections on the Experience of God among Philippine Folk Catholics," in *Phenomena and their Interpretation: Landmark Essays, 1957-1989*, Quezon City: Ateneo de Manila University Press, 1992, pp.72-78.

3　〔德〕韦伯：《宗教社会学》，康乐、简惠美译，广西师范大学出版社，2005，第 130 页。

4　Robert Anthony Orsi, "Introduction to the Third Edition", in *The Madonna of 115th Street: Faith and Community in Intalian Harlem, 1880-1950*, New Haven & London: Yale University Press, 2010, P.xxxii.

5　Deirdre de la Cruz, "Coincidence and Consequence: Marianism and the Mass Media in the Global Philippines," *Cultural Anthropology*, Vol.24, No.3(2009), pp.455-488; "The Mass Miracle: Public Religion in the Postwar Philippines," *Philippine Studies*, Vol.62, No.3-4(2014), pp.425-444.

分析菲律宾民间节庆活动。民间天主教的定位暗含着这些节庆活动并非正统，是削弱了天主教规范特征的、掺杂了本地信仰的表达方式。这既是站在所谓正教立场上对菲律宾天主教的指责，也与研究者观察到的实际情况不相符。

实际上，菲律宾知名的大型民间天主教节庆活动（如马尼拉黑耶稣节、宿务圣婴节、怡朗迪纳格扬节）都受到了整个社会的关注。帕特里克·阿尔赛多借鉴众多人类学家、研究仪式学者的视角，对阿克兰省卡里波市纪念圣婴的"阿蒂－阿蒂汗节"采用民族志方法来描述，采用多元折衷的立场来评价。他认为，该节日是"高集聚性"的活动，满足了跨界的渴望；是集体性的仪式行为，把表演者带入阈限；是狂欢活动，允许参加者质疑整个系统；是文化的窗口，展现了改变的流动性。[1]

宿务市的圣婴节是菲律宾纪念圣婴的盛大节日，也举行盛大游行活动。宿务市在宣传时称其为"菲律宾节日之母"，但历史学家奥坎波通过研究认为，人们对圣婴的信仰虽然可以追溯到 1565 年，但圣婴节的历史远比人们想象的要短得多。圣婴节是典型的"发明出的传统"。实际上，卡里波市的阿蒂－阿蒂汗节、怡朗市的迪那格扬节和圣婴节一样，都是拜马科斯总统在军事管制时期（1972—1986 年）大力发展旅游业所赐。[2] 那么，这些节日是否具有正统性呢？阿尔赛多认为，虽然阿蒂－阿蒂汗节很明显是被发明出的"传统"，却是百分百正宗、纯正的节日。[3] 其连续性体现在它一直打着纪念圣婴的旗号，圣婴也一直是节日的主角。这种宗教性使其能够在明显的商业化进程中保持纯正。节日的参加者也认为它的本源是前现代的宗教信仰，其前身是一个名叫"圣婴节"的本地宗教游行庆典，后来为了满足发展旅游业的需要，该

1　Patrick Alcedo, *Traveling Performance: An Ethnography of a Philippine Religious Festival*, PhD diss., University of California, Riverside, 2003.

2　Ambeth R. Ocampo, "History, Devotion, Revelry Rolled into One," *opinion.inquirer.net*, January 18, 2017, http://opinion.inquirer.net/100929/history-devotion-revelry-rolled-one, 查询日期：2023 年 5 月 9 日。

3　Patrick Alcedo, *Traveling Performance: An Ethnography of a Philippine Religious Festival*, PhD diss., University of California, Riverside, 2003, p.28.

省想要强调菲律宾的民族性，顺应国家发展旅游业的计划，才变成了今日所见的全国性的阿蒂－阿蒂汗节。

　　阿蒂－阿蒂汗节的正统性体现在它永恒的宗教性，菲律宾人把一个外来的宗教转变为自己的宗教，成为表达自我的工具。天主教带给菲律宾的是一套宗教法则下的道德观，一套如何对待善恶、救赎的意识形态。一旦掌握了这些，菲律宾人便利用天主教形式表达自己对正义和自由的诉求。在政治领域，菲律宾底层民众曾用民间语言和宗教表达对西班牙殖民统治的不满与反抗。[1] 在文化上，节庆和宗教一样虽然得到殖民者的大力推行，但菲律宾人并不是被动接受。源自西班牙殖民时期的节庆活动，让菲律宾本地人得以在文化上强调自我、在不断变化的政治经济环境中形成自己的文化，并最终完全颠覆节日最初所具有的他治（heterogeneity）性质。[2]

　　因此，经过学者从不同学科和视角对特定菲律宾节庆活动的主要特征和社会功能的深入探讨，大致可以勾勒出菲律宾民间节庆活动的面貌：它常常是异质性的、充满复杂结构和互动的人类交往行为，是对当地社会文化的整体表达。另外，传统并不是静止不变的，随着世界各地现代化进程的推进、文化资本化趋势的加剧，民间节庆活动也不断充实和丰富自己的文化含义，普遍呈现从"仪式"到"展演"的嬗变。王明珂认为，文化不只是一些客观的、结构性的或在历史时间中绵延不变的生活习俗。它们透过文字、口述、身体与各种物象的"展演"，被人们践行、观看、批评、模仿、夸耀与修饰，以强化或改变各种社会认同与区分。[3] 因此，我们还应该把菲律宾民间节庆视作一种"文化展演"。只有这样，才能发现文化动态的一面，以及文化如何在本土与外在世界的互动中不断呈现与变迁。笔者认为，在超越"民间天主教"概念中蕴含

1　Reynaldo Clemeña Ileto, *Pasyon and Revolution: Popular Movements in the Philippines, 1840-1910*, Quezon City: Ateneo de Manila University Press, 1979.

2　Reinhard Wendt, "Philippine Fiesta and Colonial Culture," *Philippine Studies,* Vol, 46, No. 1 (1998), p.6.

3　王明珂：《羌在汉藏之间：川西羌族的历史人类学研究》，中华书局，2008，第 250 页。

二元对立思维的基础上，有必要从展演和整体视角出发重新审视民间节庆中的宗教游行活动，进而回答以下问题：它为何呈现极具当地特色甚至让外人费解的形式；它究竟是当地社会文化中哪些内容的具体表达；节庆的自主能动性和精神内涵体现在何处。

第二节　文化展演视角下传统的再发明

　　菲律宾的圣十字架游行源自天主教仪式庆典，在当今菲律宾社会产生了诸多变体。笔者将从圣十字架游行的传统精神内涵出发，以田野调查中所见到的变体为例，追溯该传统的再发明过程。

　　"圣十字架节"是菲律宾天主教地区普遍庆祝的节日。圣十字架节是为了纪念君士坦丁大帝的母亲圣海伦娜皇后在圣城耶路撒冷找到了钉死耶稣的真正的十字架。它的主要庆祝形式是游行，人们模仿圣经中的人物，穿上华丽的服装，在人工抬起的竹编拱门的衬托下依次走过大街小巷。圣十字架节被称为"节日中的皇后"，全国各地均于5月底庆祝，因为整个5月都是献给圣母的。

　　如果仔细观察圣十字架庆典游行里的人物，就会发现它是关乎美与女性的节日，是在极度崇拜圣母玛利亚氛围中展现女性外表美和心灵美的节日。圣十字架庆典游行的主要人物是10到20个女孩，她们身着华丽服装，扮演圣经中的一些女性角色，每个女孩身后有两人负责抬起花朵点缀的竹编拱门，拱门上会写着女孩所扮演的角色。根据角色和她们背后传说故事的不同，有的女孩身旁有男伴或小孩作陪。虽然女孩们所做的仅仅是优雅地排队从街上走过，向路边人们挥手致意，但她们精心配备的道具（如手杖、"小天使"等）往往能使熟悉游行习俗的人不看她们身后的拱门也能知道她们所扮演的是谁。找寻圣十字架故事的主角是圣海伦娜皇后和君士坦丁大帝。在游行中，走在最后的永远是"圣海伦娜皇后"，她的身边总有一个头戴王冠的小男孩扮演君士坦丁大帝。

这些女孩都是 sagala。这个词来自西班牙语的 zagala，意思是"牧羊女"。圣奥古斯丁修会神父佩德罗·加伦德认为，早期的 zagala 可能指在五月"双节"中唱诵赞美诗、模仿圣经人物参加游行的年轻女孩。[1] 尼卡诺·蒂昂松认为，菲律宾人对圣母的崇拜已有 150 年历史。[2] 为圣母唱诵的赞美诗最早可以追溯到 1865 年，当时布拉干省的女孩在教堂唱诵的赞美诗被记录了下来。关于菲律宾圣十字架节庆祝的最早记录在布拉干省的马洛洛斯。当地的圣十字架节是 5 月 3 日，各村都会在歌曲《上帝保佑你》的音乐伴奏下有序地举行游行。在参加盛装游行的女孩中，最美的女孩扮演海伦娜皇后。有时主办者也会请名人来为圣十字架节增色，例如 1967 年马洛洛斯圣十字架节就请来当红影星伊娃·戴伦装扮成海伦娜皇后。在绝大多数情况下，海伦娜皇后是节日筹备委员会从候选人中挑选出来的女孩扮演的，作为节日亮点中的亮点，其人选常常保密到最后一刻才公开。

圣十字架节以海伦娜皇后为中心。由于海伦娜皇后多化身为年轻女性，君士坦丁大帝只能"降格"由小男孩扮演，以求年龄上的匹配。为海伦娜皇后作陪的是众多宗教经典和传说中的女性人物，很多是从圣母玛利亚衍生出来的。《圣经》中关于圣母的记载并不多，按照圣经注释学的方法，教会人士发现旧约和新约的联系，常把圣母玛利亚与圣经中其他人物联系在一起，比如犹太女英雄朱迪斯、摩西的姐姐米利暗、古代波斯王后艾斯德尔、人类始祖夏娃。圣经注释学中的这些类比是蕴含着丰富想象力的沃土。在圣十字架节中，女孩扮演的主要角色可以分为以下几类。

（1）玛利亚的众多头衔，主要来自《罗莱托连祷经》。[3] 例如：辩护

1　Abe Florendo & Zardo A. Austria, *Sagala: The Queen of Philippine Festivals*, Quezon City: Fashion Designers Association of the Philippines, 2006, p.13.

2　Nicanor G. Tiongson, *Kasaysayan at Estetika ng Sinakulo, at Ibang Dulang Panrelihiyon sa Malolos: Kalakip ang Orihinal, Partitura, Mga Larawan ng Pagtatanghal*, Quezon City: Ateneo de Manila University Press, 1975, p.38.

3　《罗莱托连祷经》（Litany of Loreto）又称圣母连祷经。据传玛利亚出生在罗莱托的一处石房子里，天使加百列正是在此地宣告玛利亚会成为圣母。

之后（*Reyna Abogada*）、正义之后（*Reyna Justicia*）、天使之后（*Reyna de los Angeles*）、上智之座（*Luklukan ng Karunungan*）、天堂钥匙（*Susi ng Langit*）、众星女王（*Reyna de las Estrellas*）、玄义玫瑰（*Rosa Mistica*）、玛丽之心（*Corazon de Maria*）、最神圣玫瑰之后（*Reyna del Santisimo Rosario*）、月亮之后（*Reyna Luna*）、殉道之后（*Reyna de los Martires*）。

（2）"信、望、爱"三超德化身。包括：信之后（*Reyna Fe*）、望之后（*Reyna Esperanza*）、爱之后（*Reyna Caridad*）。

（3）宗教和历史人物。例如：示巴女王（*Reyna Sheba*）[1]、艾斯德尔王后（*Reyna Ester*）[2]、朱迪斯（*Reyna Judith*）[3]、圣维罗妮卡（*Sta. Veronica*）。

（4）菲律宾语境下的角色。例如：旗帜之后（*Reyna Banderada*）[4]、阿埃塔之后（*Aetas*）[5]、摩洛之后（*Queen Moor*）[6]。

由此可见，女孩们所扮演的 *sagala*，只有一部分是真正的历史人物或传说人物，其余则是菲律宾人发挥想象，把一些宗教形象和文化概念具象化的结果。这种具象化主要体现在道具和人物外形上，例如"正义之后"手持天平，"信之后"手持十字架象征信仰，"望之后"手持船锚象征希望，"上智之座"手持圣经，"殉道之后"手持荆棘王冠象征圣母的七项苦难。关于《圣经》和历史传说中的人物，则表现得更加直观，例如"朱迪斯"一手持剑、一手持敌军首级，再现女英雄在伯图里亚斩下亚述大军统帅赫洛弗尼斯首级的故事；为耶稣拭脸的"圣维罗妮卡"手持一幅印有3幅耶稣脸部画像的旗帜；最后亮相的海伦娜皇后手持小型十字架，让人联想到找寻圣十字架的传说。

这种把抽象事物具象化为女性的信仰表达背后蕴含着菲律宾人丰富的想象力和创造力，也是一种艺术再现。不过，圣十字架节日游行形式

1　《旧约圣经》记载的一位统治非洲东部示巴王国的女王。

2　《旧约圣经》记载的波斯帝国亚哈随鲁的王后。

3　《旧约圣经》中的一位犹太寡妇，用美色骗取亚述将军的信任，拯救了以色列人民。

4　举着黄色旗帜的旗帜女王象征天主教来到菲律宾。

5　阿埃塔人是菲律宾的一个民族，该角色象征所有菲律宾原住民。

6　代表菲律宾穆斯林。

比较固定，已经形成传统，尽管在人物数量上因地制宜，有增有减，但其象征物已经深入人心，可以随意发挥的空间比较有限。大部分女孩都选择穿传统的菲律宾女装国服"特尔诺"，或者其他显示隆重的礼服，其身份主要通过道具和与其相伴的人物来体现，陪同者有时是男伴，有时是身背翅膀的小天使。

圣十字架节虽然和西班牙以及拉丁美洲所庆祝的五月十字架节有相同的宗教历史来源，但它体现的是菲律宾的日常宗教生活方式，尤其是社区性。圣十字架节由全国各地的自治区、市、城镇、村庄组织，规模虽各不相同，但都有专门成立的各级节日委员会负责组织和管理。节日委员会每年会推选一位赞助人，被人们称为 Hermano Mayor 或 Hermana mayor（西班牙语"大哥"、"大姐"）。[1] 他（她）并非教会人士，但一般是家境富裕、有名望的人士，因为赞助人需要负责圣十字架节的所有开销。赞助人起源于乡村庆祝圣十字架节时，负责为大家提供食物、给全村小孩准备零食的角色。这个身份常常是家族传承的，比如布拉干省的一位女赞助人阿妮塔就认为，自己成为赞助人，就是为了延续家族传统，她的母亲就曾赞助全村的圣十字架节活动。阿妮塔需要花钱请人来表演戏剧、租用音响设备、雇用工人、购置桌椅鲜花、提供食物等。光是请人表演一场 tibag（讲述圣海伦娜寻找十字架故事的戏剧）就要花 20 万比索（约 2.7 万元人民币）。她表示，虽然花费巨大，但仍会把这一角色传给自己的女儿。根据菲律宾记者的采访和统计，一个菲律宾基层社区（巴朗盖）组织一场最简单的圣十字架节活动大约花费 5 万—10 万比索（约合 7000—14000 人民币）。[2] 但赞助人仍然心甘情愿付钱，

1　华侨华人也把这个角色称作"老大哥"或"老大姐"。菲律宾华裔作家柯清淡（Cua Ching Tam）最知名的一篇华文散文《五月花节》讲述的就是自己第一次来到马尼拉好奇地观赏"番仔的风俗"圣十字架节游行和 35 年后被邻居一致推选为当年节日的"老大哥"的经历。

2　Alvin Perez & Ronald Mendoza, "The Economics of Santacruzan: The Cost of Organizing the Queen of Pinoy Festivals," *philstar.com*, May 24, 2014. 这是一篇出自菲律宾媒体的新闻专题报道。http://www.philstar.com/news-feature/2014/05/24/1326803/economics-santacruzan-cost-organizing-queen-pinoy-festivals，查询日期：2023 年 5 月 9 日。

因为全村人都会来围观，赞助人通过喂饱他们、让大家开心来收获美名。另外，赞助人还享有一项重要的权力——有权挑选出当年"圣海伦娜"的扮演者。笔者的采访对象安德丽亚在8岁和15岁时曾经在家乡索索贡参加过两次圣十字架节游行，都扮演了"鲜花女王"。第一次参加时，她母亲是当年的赞助人。自己若要扮演圣海伦娜也名正言顺，但由于她自己不爱出风头，加上她的名字含有"玫瑰"（Rose），以及她所住的街区名叫Flores，这些巧合让节日委员会觉得她更适合扮演"鲜花女王"的角色。不参加的时候，她会和大部分孩子一样，到赞助人家中领取零食。她说自己的母亲连续三四年都是赞助人，因为自己的家庭在当地是历史悠久、人丁兴旺的大家族，另外，她的母亲也是教会中的活跃人士。

赞助人不仅需要自己出钱，还需要竭尽所能拉来更多赞助，在城市可能是商家或企业的赞助，在乡村则可能是私人的捐助。赞助确定后，余下的体力活就由节日委员会组织社区所有人分担，例如制作鲜花拱门、女孩身上的绶带等等。参加游行的女孩们身穿的华服有的来自知名设计师，有的来自赞助公司。如果预算有限，女孩就得自己租借服装以及化妆，通常是全家齐上阵，享受节日中齐心协力的凝聚感。菲律宾人引以为豪的"巴亚尼汗"（bayanihan）精神就是指这种社区全员参与、相互扶持的文化传统，这种精神在宗教节日中体现得尤为明显。菲律宾是自然灾害频发的国家，许多募捐也与操办节日庆典结合在一起。以救助同胞、解决社区困难为目的的募捐也常常借由组织节日的契机进行，因为宗教节日是感恩、互助的时刻。笔者的采访对象在第二次参加圣十字架节活动时，就遇到了为翻修教堂而发起的募捐活动：

> 节日前一个月，即将参加庆典的女孩都会得到一个信封，动员自己的亲朋好友、同学同事做出贡献。最后，节日委员会进行统计，募捐到最多钱的女孩就是圣海伦娜的扮演者……当然，有竞争，也就会有操作空间，比如有钱人家就会为自己女儿捐出很

多钱，以确保她能"募捐"到最多的钱数。[1]

安德丽亚的表妹还参加过为修建学校而募捐的圣十字架游行。安德利亚认为，在节日游行中加入募捐内容是时代发展的产物。本来节日就是意味着轻松、团聚，如果能顺便募集资金，分担整个节日的花费，也是社区成员愿意看到、愿意做的，因为参加者不仅仅是赞助人等组织者的家庭成员，还有其他社区成员及其家庭成员。有人甚至把参加节日活动视作苦修，比如手持蜡烛、吟唱歌曲跟随队伍走完游行，负责扛拱门等。在他们看来，在节日期间付出体力就是为了感谢圣母而做出的牺牲。

菲律宾人还把圣十字架游行带到美国、意大利、德国，甚至中东的巴林。[2]笔者于 2015 年 6 月 6 日在加州瓦列霍的实地考察印证了已有文献中的部分观点。在离散人群中，节日庆祝活动更具团结凝聚的功能。组织节日庆祝活动的赞助人不一定是领事馆这样的官方机构，也有可能是开展文化事业的非营利组织或菲律宾人俱乐部等民间组织。通过举办节日庆祝活动，菲律宾人逐渐扭转了当地人对海外菲律宾人的刻板印象，展示了海外菲律宾人作为一个整体的凝聚力、组织力和活力。[3]

1　访谈对象 Andrea，女，28 岁；访谈时间是 2015 年 7 月 31 日；访谈地点是美国加州旧金山。

2　关于意大利帕多瓦的菲律宾人庆祝圣十字架节的活动，可参见 Chantal Saint-Blancat & Adriano Cancellieri, "From Invisibility to Visibility? The Appropriation of Public Space through a Religious Ritual: the Filipino Procession of Santacruzan in Padua, Italy," *Social & Cultural Geography,* Vol.15, no.6 (2014), pp.645-663. 还有 2 本描写美国加州戴利城和纽约菲律宾人的专著也提到了当地庆祝圣十字架节的活动。Vergara Benito, *Pinoy Capital: The Filipino Nation in Daly City*, Philadelphia: Temple University Press, 2009; Martin F. Manalansan Ⅳ, *Global Divas: Filipino Gay Men in the Diaspora*, Durham: Duke University Press, 2003. 还有 1 篇文章探讨在巴林的菲律宾人于独立日前后举办的选美活动，值得参考。Sharon Nagy, "The Search for Miss Philippines Bahrain - Possibilities for Representation in Expatriate Communities," *City & Society*, Vol.20, No.1 (2008), pp.79-104。

3　Chantal Saint-Blancat & Adriano Cancellieri, "From Invisibility to Visibility? The Appropriation of Public Space through a Religious Ritual: the Filipino Procession of Santacruzan in Padua, Italy," *Social & Cultural Geography,* Vol.15, No. 6 (2014), pp.645-663.

第三节　宗教与选美融合的文化展演

2016 年，笔者在菲律宾北伊洛戈省进行田野调查时，观察到一场令人感到意外的奇迹圣母节圣十字架游行。奇迹圣母节是北伊洛戈省旅游办公室主办的官方节日。北伊洛戈省下辖 23 个市镇，每个市镇大约有 30 多个巴朗盖，每个市镇、巴朗盖都有自己的节日。自西班牙殖民时期至今，菲律宾各省、市、镇等行政单位都会举办乡镇节日，因为天主教会为它们指定了各自的主保圣人，如圣彼得、圣约翰、圣地亚哥等等。[1] 乡镇节庆就是乡村地区每年在固定时间举行的以纪念自己的主保圣人、感恩主保圣人保佑村镇为主题的活动。许多巴朗盖、市镇甚至省都会举行年度节庆，包括选美比赛、宗教游行、社交舞会、传统舞蹈大赛、政府大游行等等。在文化娱乐活动纷纷上演的同时，乡镇节庆也是一年之中家庭团聚、表达思乡之情的重要时刻。乡镇节庆往往以欢乐、开放的聚众活动为形式，融汇了丰富的民间性和菲律宾独特的文化元素。

参加奇迹圣母节圣十字架大游行的 21 位 *sagala* 全都是 2016 年"北伊洛戈小姐"选美大赛的参选人员，其中包括获得加冕的赢家。北伊洛戈小姐选美比赛每年都由省旅游部门负责组织，选美小姐也全程参与为期一个月的奇迹圣母节。活动开始前两个月，组委会接受报名，确定参赛人选，共有 21 名选手代表 21 个市、镇参选。她们在 5 月 13 日的狂欢夜亮相，在 14 日的"沙丘中的奇迹"音乐艺术节上参与表演。18 日的加冕夜是举办选美比赛的正日子，参赛者经过晚装竞赛、泳装竞赛、才艺展示、问答环节等展示美丽和才华，最后由评委会选出"2016 北

---

[1]　天主教主保圣人来源多种多样，例如圣经里的门徒、天使以及死后被教皇封赐的圣人。某类职业可以拥有主保圣人（例如圣方济各会的创始人圣方济各因为热爱自然就成了生态学家的主保圣人），某个国家也可以拥有主保圣人（例如圣母玛利亚就是菲律宾的主保圣人）。

伊洛戈小姐"以及第二名到第五名，并分别予以加冕。另外，还要选出单项奖获得者，包括最佳泳装、最上镜、最亲善、最佳传统服饰、最佳青年、最佳才艺、最佳特尔诺礼服等。评委会成员由菲律宾知名选美训练师、菲律宾某国际名模、选美网站创办人、本地某女鞋品牌设计师和创始人以及一位本地企业家组成。决出名次后，加冕礼在拉瓦格百年体育场举行，观众约有 6000 人，省长亲临现场发表简短讲话，为获奖者颁奖。

　　显然，奇迹圣母节把世俗的选美活动与正统的宗教仪式有机结合在一起。"奇迹圣母大巡游"采取了"圣十字架游行"的形式，选美小姐成了众多头衔的代言词，如至贞之母、至洁之母、和平之后、玄义玫瑰、造物之母、救世之母、黄金之殿、义德之镜等全部是歌颂圣母美德的头衔。主持人逐一对每位女孩进行介绍，介绍词如下：

　　　　来自 X 镇的格温妮丝·卡尔迪托代表的是"玄义玫瑰"。我们给予我们的圣母全部信任，而她从来不会让我们失望。她是上帝花园里最美的一颗星，扮演着独一无二的角色，一朵神秘又美丽的玫瑰。她拥有举世无双的美。玛利亚，神秘的玫瑰。

　　对其余 sagala 的介绍大体上也与此类似。介绍词据说是旅游部门工作人员从网上摘录、改写的。由于奇迹圣母节赞扬的是圣母美德，因此 sagala 的名号主要取自连祷经中众多赞美性头衔。选美比赛是 19 世纪后半叶起源于欧洲、兴盛于美国的现代活动。严格来说，圣十字架游行和来自西方、流行于世界各地的现代意义上的选美比赛并不是一回事，但在菲律宾北部的"奇迹圣母节"上，二者却巧妙结合在一起。

　　在今日菲律宾，盛行"选美文化"。菲律宾与巴西、委内瑞拉为世界三大选美大国，因为只有这三国在世界四大顶级选美比赛 [1] 中都曾有

1　世界四大顶级选美比赛分别是世界小姐、环球小姐、国际小姐、地球小姐比赛。

所斩获。连续获得 2013 年"世界小姐""国际小姐"、2014 年"地球小姐"、2015 年"地球小姐""环球小姐"之后，菲律宾选手在国际选美舞台上备受瞩目。2018 年，菲律宾选手再获"环球小姐"桂冠。在国际舞台上表现亮眼的菲律宾选手回国后无一不成为炙手可热的明星，广受追捧，例如皮雅·乌兹巴赫、梅甘·扬、比伊·圣地亚哥等。菲律宾的选美爱好者认为，在国际舞台上名列前茅的菲律宾选手多是混血儿，她们的美能够被东西方同时欣赏。这一点也是拉美国家选手在选美比赛中表现优异的原因之一。[1] 更重要的是，与拉美很多国家一样，菲律宾的选美经济也是带动国家经济发展的重要产业。菲律宾已经形成了一整套与选美相关的产业链，带动了服装、美容、化妆、培训业等产业的发展。另外，菲律宾女性在国际舞台上之所以表现夺目，也源自国内非常激烈的竞争。倾全国之力选拔最优秀女孩为国争光，是近十年来菲律宾人的共识。

菲律宾大学的何塞·卡皮里认为，选美比赛是 20 世纪初美国殖民者带到菲律宾的，[2] 当今规模最大的"菲律宾小姐"比赛就脱胎于美国殖民时期的"马尼拉嘉年华皇后"评选。美国占领菲律宾后，为了展示美国在菲律宾统治的"和谐状况"和菲律宾工商业、农业、手工业的发展，殖民政府从 1908 年开始每年都会举办"马尼拉嘉年华"，一直持续到第二次世界大战前夕的 1939 年。起初，殖民官员想要举行关于菲律宾山地猎头民族的展览，但总督詹姆斯·史密斯否决了这个设想，认为仪式应当以庆祝菲律宾的"美国式进步"为主题。于是殖民政府商务部部长卡梅隆·福布斯主张开展"嘉年华皇后"的评选活

1　访谈对象：菲律宾最大的两家选美训练营之一的创始人 RF，50 岁；访谈时间：2016 年 4 月 29 日；访谈地点：菲律宾北伊洛戈戈省帕古朴（Pagudpud）。

2　参见 Jose Wendell P. Capili et al., eds. *Mabuhay to Beauty!: Profiles of Beauties and Essays on Pageants*, Quezon City: Milflores Pub., 2003。

动。[1] 参评"嘉年华皇后"的都是马尼拉富裕家庭的女孩，竞赛场地
为华莱士广场[2]，比赛为期两周。冠军为卖出选票中得票最多者获得。
选票刊登在《黎明》（Liwayway）、《响铃》（Telembang）、《快乐的水牛》
（Lipang Kalabaw）等周刊杂志的内页。

　　1908 年的嘉年华皇后桂冠由 1 位美国女孩和 1 位菲律宾女孩共同
获得，两人分别被称为"西方皇后"和"东方皇后"。[3] 作为西菲混血儿，
普拉·维拉努埃瓦（Pura Villanueva）加冕"东方皇后"后嫁给了民族主
义者、作家西奥多·卡劳（Teodoro M. Kalaw），她本人也在文学界、商
业界、慈善界享有盛名，创立了菲律宾女性作家联合会，还担任了菲律
宾女性选民联盟的首任主席。

　　在早年的选美比赛中（1908—1927），第一名被封"皇后"，由推举
出的男士作为"国王"陪伴在侧接受加冕。第二名、第三名、第四名分
别被封为"吕宋小姐""比萨鄢小姐""棉兰老小姐"，代表菲律宾的三
大岛屿。随着每年嘉年华主题的变化，皇后、国王、侍女团会身着不同
风格的服饰。除了具有菲律宾特色的"玛利亚·克拉腊"（Maria Clara）、
"特尔诺"（terno，又称"蝴蝶袖"）之外，还有古罗马式长裙、古希腊
式长裙、泰式传统服饰和头饰，因为马尼拉嘉年华融汇了世界博览会的
主题，同时也展示异域风情。1927 年，西方皇后和东方皇后的评选合二
为一，改由选美委员会通过全国选美比赛定赢家，但保留了皇后头衔。
1929 年，选美机制再次发生细微变化，改为从学校中挑选女学生参加竞
赛。尽管比赛机制经历了多次变化，但当选的姑娘莫不出身名门贵胄。

　　到了当代，选美活动增添了鲜明的经济色彩。世界四大选美赛事已

1　Ambeth R. Ocampo, "The Philippines' First Beauty Queen," *www.opinion.inquirer.net*, 2017-02-13,
　　https://opinion.inquirer.net/101348/philippines-first-beauty-queen, 查询日期：2023 年 5 月 9 日。
　　马尼拉嘉年华的主要活动有小丑和马戏团表演、美国军队和童子军游行、学校花车游行（展
　　示教育体制建设的成果）、工商业花车游行。最大的亮点是嘉年华皇后的花车游行。
2　今日黎萨公园的一部分至塔夫特大道的区域就是以前的华莱士广场。
3　Ricky Lo, "A Gallery of Carnival Queens," *www.philstar.com*, 2006-02-13, https://www.philstar.com/
　　entertainment/2006/02/13/321436/gallery-carnival-queens, 查询日期：2023 年 5 月 9 日。

被证明是一场以电视媒体为载体的资本狂欢，菲律宾的各项预选赛也不
例外。品牌冠名的专门选美和城市小姐的选美也都发挥了"美女经济"
的作用。自1970年代始，菲律宾注重开发自身的旅游资源，选美成为
菲律宾发展旅游经济的重要内容。为了吸引游客，各地都以节日活动为
契机，大做文章。这些节日不仅展示了菲律宾丰富的历史文化，还为游
客提供了参与式、融入性旅游体验的机会，甚至可以拉动本地土特产的
出口。例如各种狂欢节、物产节，都把传统文化与"美女经济"结合在
一起。现如今菲律宾各地选美比赛盛行，乡村反而比城市更加热衷举办
选美比赛。为了推进区域内的农业、商业和旅游业发展，包括5个省份
的菲律宾民马罗巴区[1]从2016年1月起，每年都举行大型节日庆祝活动，
除了贸易展销会之外，还有一场"节日皇后选美之夜"，参赛选手们代
表各自家乡争夺桂冠。正因为"美女经济"具有巨大经济潜力，菲律宾
才会把具有悠久历史的选美进一步现代化，促使国际选美、国家选美、
地方选美齐头并进。选美赛事的商业运作逐渐完善，选美经济的商业链
条形成，从内部推动选美文化蓬勃发展。选美成为塑造国家和地方形
象、推动文化旅游的特色名片。

　　笔者亲历的奇迹圣母节于2012年第一次举办，2016年是第6次举
办，尚属新兴节日。作为全省性节日，奇迹圣母节由艾米·马科斯领
导的北伊洛戈省政府直接提出并设立。为了在节日期间举办各种大型活
动，省长下令在省政府门口建造了一座小型主题公园。公园正中设有喷
泉和"ILOCOS NORTE"（北伊洛戈）字样的雕塑，省政府门口还布置
了3位马科斯——伊梅尔达、小马科斯、艾米·马科斯——真人大小的
画像立板，以方便游客自拍、合影留念。奇迹圣母节的内容不是固定不
变的，每年都有创新。例如2016年，省政府请来菲律宾顶尖的灯光艺
术家伍泰·德拉科鲁兹为省政府大楼设计灯光秀。之所以选中省政府大

1　民马罗巴区（Mimaropa）是菲律宾的一个行政区，由马林杜克（Marinduque）、西民都洛
（Occidental Mindoro）、东民都洛（Oriental Mindoro）、巴拉望（Palawan）、朗布隆（Romblon）
5个省份组成。区名是从5个省份名称分别截取一部分合成的。

楼，因为它不仅是位于拉瓦格市中心的标志性建筑，而且因其新古典主义风格是北伊洛戈重要的文化遗产。

按照官方说法，设立省节"本质上是为了纪念自己的传统、传承文化"。[1]与此同时，北伊洛戈省举行的众多活动都以旅游宣传为中心，全方位地、不遗余力地实践着现代性。负责北伊洛戈省旅游业的是一群年轻人，主要负责人 AA 虽然年仅 33 岁，但深得省长赏识，是公认的"省长的二把手"。其余 15 位工作人员全部是 30 岁以下的青年人。他们善于利用社交媒体进行宣传，拥有独立于省政府网站的旅游专门网站（tourismilocosnorte.com），介绍北伊洛戈旅游项目和活动日程安排。近年来，北伊洛戈省充分挖掘省内旅游资源，开发了抱威沙丘等多个沙漠景观旅游景点。作为奇迹圣母节活动的一项重要内容，自 2013 年开始抱威沙丘每年举行名为"沙丘中的奇迹！"（*Himala sa Buhangin!*）的音乐艺术节。"沙丘中的奇迹！"源自曾在此地取景的菲律宾经典电影《奇迹》（1982）。早在 1970 年代，抱威沙丘就受到电影业青睐，吸引了本土和国际电影制片人的目光，不少电影都曾在抱威沙丘取景。省政府旅游部门希望利用这个文化资源，将抱威沙丘打造成怀旧旅游、电影旅游的热门景点。这一举措在菲律宾具有独创性。沙丘地带可以开展的娱乐活动并不多，但旅游部门先后开发了四轮驱动越野车、滑沙、沙雕等体验项目。为了配合这些沙漠旅游项目，音乐艺术节通过乐队演奏、选美小姐亮相、观众狂欢派对等制造和带动热闹的气氛，从而让本地和外来游客都能获得难忘的体验。另外，旅游部门还特意邀请众多国内艺术家前来参与设计和表演，以提升抱威以及整个北伊洛戈省的知名度。通过旅游部门的不懈努力，原本贫瘠、单调的沙漠变成了集休闲、体育、艺术、娱乐于一体的综合旅游景点。

用"北伊洛戈小姐"充当展示圣母美德的游行女孩，既能发挥女

1　Leilanie G. Adriano, "Light Show Ushers La Virgen Milagrosa Festival," *Ilocos Times*, May 16-22, 2016, http://www.ilocostimes.com/pdf-issues/may16-may22-16.pdf, 查询日期：2023 年 5 月 9 日。

性在文化展演中的独特作用，又能展示与美相关的一整套地方文化，包括本地特产、基础设施和音乐舞蹈等民俗文化。这些物质文化及非物质文化中蕴含的美是北伊洛戈省重点开发的内容，该省希望以此带动全省旅游业等经济发展。北伊洛戈省历史文化资源丰富，通过充分挖掘各乡镇节庆的价值，北伊洛戈省逐渐把自己变成了以节庆活动众多闻名于世的旅游省份。选美比赛在推动当地的教育和旅游业发展方面扮演了重要角色。每年的"北伊洛戈小姐"会获得奖学金，还可以获得参与慈善项目、在政府部门工作的机会。例如2001年的"北伊洛戈小姐"玛丽·雷亚诺一直担任省教育厅顾问。

不只是北伊洛戈省，菲律宾越来越多的其他地区也在学习、采用这种文化展演方式。然而，并非所有人都赞成这种展演方式，教会人士对此发出强烈批评，认为这是使属于传统宗教节日仪式的圣十字架游行"堕落"为时装秀和美女秀。菲律宾天主教会主教团公共事务委员会主席蒂奥西·伊尼格斯对媒体表示，传统的圣十字架节固然是一个多姿多彩的节日活动，但不应剥离其宗教内涵。马尼拉总教区礼拜事务部吉纳罗·迪瓦神父认为，如果圣十字架节要用庆典的方式庆祝，就必须同时尊重它的天主教根基，尊重十字架这个天主教的重要象征标志："如果他们要办游行庆典，需要明确的是教会并不推广这一形式。"[1]天主教会对菲律宾许多民间天主教节日也持类似的消极态度，认为这些都偏离了天主教正统。

综上所述，笔者认为宗教游行这种节庆表达形式虽然是西班牙殖民者带来的，但很早就成为菲律宾人主导、参与的宗教活动。不论这种表达形式日后受到了美国殖民者带来的选美文化的多大影响，民间节庆在不同时期都有其存在的内在理由。它是套着西方之壳，沿着自己的根脉发展的，关于当地社会的全面展演。

1　Evelyn Macairan, "Santacruzan Not a Fashion Show -- CBCP," *philstar.com*, May 6, 2011. http://www.philstar.com/headlines/682659/santacruzan-not-fashion-show-cbcp, 查询日期：2023年5月9日。

　　和菲律宾的宗教从一开始就是神圣性与世俗性并存一样，菲律宾文化很早就表现出混同性。各类移民群体不断地带来外来文化，并在这片土地上进行自我表达。因此，从具有混同形态的文化现象中区分哪些部分是本土的、哪些部分是受外来影响的其实并不重要，真正重要的是人们在文化展演中的自我表达以及对现实需求的回应。菲律宾的许多节庆活动很难用宗教和世俗去定性，将其仅仅理解为宗教和世俗的融合似乎也不能令人满意。笔者选择从个案出发进行具体分析，解释这种融合的发生以及这种融合为何在当地被广为接受。就奇迹圣母节来说，节庆活动中的圣十字架游行之本质是女性美的大量展示与表演。按照传统的节庆逻辑，现实中的选美小姐作为代表，承载了奇迹圣母所代表的万千美德。从表面上看，这是宗教所宣扬的德行之美在真人身上的体现，但当真人是选美比赛的选手时，这种转化就变成了一种易被人质疑诟病的怪现象。然而，如果我们跳脱这种传统逻辑，转而分析节日的生成过程，就会发现女性美的大量展示意味着以节庆为窗口，展示当地基础设施、自然风光、人文艺术等优美景观，进而推动旅游和经济发展。

　　菲律宾许多节日源自宗教活动。圣人节日、宗教朝圣、狂欢节等仪式活动都是刻意与日常相区别的时空存在，仪式中的象征标志一方面将仪式参与者与外人区分开来，另一方面把参加者召集起来，共同行动。[1]节日的精神内涵可能偏向两个极端：一个极端是让人们离开日常生活，与常规、约束产生距离感，甚至可以僭越这些规矩，个体或集体都能用一种自决的力量来重新形成并确认新的身份认同；另一个极端则是视节日为来自"上层"的力量，由看得见或看不见的手来组织、引导，传递一定的思想和价值观念，结果常常是把既有的社会秩序合法化，使其变得更加高尚、伟大。

　　这两个极端就像对神圣性和世俗性的探讨一样形成两极，然而，许

1　〔法〕涂尔干：《宗教生活的基本形式》，渠敬东、汲喆译，商务印书馆，2016，第526页。

多菲律宾民间节庆活动并非占据其中任何一极，而是处在介于两极之间的中间区域，或兼具两极特性。以菲律宾著名的马尼拉黑耶稣节为例，仪式期间人们经历了短暂的、抛却社会等级秩序的"狂欢"，所有参与游行者皆是相互平等的黑耶稣信徒（在菲律宾人心中，黑耶稣实际上是信众共同的家庭成员）。游行结束后，人们通过共同信仰黑耶稣而实现了社会交往的扩大，而黑耶稣节则在"去等级结构"的节日状态中将宗教信仰嵌入现实，实现了社会结构的强化。[1] 如果从文化展演的视角对黑耶稣节进行重新审视，就会发现它也是菲律宾人人际交往特征和社会日常组织方式的全面展演。

关于"民间宗教"框架下的、对民间天主教游行活动正统性的质疑，通过分析奇迹圣母节圣十字架游行，我们可以看到，随着文化资本化趋势加剧，菲律宾宗教游行中的"表演"成分固然增多了，但在文化展演视角下，不同场合的宗教游行依然是当地社区参与者或活动组织者为回应各类社会需求而组织的，它在彰显社区身份的同时，也反映了与时俱进的文化生存策略。笔者认为，以圣十字架游行为代表的民间天主教游行活动的正统性体现在游行的践行者身上。

菲律宾人热衷于参加宗教游行，与两个关键词息息相关。首先，对个人来说，面觐圣像、陪同圣像走完巡游全程是一段"精神之旅"。信徒们用 *lakarán* 这个词来形容这段精神旅程。"*lakarán*"的词根是 *lakád*（走），从字面来说是"走一段路"的意思。这个词最先被用来形容 19 世纪菲律宾宗教自由的倡导者德拉克鲁兹为传播天主教所付出的艰辛努力。[2] 信徒用这种方式陪伴心中的神（或圣人）走完全程，表达忠诚，换取福泽。其次，参加游行/巡游对于个人来说，是践行自己的誓言（*panata*）。"*panata*"是个人与圣像之间的协定，其中包含着一种互惠关

1　霍然：《神圣与世俗的跨越——从马尼拉黑耶稣节看菲律宾民间天主教节日》，《世界宗教文化》，2015 年第 2 期，第 68 页。

2　Teresita Obusan, "A Multireligious Filipino Pilgrimage," in Ferdando Napkil Zialcita ed., *Quiapo: Heart of Manila*, Quezon City: Ateneo de Manila University, 2006, p.150.

系。个体出于对圣像的信仰，希望圣像能够保佑自己的愿望得到实现，作为回报，他（她）向圣像许下承诺，在条件允许的情况下一定来参加游行/巡游，这就是践行誓言的方式。无论是用体力付出的形式还是金钱捐助的形式，人们各式各样的崇敬行为都是在实践曾经许下的誓言。而光脚、跪行等举动则是虔诚的表现，人越虔诚，他（她）所做的牺牲（sakripisyo）越大，越能感动自己所最能认同的圣像。

　　菲律宾人一般都有属于自己的、最能引起共鸣或者最能打动自己的一个或多个圣像，通常是圣母、圣婴像，抑或当地教堂中某一尊圣像。由于经常前往教堂祈祷，人们倾向于认可近在眼前的"家门口"的圣像。也正是由于互惠的本质，信徒的祈祷得到回应，会深感与圣像贴近了距离。因此，一尊圣像往往在一个地区会激发众多的追随者，引发连锁效应，就像溪亚婆以黑耶稣像闻名、比科地区以佩娜弗兰西娅圣母而声名远扬，信众基础随着圣像名声的传播而形成规模效应，游行、巡游得以开展，并与一个地区的地方认同挂钩，成为这个地区具有代表性的文化现象，从而产生特殊性。从这个意义上来说，教会是属于民众的，因为教会就等于民众这个整体。人们用各自独特的方式实践着信仰。不论这些实践如何随着时间发展而变化，人们依然忠于自己的信仰来源。即便教会质疑民间信仰实践，人们也并不会因此改变，因而教会通常会采取包容的态度。在这个问题上，"民众"并不是与神职人员对立的另一群体，它在广义上也包括了教会。直观地看，游行、巡游活动中整体游行队伍由神职人员带领、人民广泛参与；在深层意义上，民众各自的崇敬行为组成了群体性信仰实践的整体，游行（巡游）这一形式被不同地区的信徒赋予不同内涵，构成了民间天主教的多样性。[1]可以说，宗

1　天主教会对这种多样性的态度也在发生转变。在教宗若望二十三世（1958—1963年在位）提议召开的第二次梵蒂冈会议上，提出了"现代化"（Aggiornamento）议题，认为教会应当注意到人们宗教生活中的"民间"一面，从而使教会适应时代发展。会议认为，"真正投身宗教并不是徒劳的、短暂的情感，也不在于空虚的轻信。它来自真正的信仰，通过真正的信仰，我们了解圣母的美德、对她产生亲情般的爱、效仿她的德行"。来自 Dogmatic Constitution on the Church, *Lumen Gentium* (LG), no.67。

教游行的精神内涵依然围绕参与者的宗教信仰实践、社区回应人们的需求而展开，因此游行活动的正统性非但未受损，反而在不断地丰富。

通过对圣十字架游行等宗教活动的探讨我们可以发现，民间节庆自始至终是当地人民、当地社会的整套自我表达。以圣十字架游行为例，它以赞颂圣母美德为主旨，是关乎美与女性的节日，但美的表达在不同的场合有不同的意义，可以是某地乡村赞助人对权力的展示，也可以是菲律宾民族自我认同的展示。而在笔者的田野调查地点北伊洛戈省，它被应用在全省节庆的场合，与美国引进的选美文化相结合，产生出怪异却符合当地发展需求以及菲律宾整体文化环境的和谐效果。

西班牙殖民时期菲律宾的节庆虽然是外来文化影响的产物，但它给予本地人一种表达方式，让他们得以在文化上强调自我、在不断变化的政治经济环境中形成自己的文化。菲律宾民间节庆中的宗教游行一直是菲律宾人共同实践自身信仰的途径，以短暂地跨越阶层的方式实现凝聚社区的功能。

从文化展演的视角去看菲律宾的民间节庆，并不意味着这是节庆存在之后才有的发展思路，通过进一步研究可以发现这种文化展演在北伊洛戈省有一定延续性。该省是前总统马科斯的"根据地"，其祖辈就从这里开始涉足政坛，费迪南德·马科斯当选第六任总统，并与第一夫人伊梅尔达共同统治菲律宾 20 年（1966—1986 年），将马科斯家族推向权力巅峰。虽然马科斯的独裁统治被"人民力量运动"所推翻，但马科斯家族在伊洛戈地区的势力依然很大。北方数省（班嘉诗兰、南伊洛戈、北伊洛戈、阿布拉）被称为马科斯家族的"北部铁票仓"。北伊洛戈省省长一直由马科斯家族成员担任。以节庆为窗口，展示基础设施、风光、艺术等美的景观，用于发展旅游、推动经济，是一套已经在马科斯总统执政时期践行过的整体发展理念。这提示我们，在后续研究中可以尝试将文化展演的视角用于探究马科斯统治时期的一系列发展政策方针，有利于重新审视菲律宾当代社会的"景观政治"现象。

第九章 菲律宾伦理秩序的解体：布洛卡影像世界中的"新社会"批判

在西方"完整自我"（integral selfhood）的假设下，言辞与作品被视为主体个人意识的产物。[1]传统阐释学正是在这一预设之下展开文本阐释。在这个意义上，"作者"是"作品"之父，具有"特权的""真势的"（alethic）地位，"作品"是"作者"的私人财产。巴特在批判传统阐释学时提出的"作者之死"，指向的正是作者之于作品的"本体性"意义。[2]在巴特看来，作者只是文本书写——阅读活动的参与者之一，

1 Mary Steedly, *Hanging without a Rope: Narrative Experience in Colonial and Postcolonial Karoland*, Princeton, New Jersey: Princeton University Press, 1993, p.200.

2 Roland Barthes, "From Work to Text." In Barthes, *Rustle of Language*, trans. R. Howard, New York: Farrar Strauss and Giroux, 1986a, pp.61-62; "The Death of the Author." In Barthes, *Rustle of Language*, trans. R. Howard, New York: Farrar Strauss and Giroux, 1986b, pp.49-55.

只能作为"客人"回到文本中，只是一位"纸面上的作者"（a paper author）。[1]但是，巴特在为阐释学开辟了新路径的同时，也制造了新麻烦。"作者之死"的根本问题在于，消解了"完整自我"假设与作者的本体性意义之后，对文本的阐释工作无法获得任何确定性的知识。

同时期的人类学家格尔茨提出一个类似的说法，他指出，人类学家的工作是"对阐释的阐释"（say something of something）。[2]前后两个"阐释"的关系，将人类学家的民族志"作者"身份降级，同时把民族志视作一种整体性的田野经验的表征。也就是说，民族志（作为一部作品）所指向的不是人类学家这个具有本体性意义的"完整自我"，而是指向格尔茨所谓的"在那里"（being there）这一民族志书写的经验基石。[3]格尔茨在消解"作者"本体性意义方面与巴特具有某种亲和性，但是他并未彻底否认确定知识的可能。两个"阐释"的表述同时也暗含了民族志"作者"并非单一主体，而是经验相互渗透的复数主体（subjects）。由此，在面对一个历史文本时，似乎也可以将其"作者"视为一个复数主体，这个复数主体由面对共同社会现实的、经验彼此渗透的众多同时代主体所构成，或可被称作一个历史性主体。由此，我们可以暂时绕过阐释学的困境，将这些文本视作有关历史经验的言说。

在这个意义上，电影作为一种历史性的叙事文本，所言说的就是制作者（们）及其同时代者所身处的社会现实。[4]正是由于电影文本是对

1　Roland Barthes, "From Work to Text." In Barthes, *Rustle of Language*, trans. R. Howard, New York: Farrar Strauss and Giroux, 1986a, p.61.

2　Clifford Geertz, *The Interpretation of Cultures*, New York: Basic Books, 1973, p.448.

3　参见 Clifford Geertz, *Works and Lives: The Anthropologist as Author.* Stanford: Stanford University Press, 1988。

4　导演、编剧、摄影、灯光、音效、音乐等都应被视作电影制作者，在这个意义上，一部电影的"非私人性"比一个单一署名的文本更为显而易见。而且，由于电影本身便是以一种各司其职的方式完成的，不同主体的经验共同渗透在最终产品中，故电影以更为复杂的方式提示我们它是一个不同主体"相互介入"（reciprocal engagement）的结果。这样一种错综复杂的、通过影像与声音形式呈现的对社会现实的经验表征，似乎比一般的文本有更丰富的"被阐释"的可能。

社会现实的阐释，它也变得可以被阐释。[1] 在此基础上，本章选择在菲律宾影史上具有重要意义的（且是同一位导演的）三部电影，在对电影进行阐释的基础上处理三个问题：第一，尝试简要分析马科斯如何通过调用菲律宾的历史和文化资源来解释"新社会"运动；第二，马科斯的"新社会"运动如何通过"发展主义"的意识形态重新建构一种新的社会秩序；第三，"新社会"的社会现实及其所形塑的有关个体、家庭与国家的新观念，如何在现实和观念上冲击了菲律宾普通人的日常生活及其伦理秩序。

第一节　传统身体与现代人格

从 1970 年踏入电影行业开始，布洛卡（Lino Brocka）[2] 在两年内执导了数部在票房上获得巨大成功的电影。带着商业电影导演的标签，布洛卡于 1972 年短暂地退出了电影行业，回到剧场中工作。1974 年上映的《亏缺》（Tinimbang Ka Ngunit Kulang, 1974）[3] 是布洛卡"闭关修炼"的成果，也是他褪去"商业电影导演"标签的首次尝试。电影通过一场人伦悲剧，呈现了伦理秩序在"新社会"运动下的菲律宾所遭遇的难以逆转的困境。

电影中的故事发生在 1970 年代马尼拉附近的一座城镇上，主要角色凯撒（Cesar, Eddie Garcia 饰）为了自己的前途与卡若琳娜（Carolina, Lilia Dizon 饰）结婚。他抛弃了爱人库艾拉（Kuala, Lolita Rodriguez 饰）

1　文章后面几个小节中以楷体字呈现电影中的影像与声音，这类内容是笔者有焦点的观看与聆听，是对电影文本的"主观"呈现。但是，这样一种"主观"的呈现仍然是基于电影的影像和声音的基本现实。

2　这里仅对布洛卡本人做简要的介绍，此后出现的布洛卡，基于前文中的讨论，用以指代电影制作的全部参与者。

3　Tinimbang ka ngunit kulang 本意为"你被称在天平里，显出你的亏欠"，出自《圣经·但以理书》中对"提客勒"（Tekel）一词的解释。笔者根据原名称与电影内容，将电影名称译作《亏缺》。

并逼迫她堕胎，导致她精神失常。婚后，卡若琳娜逐渐看清凯撒与她结婚是出于功利，因此在与凯撒的关系中她始终是握有权力的一方。为了前途抛弃库艾拉的凯撒并不爱卡若琳娜，而且背着她与许多女人有染。两人的儿子朱尼尔（Junior, Christopher de Leon 饰）已长大成人，父母貌合神离的婚姻、无尽的争吵以及父亲的风流等问题一直困扰着朱尼尔。此外，朱尼尔还面临着青春期的情感问题，女朋友在与他交往的时候还与其他男同学保持暧昧关系。在朱尼尔看来，男女之间即使最终无法结为夫妻，也至少应当认真对待彼此，然而父亲的"教导"并非如此：

> （在一场葬礼上，朱尼尔被凯撒领到朋友们面前，朋友们开玩笑说朱尼尔将来会像凯撒一样风流）
>
> 凯撒（得意地，向众人）：我自己的孩子不像我像谁呢？男人不能太腼腆。（向朱尼尔）得学会追女孩的手段。要快！一有机会就上，如果你不上，别人就上了。

凯撒的话让朱尼尔感到更加困惑。在凯撒看来，两性关系的意义似乎仅仅在于满足肉体的欲望，并不需要理性和情感来维持。但事实上，凯撒在处理自己的欲望时却比他说的要谨慎得多：他抛弃库艾拉与卡若琳娜结婚，恰恰是通过抑制自己的欲望才实现了社会阶层的跃迁。因此，凯撒对于两性关系的看法，仅仅是其关于个人欲望满足"理论"中很小甚至极其不重要的一个部分，因为它只关乎满足欲望，而没涉及如何满足欲望。在改变凯撒命运的行动中，他恰恰没有以去理性化的方式无限满足个人的欲望。在面对诸种欲望时，他以十分理性的方式"驯化"了欲望，以满足某种在他看来具有更高价值的（身体性或非身体性的）欲望，从而实现整体的个人地位提升，也即一种典型的功利个人主义形象。只有看到这个过程，才能更好地理解为何凯撒要抛弃最初的爱人库艾拉，逼她堕胎，并最终与自己不爱的卡若琳娜结婚；才能更好地理解为什么凯撒要向朱尼尔传授追女孩的"技术"。因为正是在不断操演这种"技术"并将之内化为一种身体本能的过程中，才能理解乃至证成"驯化"自我与获得个人地位提升之间的逻辑关系，而这正是功利个人主义的基本逻辑。[1]因此可以认为，朱尼尔的困惑正是因为无法理解这种逻辑而产生的。也即，通过"技术"实现个人欲望的满足后，如何维系两性以及家庭关系的稳固？对于这个问题，他无法从自己的家庭中找到答案。但是，镇上一对边缘人"夫妇"所建立起的"家庭"，让朱尼尔对这一问题有了新的理解。

　　电影中，精神失常的库艾拉偶然游荡到镇上，成为人们捉弄的对象。朱尼尔见到父亲的目光异样，于是问父亲是否认识库艾拉。凯撒矢口否认，只是叮嘱朱尼尔离她远一点。一天夜里，守墓人博尔托（Berto, Mario O'Hara 饰）想去夜总会寻欢，却因患有麻风病被驱赶出来，于是他看了一场电影。在回家的路上，博尔托看到了躺在路边屋檐下的库艾拉：

　　　　库艾拉躺在地上，双腿蜷起，一条腿靠在墙上，另外一条撇在一边。（背景中的口弦琴节奏逐渐加快，尖锐刺耳的背景音乐响起，音量逐渐增大）博尔托侧过头看着库艾拉，一动不动（镜头逐渐推向博尔托若有所思的脸，随即顺着博尔托目光和注意力转向库艾拉。随着背景音乐逐渐增大，镜头也不断拉近，库艾拉的脸和上半身逐渐在画面中模糊，镜头的焦点落在库艾拉的下半身。镜头在库艾拉和博尔托之间再次切换、拉近，直到博尔托没有表情、因麻风病而凹凸不平的脸占据整个画面）。

　　博尔托因患有麻风病受到镇上人的歧视，只能住在镇郊做守墓人。电影在博尔托第一次见到库艾拉的一幕中给出了明确的性暗示，通过模

1　关于个人功利主义的讨论，参见李猛《论抽象社会》，《社会学研究》1999 年第 1 期。

拟博尔托的视线和注意力的聚集，暗示博尔托将库艾拉当成了发泄性欲对象。在随后的一幕中，博尔托面露贪婪地用玩具将库艾拉引诱到自己的家中（电影虽未明说，但可以推测博尔托侵犯了库艾拉）。后来，朱尼尔发现博尔托收留了库艾拉。起初，他与其他人一样，认为博尔托这么做只是为了满足个人欲望。但当朱尼尔看到博尔托悉心照料库艾拉使她免受别人欺辱时，他改变了自己的看法，并与二人成为朋友。一天，朱尼尔与女朋友分手后来向博尔托诉苦，他认为博尔托似乎是比父亲更好的解惑者：

（木屋外，博尔托蹲在地上整理枯枝，朱尼尔靠在木屋上侧对博尔托，库艾拉在窗边自顾自吃东西）

朱尼尔（背倚着木屋眼望远方，刻意显示出感情遭受挫折的青春期少年的忧伤）：爱一个人难道不应该从一而终吗？

博尔托（整理地上拾来的枯枝，对朱尼尔）：她肯定不爱你。

朱尼尔（转过身正对博尔托）：那她一开始为什么接受我？

博尔托（继续整理地上的枯枝）：因为，她喜欢你，但是她不爱你。

朱尼尔（特写脸上疑惑的表情）：什么意思？

博尔托（抬起头看朱尼尔，手里的活没停）：现在你可能不懂，等你长大了就明白我的意思了。等你找到爱你的女孩的时候，你就会明白喜欢和爱不一样。

朱尼尔（表情不再疑惑，似乎放弃理解博尔托的话）：你爱库艾拉吗？（博尔托忽然停下手里活）还是只是喜欢她？

博尔托（抬起头对着朱尼尔，严肃地）：一开始是这样的，我毕竟是个男人，（神色愧疚，低下头）欲望是人的天性（nature）。（抬起头，坚定地）但是现在，不是这样。

朱尼尔（担心地）：但她疯了啊，她怎么能明白你（爱她)?

博尔托（低下头，继续手里的活）：她不需要理解（停下手

里的活，思考片刻）。她不可能爱我，我知道。但像我这样的状况
（抬起头看着朱尼尔），这样就够了。（看着窗口的库艾拉）我爱她
（镜头顺着博尔托的视线看向库艾拉，她仍在自顾自地吃东西；镜
头切回博尔托，他转头看向朱尼尔），照顾她，这样就够了（低下
头继续手里的活）。

　　由于精神失常，库艾拉无法回应博尔托的爱，她唯一有印象的只
有杀死她孩子的凯撒，她愿意与博尔托在一起也是因为将其误认为了凯
撒。博尔托曾经拥有幸福的家庭，却因为麻风病被家人和镇上的人排
斥，只能住在镇郊做守墓人。博尔托承认，最初接近库艾拉的确只是为
了满足性欲，然而同为边缘人的命运让他最终决定照顾库艾拉。在这个
过程中，博尔托的个人欲望也得到了"驯化"，却不是以功利个人主义
的方式。

　　除了朱尼尔，镇上没人认可博尔托的行为，他们认为博尔托不过
是把库艾拉视作发泄性欲的对象。在此，镇民试图沿着功利个人主义
的逻辑理解博尔托的行为，在他们看来，真相只有可能如此。但正如
博尔托所说，"许多人被其他人嘲笑，是由于他们与他人不同，或者身
体上存在缺陷"，但是"嘲笑他人者实际上并没有看到他人的内在和心
灵"。然而正是在看似"反常"的二人身上，朱尼尔发现了两性与家庭
关系的另外一种可能性：个体并不完全受到自然欲望的主宰，两性与
家庭关系的建立依赖于某种应然的伦理秩序，两人之间彼此相爱、照
顾，并且不求回报。[1]进一步来说，博尔托与库艾拉的结合之所以无
法被镇上的人理解，正是因为朱尼尔的困惑以一种相反的方式困扰着
镇上的人。对于镇上的人而言，将博尔托与库艾拉视为异类并不仅是
因为二者身体和精神上的缺陷，更在于绝大多数人都认同凯撒所代表
的功利个人主义逻辑。在这个意义上，博尔托与库艾拉被视作双重的

---

[1]　许瀚艺：《布洛卡影像中的"新社会"批判》，《读书》2020 年第 5 期。

异类。

直到人们发现库艾拉怀孕时，当地的女工教会组织才开始认真对待这个问题。为了避免孩子传染麻风病（以及接受"错误"的教育），教会成员将库艾拉软禁起来，欲领养她的孩子。临盆在即的库艾拉深夜逃回博尔托身边，博尔托去寻找医生为库艾拉接生，却遭到医生拒绝，他不得不持刀威胁医生，最终被赶来的警察在家门前击毙，生下孩子的库艾拉也因失血过多而死去。弥留之际，库艾拉忽然恢复了神志，将孩子托付给朱尼尔，朱尼尔接过了孩子：

> 在背景歌声中，全镇的人都聚集在博尔托的木屋前，朱尼尔抱着刚出世的孩子从屋里走出，他看着怀里的孩子，一言不发。他抬起头，目光坚毅，扫向人群，被他目光扫到的人低下头，不敢与他对视。他向人群走去，他面前的人如同感受到某种力量一样自动散开，为朱尼尔让出一条路。朱尼尔从人群中穿过，看着怀里的孩子，抬起头看看两侧的镇民，所有人都在躲避。他走向博尔托的尸体，似乎是让博尔托看看自己的孩子。（库艾拉的歌声响起："你的人生被称在天平里，却显出亏欠，哦，你仍有亏欠……"）朱尼尔抱着孩子继续走着，消失在镜头黑暗的角落，留下镇民遥望他的背影。

电影中有三条值得注意的叙事线索。第一条是"明线"，这条线索按照时间逻辑讲述博尔托与库艾拉从组成"家庭"到两人死于非命的经过。第二条是"暗线"，这条线索通过倒叙、插叙、短暂的闪回、人物对话、动作以及表情拼凑而成，叙述凯撒抛弃库艾拉、逼她堕胎、最后与卡若琳娜组成家庭的经过。最后，明暗两条线索汇聚处的中心线索，即朱尼尔从遇到困惑到解决困惑的过程。在此，朱尼尔既是"明线"故事的亲历者，又是"暗线"故事的拼接者。明暗两条线索，可以被视作1970年代菲律宾两种不同的价值观念：暗线所代表的是一种极端形态的功利个人主义；明线所代表的是菲律宾传统社会中的家庭伦理秩序，也即将家庭置于对个人利益的追求之上。[1]

电影讲述的故事对菲律宾人甚至世界上大多数人来说并不陌生：青年人的成长和被诅咒的"爱情"。无论将这个故事设定在任何一个时代背景下，又或者在任何一个时代讲出这个故事，听众／观众都不难把握故事背后的道德意涵。但如将之放在菲律宾电影史的脉络中进行考察，则会发现，观众更容易接受的一种讲法是朱尼尔在经历"成人礼"后过上幸福的生活，博尔托与神志恢复的库艾拉获得圆满的爱情。[2]然而，布洛卡刻意设计了沉重的结局。电影结尾处，朱尼尔目光坚毅，镇民们面有惭色，两种价值观念之争似乎胜负已分。但博尔托与库艾拉爱情悲剧性的收场，意味着这样一种胜利来得并非毫无代价。电影定格在这样一幕上：朱尼尔抱着新生儿孤独地走入黑暗，镇民们站在被电影布光照亮的木屋前目送他远去。这似乎又意味着功利个人主义仍然为绝大多数人所选择，他们不愿（或者不敢）重新接受传统家庭伦理中所宣称的价值观念。正因二者之间的矛盾无法获得任何形式的和解，电影很难再以皆大欢喜的方式结尾。

进一步来说，我们也不应把"新社会"运动下菲律宾电影中具有功利个人主义人格的角色简单等同于 1950、1960 年代菲律宾电影当中

1　在此，笔者不想用某种"主义"特别是"道德个人主义"来概括菲律宾的传统伦理观念。西班牙和美国殖民期间（1565—1898；1899—1946）基督教与个体主义的传播，并没有使菲律宾人完全以"个体"（individual）的方式来理解人与人以及人与社会的关系。个体主义所带来的问题主要集中在战后菲律宾现代化过程中，并以伦理冲突的方式凸显出来，这也是本文试图讨论的问题。

2　虽然 1950、1960 年代的菲律宾电影中也包含大量由现代化过程中伦理观念变迁所引发的家庭冲突，但为金钱、权力所诱惑的角色，最终往往能改过自新，破裂的感情或家庭关系也可以得到修复。其中最典型的两类故事就是乡村青年羡慕城市生活，希望实现向上流动而与家人发生冲突；或是不同阶层的男女相恋，社会上层的暴君式家长从物质主义的角度去揣度子女的追求者（实则是以己度人）从而导致家庭关系破裂。但无论这些冲突如何剧烈，冲突挑起者总会向家人认错并获得谅解，从而凸显人的真挚感情以及家庭关系的宝贵。而在现代化更为系统、急切的 1970 年代，当伦理秩序遭受更大的冲击时，以往导演惯用的皆大欢喜结局，至少已经不能让布洛卡这样的现实主义导演感到满意。

所呈现的"贪婪""自私"以及"浪子"的人物形象。[1]如前文指出，前者的功利个人主义人格通过理性"驯服"自然欲望以实现个人提升，而后者从一开始就由于道德上的种种问题导致无法驯服欲望或肆意放纵欲望。如果说以往电影的教育意义在于强调传统的理想人格，那么布洛卡在《亏缺》中所凸显的则是与社会变革同步发生的人格更替，以及在这个过程中"旧身体"对"新人格"所表现出的种种不适。在此，"旧身体"既是自然意义上的人之肉身，也是抽象意义上的社会身体。其不适表现在，旧人格在旧身体上残存的烙印无法被即刻且彻底抹除，因而与新人格不断发生冲突。而在这场冲突中，以往电影中所有的"调解者"（通过道德谴责进行惩罚的社会，通过意外死亡进行惩罚的"上帝"，以及他们背后的电影制作者们）都已失效，唯一被展示出来的是赤裸裸的对峙。[2]在这场对峙中，失败者不受体恤，胜利者也感受不到任何的欢欣。

　　人格的更新，观念的更替，并非涂尔干意义上个体对社会神圣性的"分有"，可以通过"抽离"与"注入"的方式完成，伦理也并非以"在场"或"缺席"的方式作用于身体。[3]但是，"新社会"运动所带来的变革，必然包含了所有人不得不承受的两种人格之间的张力，正如青春期的少年夹在孩童与成人两种身份当中不断被撕扯。布洛卡的现实主义一面亦在此凸显。电影结尾试图说明的并非传统伦理观念与功利个人主义孰胜孰败，而是对菲律宾人伦困境的一种无可奈何。[4]面对功利个人

1　菲律宾战后电影中类似反面角色结局通常不是死亡，而是遭到某种道德性惩罚（强调解），只有当其"功能性"的死亡有助于推进剧情时，才会被电影制作方"杀死"（弱调解），而其死亡方式往往是遭遇意外或反面角色自相残杀。关于调解者的讨论，尤见列维－斯特劳斯《阿斯迪瓦尔的武功歌》，《结构人类学（2）》，中国人民大学出版社，2006，第544－547页。

2　许瀚艺：《布洛卡影像中的"新社会"批判》，《读书》2020年第5期。

3　参见〔法〕涂尔干《宗教生活的基本形式》，渠东、汲喆译，上海人民出版社，2006。对涂尔干文本中个体与社会关系的一个细致入微的讨论，参见孙帅《神圣社会下的现代人——论涂尔干思想中个体与社会的关系》，《社会学研究》2008年第4期。

4　许瀚艺：《布洛卡影像中的"新社会"批判》，《读书》2020年第5期。

主义的宰治，传统伦理秩序似乎无力回天，或其代价巨大到常人难以承受。不可否认的是，任何一个国家在现代化转型过程中，类似的问题总是难以避免，正如少年要长为成人，青春期的阵痛是必须承受的。然而问题是，随着国家垄断了社会建设的权力以及社会建设的话语，这样一种变革不仅被充分赋予必要性，同时也显得无比迫切，却未给尚未准备好转变者（以及不具备相应资源的人）留下转圜的空间和余地。[1]

1969 年，费迪南德·马科斯在菲律宾总统竞选中成功连任。在其第二个任期中，菲律宾独立以后积累的问题导致社会动荡不安，马科斯政府于 1972 年 9 月通过"1081 号公告"宣布实行军事管制，并承诺将菲律宾建设为一个"新社会"（Bagong Lipunan）。现在来看，马科斯自己对于"新社会"的表述不够系统，且在军管后期有所变化。[2]但大致上可以认为"新社会"运动的目标是以军管为保障实行权力集中，通过自上而下的民主革命，高效率、最大限度地调动菲律宾人的积极性，挖掘其工作潜力，实现国民富裕、国家发展、社会公正等目标。[3]用菲律宾 1973 年宪法中的表述，即让菲律宾人"过上配得上他们尊严的生活"。[4]

"新社会"构想在诞生之初便显示出其复杂的面向，但马科斯关于"新社会"的表述通常被理解为一场政治动员，是马科斯意图通过美好的政治愿景为其独裁政权的合理性进行辩护。然而，如果仅仅把"新社会"构想理解为虚妄的诺言或者独裁的遮羞布往往会忽略以下问题。首先，在表述这一目标如何实现时，马科斯强调个人发展、国家命运与

1　参见吴飞《浮生取义》，中国人民大学出版社，2009，尤其是第十一章"造福"；关于对重大社会变迁中个体苦难的社会根源的讨论，参见〔美〕凯博文《苦痛和疾病的社会根源》，郭金华译，上海三联书店，2008。
2　参见张锡镇《马科斯的政治思想初探》，《国际政治研究》1990 年第 3 期；吴小安《试论马科斯"新社会"纲领》，《南洋问题研究》1992 年第 1 期。
3　参见 Ferdinand Marcos, *Notes on the New Society of the Philippines*, Manila: The Marcos Foundation, 1973。
4　*The 1973 Constitution of the Republic of the Philippines*, Art. V. Sec. 3 [EB/OL]. (1973-01-27) [2022-08-13]. http://www.gov.ph/constitutions/1973-constitution-of-the-republic-of-the-philippines-2/.

社会形态进步之间密不可分，同时将终极目标（如富裕、自由、公正等）的实现界定为内在于菲律宾人自然权利中的应有之物。[1] 其次，"新社会"所宣称的这种终极性目标对于菲律宾人来说并不陌生，其形式来自菲律宾独立革命中最常见的话语。[2] 最后，虽然马科斯声称富裕、自由、平等、公正等"新社会"的目标源于菲律宾人的"自然权利"，是需要"复兴的民族精神"，但"新社会"绝非简单的历史循环论，也即意在使菲律宾社会重归殖民者到来之前的"自然"状态。[3] 在马科斯看来，要实现"新社会"恰恰不能故步自封，而要以"开放"的态度发展国家，甚至可以"照搬"美国的资本主义形式及其自由主义的价值观。[4] 因此，"新社会"在生活形制和民族精神上与殖民者到来之前有很多相似之处，但在社会形态上却包含了深刻的变革。

1　在马科斯看来，恰恰是殖民主义塑造的殖民思维（colonial mentality）导致了菲律宾人自然权利和民族精神的丧失。菲律宾独立以后的政府不仅没有解决这个问题，反而使其恶化，参见 Ferdinand Marcos, *Five Years of the New Society*, Manila: Marcos Foundation, 1978, pp.177-178; *An Ideology for Filipinos*, Manila: Marcos Foundation, 1980a, p.64。马科斯这一观点的来源似乎可以部分地追溯到黎萨尔（José Rizal）那里，参见 José Rizal, *Writings of Jose Rizal vol. VI: Events in the Philippine Islands*, Manila: Jose Rizal National Centennial Commission, 1962, 尤其是第八章黎萨尔的注释部分。

2　19 世纪末菲律宾的独立运动中，以黎萨尔、波尼法秀（Andres Bonifacio）为代表的革命派知识分子形成了一种新的历史哲学。这种历史哲学将菲律宾的历史划分为三个阶段（以德尔·皮拉尔 [Marcelo H. del Pilar] 为代表的改良派则采用了两段论）：西班牙人到来之前，民族自由富足，文明不断进步；西班牙人到来之后压迫菲律宾人，文明不断倒退；国家解放后民族的创造力恢复，文明继续进步。这样一种历史阶段的划分也体现在他加禄人秘密结社"卡蒂普南"运动的入会仪式上。关于菲律宾独立运动中三段论历史哲学的形成和相关讨论可见 José Rizal, *Writings of Jose Rizal vol. VI: Events in the Philippine Islands*; Andres Bonifacio, "Ang Dapat Mabatid ng mga Tagalog," In Jim Richardson, *The Light of Libery: Documents and Studies on the Katipunan, 1892–1897*, Quezon City: Ateneo de Manila University Press, 2013, pp.189-192; 以及 Filomeno Aguilar Jr., "The Pacto De Sangre in the Late Nineteenth-Century Nationalist Emplotment of Philippine History," *Philippine Studies* no, 1/2 (2010), pp.79–109。马科斯的构想中对"旧社会"的批评以及对"新社会"下菲律宾人自然权利中应有之自由、富足、平等、公正、尊严的强调，正是对这样一种历史哲学和革命话语的借用。

3　关于演化论与历史哲学的讨论，参见吴飞《人伦的"解体"》，生活·读书·新知三联书店，2017。

4　参见 Ferdinand Marcos, *An Ideology for Filipinos*; *In Search of Alternatives: The Third World in an Age of Crisis*, NMPC Books 1980b。

"新社会"运动开始后，菲律宾社会状况短暂地有所好转，不少人甚至对之抱有很大期望。[1]然而，以发展主义作为意识形态基础的"新社会"运动，[2]在不断扩张、更新城市空间的过程中，虽然建设起了以马尼拉为代表的现代化大都市，但也对居于其中以及在其辐射范围内的普通人的日常生活产生了巨大影响。[3]如布洛卡电影中所呈现的，"新社会"运动所承诺的美好生活恰恰是个体与家庭悲剧的根源，城市扩张与更新过程中底层、边缘人群及其家庭不可避免地成为牺牲品。

《亏缺》悲剧性的结尾所指向的正是现实中菲律宾独立以后，传统伦理观念与西方个人主义、自由主义思想的此消彼长。[4]在马科斯所主导的这场社会变革中，二者的冲突更集中地凸显出来。如果说在《亏缺》故事终结处，新生儿尚能意味着朱尼尔最终的伦理寄托，那么在电影《英香》（Insiang, 1976）中，主人公最终面对的则是一个伦理秩序完全失效的世界。

第二节 新家庭的人伦变革

电影《英香》的故事设定在马尼拉附近一个贫穷的村子中，多次出现在影像背景中的是正在拔地而起的现代城市建筑。女主角英香（Insiang, Hilda Koronel 饰）小时候，父亲就抛弃了她与母亲托尼雅（Tonya, Mona Lisa 饰）跟情妇私奔，托尼雅不得不独自抚养英香。这个

---

1 金应熙主编《菲律宾史》，1990，第 762 — 773 页。

2 吴小安：《试论马科斯"新社会"纲领》，《南洋问题研究》1992 年第 1 期。

3 马科斯时代马尼拉城市建设的情况讨论可见 Gerard Lico, *Edifice Complex: Power, Myth, and Marcos State Architecture*. Quezon City: Ateneo de Manila University Press, 2003. 里科（Gerard Lico, *Edifice Complex: Power, Myth, and Marcos State Architecture*, Quezon City: Ateneo de Manila University Press, pp.1-21）认为，被新的建筑工程（如菲律宾国际会议中心、马尼拉电影中心、菲律宾文化中心）覆盖的马尼拉不仅彰显了马科斯政权重新安排空间的权威性，同时也是建构"新社会"的"新"城市秩序。

4 许瀚艺：《布洛卡影像中的"新社会"批判》，《读书》2020 年第 5 期。

看似应当是"母慈女孝"的故事，最终却演变为一场人伦悲剧。

由于被丈夫抛弃，托尼雅的性格变得乖戾，她对英香非常严苛，反对英香谈恋爱，不许英香私自花家里的钱。对于托尼雅来说，英香的存在时刻提醒着自己曾经被丈夫抛弃，因此她始终对英香抱有复杂的态度，这种态度在一场冲突中集中体现出来：

（英香将自己洗衣服赚到的钱交给托尼雅）

托尼雅（接过钱）：怎么只有5比索？

英香：我回家的路上买了一双新鞋。

托尼雅（盯着英香脚上的鞋）：为什么？原来那双鞋还能穿啊。

英香（一边做家务一边说）：那双鞋在家里穿还行，在外面穿有些不好意思。

托尼雅（反讽地）：不好意思？我看你是要把自己打扮得漂漂亮亮，好吸引男人，是吧？

英香（抬起头皱眉看着托尼雅）：妈，不是（转身继续去做家务）。

托尼雅（跟上去，拉过英香，指着她）：下次花钱的时候先跟我说。（英香没有回答，托尼雅继续说）不要总买这些没用的东西。

英香（低着头继续干着手里的活，不服气地）：这是我自己辛苦赚来的（转身走向一边）。

托尼雅（跟上去用力拉过英香，语气严厉）：是你辛苦赚来的怎么了？（英香扶着被托尼雅抓疼的胳膊，皱眉看着托尼雅，表情不服气，托尼雅把5比索举到英香面前）你还都想要？啊？啊？（英香稍微低下头，不敢看托尼雅）我把你从小养大。啊？（英香低着头偷看托尼雅，表情委屈）你也想算一下吗？啊？（镜头转向托尼雅，托尼雅得意地说）你以为你能还得清吗？（镜头转向英香，英香低着头坐了下来）我辛辛苦苦把你养大，现在你长大了，服务我，把钱都交给我是你的义务。（托尼雅越来越激动，几乎哭出来）都是因为你那不要脸的父亲抛弃你跟着别的女人跑了，我才这么辛苦把你养大。

在这段由托尼雅主导的对话中，她通过一种经济的而非血缘的方式重新解释了她和英香，乃至一般意义上的家庭关系。在她看来，自己付出的每一分力气、每一比索的花费都应得到偿还，这是因为"那个不要脸的父亲"抛弃了自己应尽的经济性义务。如果将这段对话放在"新社会"运动的语境下来看，则很难将之简单理解为暴君式的家长对女儿的"教育"或一段"气话"。托尼雅的说辞，恰恰印证了1973年菲律宾宪法在"家庭"和"公民的职责和义务"两条中的相关说法：

> 国家应巩固家庭作为基本社会单位（basic social institution）的角色……，提高［青年］公民的效率……是父母的自然权利和职责。[1]
> 每一个公民有责任通过有酬工作（gainful work）确保自身与家庭过上有尊严的生活。[2]

如前文指出，马科斯的"历史哲学"将个人发展与国家进步紧紧捆在一起，宪法中的这两处表述则进一步论证了个人发展与国家进步是如何以家庭为中介被勾连起来的。托尼雅的话道出了"新社会"运动试图塑造一种怎样的家庭观念："新社会"的家庭不再是血缘、共居、共劳、共用的关系，而是一个生产性的"单位"（institution），同时也是一个中间环节。这个单位所生产的最重要的产品是可以通过高效地从事生产回馈家庭，进而服务整个国家的公民。而用来衡量公民效率的，如宪法中

1　*The 1973 Constitution of the Republic of the Philippines*, Art. Ⅱ. Sec.4.

2　*The 1973 Constitution of the Republic of the Philippines*, Art. Ⅴ. Sec.3.

所说，是工作所得酬劳。在国家、家庭以及个人三者的关系中，个人对其自身尊严、家庭尊严以及国家发展所做出的贡献，取决于其生产活动所创造的价值；而一个家庭对国家发展所做出的贡献，则取决于它"生产"出了怎样的价值创造者。从这个意义上看，基于血缘并由此延伸开的伦理秩序已经不再用于通贯个人、家庭与国家的关系，现在，联结三者的是一种抽象的价值媒介——"钱"。

与此同时，随着个人生产生活的对象被建构为货币这一抽象媒介，而非单单是个人欲望的满足，对自然欲望的"驯化"就转变为对经济利益——一种抽象个人的表征——的管理；资本主义与个人主义在这一点上汇合并呈现更加制度化的特征。[1] 在这个意义上，家庭在共居、共劳、共用方面的伦理意义及功能进一步被抵消；只有将之视作一个"生产性单位"，并且放置在以经济为关联的框架下才能被理解，才能显出其价值。在社会结构的意义上，可以说，菲律宾的家庭消失了，取而代之（但又无法真正取而代之）的是作为有机体的"新社会"的"新"家庭。在这个家庭中，父亲是马科斯，母亲是马科斯夫人，儿女们就是全体菲律宾公民。[2]

基于这种对家庭的"新"理解，托尼雅将怨气发泄在英香身上。但同时，英香的存在也确实给她带来了"麻烦"，因为托尼雅让自己的情

1　参见李猛《论抽象社会》，尤其是关于赫希曼（Albert Hirschman）的"激情"（passion）概念的讨论。

2　马科斯经常称总统就是"一家之主"（ama ng tahanan，直译为一家之父），他认为一家之主要为家庭提供日常给养（daily bread），并且要调动家庭生产性劳动的活力（参见 Ferdinand Marcos, *Five Years of the New Society*, p.184）。马科斯与马科斯夫人借用创世神话人物 Malakas 和 Maganda（菲律宾版的亚当和夏娃）来比喻二者与菲律宾人民的关系：首先，二人是"民之父母"；其次，作为 Malakas（本意为强壮）的马科斯（父亲）负责管理国家的政治与经济，作为 Maganda（本意为美丽）的马科斯夫人（母亲）则分管艺术与文化。国家的发展有赖于经济上的资本主义与政治制度上的多元、自由，但社会秩序与道德秩序的建设则需通过艺术与文化的发展向内部寻找菲律宾人天性之中固有诸种特质。"新社会"运动的双重面向——现代化—民族主义，与菲律宾的性别关系（值得注意的是，菲律宾人或至少他加禄人传统与基督教传统在性别关系图示上存在差别，Malakas 和 Maganda 共同从竹子中出生，而夏娃来自亚当的肋骨）、家庭分工等方面纠缠在一起，呈现复杂的紧张关系。

夫达多（Dado, Ruel Vernal 饰）住进了本就狭小的家里。但是，托尼雅并不知道，达多之所以愿意做她的情夫是为了接近英香。一天夜里，达多趁托尼雅熟睡奸污了英香，并诬陷是英香主动勾引他。托尼雅对达多的说辞深信不疑，母女之间的关系因此变得更加紧张。英香向男友拜博（Bebot, Rez Cortez 饰）求助，希望他能带她逃离村子，然而拜博最终抛弃了她。走投无路的英香萌生了报复的念头。她主动勾引达多，让他教训了拜博，更刻意让母亲看到她与达多的亲密关系。如英香所料，这些行为引起了托尼雅的猜忌。一天，托尼雅愤怒地质问英香与达多为何走得这么近，英香告诉托尼雅达多真正爱的是她，并且很快就要带她离开这里。愤怒的托尼雅打了英香一个耳光，英香随即还以颜色，并称达多向她说过很多诋毁托尼雅的话，这番话让托尼雅陷入了绝望：

　　（托尼雅与英香近距离面对面，镜头在两个对话者面部之间来回切换）

　　英香（凶狠地）：我全知道了！他都告诉我了！

　　托尼雅（绝望地）：别说了！

　　英香（咄咄逼人地）：他看不上你，必须关上灯他才能忍受你！

　　托尼雅（绝望地摇着头，不敢直视英香）：够了，别说了。

　　英香：这都是他亲口说的，妈，你老了，（刻意放慢语速）皮肤上全是皱纹！（越来越快地）每天早上醒来看到你他都感到恶心，他根本无法直视你。

　　托尼雅（张开嘴想要说什么，却一时说不出来，一边摇头一边哭，终于轻声地）：这不是真的。

　　得知自己再次遭到背叛，绝望而愤怒的托尼雅用剪刀刺死了达多，英香则在一旁冷眼旁观。最后，英香到监狱探望服刑的托尼雅，将实情告诉了母亲，希望与母亲和解，但没有得到母亲正面的答复。[1]

电影开始时，英香具有伦理秩序中的多个典型身份：托尼雅的女儿，拜博的女友（潜在的妻子）以及村民（熟人社会的成员）。随着剧情推进，英香最终不得不面对一个伦理秩序完全崩塌的世界，相应地，她所具有的伦理身份也渐次失效。首先，托尼雅几乎完全以"钱"这一抽象媒介来理解母女关系，这意味着女儿这一身份率先失效。其次，拜博虽然声称爱英香，但他所谓的爱却完全是建立在肉体欲望的基础上。在英香被抛弃后，其潜在的妻子这一身份也随之失效。最后失效的是英香的村民身份。电影中，英香假意勾引达多，招来了村里人的议论，所到之处无不受到村民指摘。在众多村民中，只有暗恋英香的雷纳多（Reynaldo, Marlon Ramirez 饰）认为英香必有苦衷，然而他还是建议英香离开村子：

（雷纳多与英香并行在村中的路上）

雷纳多：我努力学习就是为了能够找到工作，独自生活，离开这里，（英香微微仰起头看着远处，似乎在思考）离开这里的麻烦。我爸要是知道我的计划肯定会生气。只是我已经想好了，在这里不会有什么前途，无论如何要抓住机会离开这里，在这里没有什么值得我努力的。

英香（低头）：在我完成我要做的事之前不能离开这里。

在此，布洛卡抛出了一个问题：在一个伦理秩序崩塌的世界中个体如何自处？随后他又借雷纳多之口给出了回答，在处于变革风暴中的菲律宾，过一种个人主义的生活更加容易。也即如涂尔干在批评个

1　根据当时菲律宾的规定，电影必须先审查再拍。在最初提交审查的剧本中，英香在结尾处明确表达了对母亲的憎恨，但这一版剧本被审查委员会驳回，理由是"在菲律宾，女儿不可以恨母亲"。参见 Agustin Sotto, "Interview with Lino Brocka on Insiang," in M. Hernando ed., *Lino Brocka: The Artist and His Times*, Manila: Sentrong Pangkultura Ng Pilipinas. pp.227-230。

人主义时所描述的，一种"每个人都靠自己……用不着为别人担心"的生活，[1]每个人只需要理性地自我经营，而不必面对伦理秩序崩塌可能带来的任何麻烦。在电影中，随着日常生活中的前两种身份失效，英香已经对自己的未来有了明确的想法，完成复仇后的她需要前往一个完全陌生的地方，开始一种全新的生活。但她要去的地方一定不能是熟人社会，否则悲剧或许会重演。正是在这个意义上，英香的第三种伦理身份彻底失效。[2]

因此，英香唯一可能去的地方就是马尼拉这样的大城市，那里没有人关心她的过去，以"民之父母"为中心组建的大家庭中的成员恰恰以个体化的形式存在。在这个新式"家庭"中，伦理秩序不再是必须，一个人可以是，或者必须是所有人的陌生人。

第三节　现代城市里的陌生人

至此，布洛卡开始凝视马尼拉。作为这场"进步风暴"的中心，马尼拉在不断扩张、更新的同时，也创造了周边地区的失地、失业农民。一时间，马尼拉汇聚了大量剩余劳动力，甚至吸引了来自更远处的怀揣"菲律宾梦"的青年。在城市蚕食乡村的同时，乡村也进一步地暴露在现代化进程之下，而生存于其中的人则不断被卷入现代城市的生产、生活方式当中。《霓虹魔爪下的马尼拉》（*Maynila, Sa Kuko ng Liwanag*, 1975）通过年轻渔民胡里奥（Julio, Rafael Roco Jr. 饰）的眼睛与身体，观看、感受着城市的冷漠，体认脱离了伦理秩序的个体在城市中所遭遇

1　〔法〕涂尔干：《乱伦禁忌及其起源》，汲喆等译，上海人民出版社，2006，第170—171页。

2　本文关于社会形态转变过程中伦理身份失效的思路来自赵晓力《祥林嫂的问题——答曾亦曾夫子》一文中的讨论。赵晓力认为，任何致力于重建或新建某种伦理秩序的人，都需要严肃面对人伦问题，并给出自己的回答。而马科斯所建构的对家庭的"新"理解恰恰未能很好地回答这个问题。参见赵晓力《祥林嫂的问题——答亦曾夫子》，《神圣的家：在中西文明的比较视野下》，宗教文化出版社，2014，第173—180页。

的困境。

胡里奥与恋人丽嘉雅（Ligaya, Hilda Koronel 饰）本来生活在马尼拉附近的渔村。[1]一天，人贩子克鲁兹夫人（Ms. Cruz, Juling Bagabaldo 饰）来到村里，向村里人描述马尼拉的生活，并告诉他们可以安排女孩们去马尼拉做工，甚至可以接受教育。克鲁兹夫人的话打动了丽嘉雅的母亲，她最终决定让丽嘉雅跟随克鲁兹夫人去马尼拉看看。离开村子后不久，胡里奥就失去了丽嘉雅的音讯，于是他决定只身前往马尼拉寻找恋人。刚到马尼拉，胡里奥就遭遇了小偷，身无分文的他只能辗转于各个工地。

在工地上，胡里奥结识了出于不同目的来到马尼拉的工友，他们中有人为了赚钱养家，有人希望有朝一日出人头地，有人则就是喜欢在马尼拉的感觉。休息时，工友们时常交流城市生活的感受：

（工友们聚在一起吃午饭，一边吃一边谈论，胡里奥认真地听着）

工友甲（感叹）：还是外省好，最起码吃得像样。

工友乙（调侃地）：你傻啊，那你为什么不回去？

工友甲：有好几次我都想回去，但是……

工友丙（嘴里塞满吃的）：你回外省肯定一事无成。你在那能做什么？

工友甲（对工友丙）：我能种地。我好几次都想回去，但就是没回去。因为我觉得在这更好。

工友丁（一直低头吃饭，忽然插嘴）：对，城市里什么都有，有苦也有甜。在城里就算你兜里只有 3 比索也能找到乐子，在外省就不一定了。

1　电影中几个角色的名字在菲律宾语中有具体意思，胡里奥的全名 Julio Madiaga 可以转写为 Julio Matiyaga，意思是"坚忍的胡里奥"；丽嘉雅的全名 Ligaya Paraiso，意思是"快乐天堂"；后文中出现的丽嘉雅的"丈夫"Ah Tek，可以转写为 Atik，在俚语中是"钱"的意思。

　　工友甲：就算没什么钱，城里也有很多地方可以去。女人也多。

　　工友乙：而且，只要你在城里，说不定哪天就发达了……在外省，你生来是种地的，到死还是种地的。

　　从克鲁兹夫人与工友们的描述中，能够看到在"新社会"运动中，马尼拉不仅被建设为国家的中心，而且被塑造为经济、文化想象的中心。乡村与城市的对立格局已经悄然浮现。在空间、机会以及娱乐等方面，城市与乡村形成了鲜明对比。正是在这样一种对比下，城市扩张所带来的被迫卷入逐渐变为一种主动"皈依"，而主动"皈依"往往意味着需要接受城市对自身的"改造"。[1] 这种"改造"一方面是身体功能上的，即适应城市建设所需要的工种，使自身成为城市发展中的"万能零件"；[2] 另一方面则是人格观念上的，即接受城市生活的基本逻辑。只有在不断的操演中获得城市人的身体与观念，才能更好地感受到城市生活所显现出的种种丰富之处：健壮的身体可以在城市的任何缝隙中找到生计，让"生而为种地者"改变其命运；当有钱人在高端夜总会里一掷千金时，工友们则花 3 比索光顾工地上非法皮条客的生意，于他们而言，这一刻自己与有钱人一样享受着霓虹灯下的马尼拉。

　　胡里奥的另外一位工友马克西姆（Maximo, Pio de Castro 饰）则更加精通城市的逻辑，在他看来，做工人、拿低工资、消费工地上的性工作者并非真正的城市人。真正的城市人不仅要接受高等教育、成为职业工作者、拿到高工资，更重要的是要会消费。也即，不仅要实现金钱在

1　许瀚艺：《布洛卡影像中的"新社会"批判》，《读书》2020 年第 5 期。

2　在电影中（现实中亦是如此），工头判断一个人是否能胜任建筑工作的唯一标准就是身体看起来是否强壮。胡里奥在成为建筑工人时并未接受任何培训，而且要在工程的不同时期负责不同类型的工作；而胡里奥的第二份工作（详见下文）同样也依靠其身体获得。"身体"是以胡里奥为代表的乡村人在城市生存的重要资本。有关布洛卡电影中"身体"问题的讨论，参见 Rolando Tolentino, *Contestable Nation-Space: Cinema, Cultural Politics, and Transnationalism in the Marcos-Brocka Philippines*, Quezon City: The University of the Philippines Press, 2014。

数字意义上的积累，更要在消费的过程中感受金钱的符号性意义。只有学会如何通过消费刺激金钱与欲望再生产，才是真正的城市人。

但事实上，作为中心的马尼拉却更多地展示出其冷漠的一面，在接下来的情节中，电影集中呈现了一连串不同人物的悲惨遭遇。一位工友在施工中坠楼身亡，无人认领的尸体为医学院所购买，最终被朋友们遗忘。另外一位工友家乡的田地被开发商强征，兄妹二人带着父亲在马尼拉的贫民窟中生活。哥哥因与工头发生冲突在狱中被人打死。贫民窟突遭火灾，父亲在大火中丧生，妹妹则沦落为性工作者。当工程近半，胡里奥与大批工友被解雇，走投无路的胡里奥被迫成为性工作者（服务对象是男性）。但是，他用身体赚来的钱与丽嘉雅的信却被一名警察"没收"。愤怒的胡里奥买来冰锥想要杀死这名警察，可无论如何再也找不到他。[1]

这些极具偶然性的遭遇并非简单地反映某些抽象问题，也并非将悲剧"浓缩"在胡里奥周围，而是以一种赤裸的方式展示现代性的伦理底线。如"发达"后的马克西姆以 12 比索的价格"消费"前工友的妹妹（对比工地上的 3 比索），并对胡里奥侃侃而谈。面对前工友的妹妹，只有将伦理情感完全抹除，以纯粹的市场交易者的身份面对对方，才能如此问心无愧。而现代城市生活的逻辑，恰恰为这个问题上的自我证成提供了可能性。

对于胡里奥而言，城市与乡村体量上的差别所带来的空间与际遇上的变化让他难以理解，生长在熟人社会中的胡里奥从未想过寻找一个人会如此困难。在他即将放弃的时候，布洛卡将丽嘉雅带到他的面前。与胡里奥重逢后，丽嘉雅讲述了自己如何被迫成为性工作者，如何被卖给现任"丈夫"并为其生下一女。得知情况后，胡里奥计划带着母女二人连夜逃走，然而丽嘉雅却在当晚遭到"丈夫"杀害。最终，胡里奥来到"丈夫"家，用冰锥结果了他的性命然后仓皇逃走：

1　许瀚艺：《布洛卡影像中的"新社会"批判》，《读书》2020 年第 5 期。

女佣的叫喊引来了警察，路边的警察开始追赶胡里奥。胡里奥疯狂地跑。路上的行人见此，也跟着警察一起追胡里奥。胡里奥在霓虹灯下马尼拉的街道上奔跑，追他的人越来越多。体力不支的胡里奥转进一条巷子，结果发现是死路。后面的人纷纷追入巷子，胡里奥听到脚步声，转过身面对巷口，手里握着冰锥。追他的人将他围住，看到他手里有冰锥不敢贸然上前。一个人问另一个人："他做了什么？"另一人回答："他杀了人"。有人给大家壮胆："让我们教训他一下。"（面部特写）胡里奥看着面前排开的人群，面露惊恐。有人喊道："他完蛋了！"胡里奥的表情更加惊恐。（镜头自下而上仰拍）胡里奥举着冰锥，头顶上是耀眼的路灯，他看看手里的冰锥，看看面前的人群。人群中不断有人喊道："干他，干他！"胡里奥绝望地后退，后背撞在墙上。人们拾起地上的木板、钢管作为武器，缓慢朝着胡里奥靠近。胡里奥茫然地看着眼前的一切，举着冰锥的手慢慢垂下，不知所措。人群离他越来越近，胡里奥再次举起冰锥，眼中流下泪水，发出绝望的叫喊。

电影最后定格在胡里奥嘶吼的画面上，背景歌声响起，胡里奥绝望的脸部特写上逐渐叠加了夕阳下丽嘉雅侧脸的剪影。随后，胡里奥的脸部轮廓褪去，丽嘉雅的五官变得清晰可见，最终消失在过度曝光的画面中。胡里奥的生死问题几乎毫无悬念，从他进入城市在不同的行业间辗转再到经历工友们的死亡，在这个过程中，他自己（以及丽嘉雅）的悲剧已经写好。在布洛卡的刻意安排下，一些素不相识的陌生人（既不与胡里奥相识，彼此之间也大都不相识）终结了胡里奥的生命，也揭示出城市冷漠无情所能达到的限度。正如陌生人俯拾即是的建筑废料，城市中的这些"万能零件"最终也难以摆脱用后即丢的（disposable）命运。

成长于熟人社会的英香，在其伦理身份逐次失效后，只能将城市作为其容身之所。但更多情况下，一个个体在家庭中的伦理位格即使已经失效（比如父母早亡的胡里奥），熟人社会长期的共居、共用以及共劳史本身依然是能让其容身、为其提供照看的一种秩序。[1]而在电影中，城市中的工友们所形成的共同体的基础是临时性的共同命运。临时性意味着，其成员关系在大多数情况下随着个体身体性的退出（比如工作调动或生命结束）而终结。[2]但对于"万能零件"来说，城市中的生活总是动荡居多。因此，一个人一旦以个体的方式进入城市，日常生活的最后防线也会随之失效，而这恰恰是城市中颠沛流离的个体最需要的依托。

　　胡里奥与工友们的遭遇，揭示出"新社会"运动下以个体形式被纳入现代城市的人所面临的困境。在基于工种、收入、居住、际遇等抽象范畴所构成的边界内，主体性与个体间的抽象认同在这些范畴中生成并被建构。这正是马科斯所构想出的"新社会"，即一个以有机体的方式组织起来的，依赖相应的抽象媒介、范畴知识为其提供制度化、程序化保障的现代社会。从根本上讲，城市生活正是朝着这一方向塑造生存于其中的个体，即让他们把自己和他人当成市场中的交易者：人与人的具体关联被化约为、理解为一系列的"程序技术的运作"。[3]

　　"新社会"运动见证了菲律宾最急迫的乡村及其人口的城市化进程。乡村人，在一种被塑造出的"城市"观念的裹挟下来到城里，竞相成为城市人。在这个过程中，我们虽然可以认为进入城市在某种程度上是个人选择的结果，但仍需看到"新社会"运动并未在这种选择之外给他们留有太多余地，特别是那些被马尼拉的魔爪所笼罩的边缘地区。[4]

1　参见林叶《"废墟"上的栖居——拆迁遗留地带的测度与空间生产》，《社会学评论》2020年第4期，第88—103页。

2　电影中当然也存在超越临时性共同命运的情感纽带，在这个意义上，胡里奥要比尸体被医学院买走的工友幸运得多。但仍需要注意的是，尽管影片中多次出现死亡，却没有出现葬礼。而在熟人社会中，家中料理丧事往往会有大量的邻里参与，即便是独居者，其死后也不会无人为其收尸。这至少可以在一定程度上体现出二者之间的差别。一个可供对比的研究，参见林叶《老村》（民族志电影），北京大学社会学系，2019。

3　李猛：《论抽象社会》，《社会学研究》1999年第1期。

4　许瀚艺：《布洛卡影像中的"新社会"批判》，《读书》2020年第5期。

在布洛卡的视野中，"新社会"运动下的城市、城镇、乡村等场所成了某种"必争之地"。他的竞争者是马科斯，但他要争夺的并非这些地方的所有权，而是表征及阐释的权力。当马科斯将"新社会"运动表述为社会形态的深刻变革，将城市的发展描绘为一种进步的愿景时；布洛卡在社会形态转变与城市发展的缝隙中看到了普通人日常生活所遭受的冲击。[1]

值得注意的是，虽然布洛卡通过影像反思和批判"新社会"运动下菲律宾的社会现实，却不能简单将之理解为与马科斯直接对立的话语表达。如果布洛卡所透露出的真的是一种直截了当的反对，在严苛的审查制度之下这三部作品根本无法投入拍摄。从这个角度上可以认为，布洛卡的叙事并非一种"反"官方（counter-official）的叙事，而是一种"非"官方（unofficial）的叙事。这样一种叙事所叙述的是官方视野中边缘的、次要群体的切身经验，这些经验恰恰是官方意义上不值得讲述的（narrative-less）经验。这样一种叙事与官方叙事共栖（cohabiting）在同一个社会现实当中，但它并不旨在制造一柄利刃，沿着官方叙事表征的反方向运动，将之切碎。它恰恰是钝化的，通过刻意制造的巧合使其具有虚构性，充满看似没有所指的能指。借此才能在官方叙事的侧面创造一个漏洞，生成一个在不与官方正面交锋的情况下尽情言说的空间。[2]也即，如本雅明所说，把同官方叙事保持一种"格格不入（against the grain）"的关系视为自己的使命。[3]

在这个意义上，可以认为布洛卡所反思和批判的是这样一种现实："新社会"运动中对国家现代化的迫切需求并未考虑到普通人的感受，

1　许瀚艺：《布洛卡影像中的"新社会"批判》，《读书》2020 年第 5 期。

2　参见 Roland Barthes, "The Third Meaning," In R. Barthes, *The Responsibility of Forms*, trans. R. Howard, New York: Farrar Strauss and Giroux, 1985, pp.41-62。与之相关的一个讨论，参见 Mary Steedly, *Hanging without a Rope: Narrative Experience in Colonial and Postcolonial Karoland*, Princeton, New Jersey: Princeton University Press, 1993, pp.136-137。

3　Walter Benjamin, "Theses on the Philosophy of History," In W. Benjamin, *Illuminations*, New York: Schocken Books, 1969, pp.253-264。

特别是没有为那些难以在短时间内应对这种社会变革的普通人留有选择。至少，在布洛卡看来，这个过程需要谨慎地处理。正如本文中指出的，与"技术"移植相伴随的"人格更新"并不能通过涂尔干式的"抽离"和"注入"来完成。在医疗实践中，人体在器官移植后（社会有机体在移植技术性"器官"后），有很大概率发生排斥反应，而注入与本体血型相异的血液则会导致死亡。虽然现代化过程所产生的影响并不总是如此迅速、激烈，但在布洛卡的影像世界中，它总是以连续、弥散、悄无声息的方式对普通人的日常生活进行蚕食，最终酿成悲剧。在以西方为模板人为建构现代国家的过程中，类似的问题几乎不可避免。因此，任何试图建立新秩序者都要思考这样一个问题：如何能够在旧有秩序和新秩序之间，在社会形态的更替中找到一种恰当的衔接方式，为处于这场"进步风暴"当中的个体提供一种底线性的照看和支持。

第十章　菲律宾史研究的过去和现在

　　菲律宾是一个热带群岛国家，在被殖民侵略之前当地居民只有世代相传的口头传说，几乎没有书面文字书写的历史。1521 年麦哲伦到达菲律宾以及随后长达 300 多年的西班牙殖民统治不但彻底改变了菲律宾的历史发展道路，也给它带来了与先前不同的历史编撰模式。美国殖民统治虽然与西班牙有所不同，但在菲律宾历史书写上并没有太大改观，殖民史学在本质上基本是一致的。菲律宾独立后，历史学界也经历了一个剧烈的非殖民化过程，并逐渐形成了自己的民族主义史学。民族主义史学的发展配合了民族国家的建设，改变了以马尼拉为中心的历史书写格局，但是 400 多年的殖民统治对菲律宾历史发展产生了深远影响，从消除殖民主义的历史影响角度研究菲律宾历史的后殖民史学应运而生。后殖民史学从时间维度来看不只研究菲律宾独立后的历史，还研究殖民时期和殖民前的历史，是对菲律宾历史的整体研究。从研究内容来看，后殖民史学是对菲律宾历史的重新建构，是对菲律宾历史认识的自省和新自觉。中国的菲律宾史研究虽然是国际菲律宾史研究的一个有机组成部分，但更是中国的世界史研究的一部分，走过了独特的道路，呈现出"中国特色"。

第一节　菲律宾史研究中的殖民史学

西班牙殖民者用《圣经》和枪炮完成了对菲律宾的占领，传教士、殖民官员和世俗的史学专业人才是撰写殖民史学的三种主体。美国夺占菲律宾后，殖民官员和各种考察团成员留下了大量关于菲律宾历史的著作。与西班牙人的殖民史学具有强烈天主教特点大不相同，美国人的殖民史学具有强烈为现实服务的色彩。

西班牙人编写的最早的菲律宾史著作出现于 16 世纪末期。1582 年，洛阿尔加（Miguel de Loarca）写就《菲律宾群岛志》，描述了整个群岛尤其是吕宋和米沙鄢岛的面貌。[1] 其实，在此之前，来到菲律宾群岛的探险家和殖民者也多多少少都留下了一些记录，皮雷士在 1515 年的《东方志》中就记载了吕宋商人的信息。[2] 但是，这些信息大都是零散的、猎奇的，甚至道听途说的。阿杜阿特（Diego Aduarte，1570—1636）的《多明我会在日本、中国和菲律宾玫瑰省教区的历史》一书于 1640 年在马尼拉出版，这是在菲律宾的传教士根据自己的亲身经历对殖民时期菲律宾历史的第一次描述。但在黎萨尔看来，阿杜阿特是当时一个典型的半士兵、半修士的冒险家，既勇敢又淡泊，既忏悔施洗又杀人，在派出

1　William Henry Scott, *Barangay: Sixteenth-Century Philippine Culture and Society*, p.284.

2　〔葡〕多默·皮雷士：《东方志：从红海到中国》，何高济译，江苏教育出版社，2005，第103—104 页。

同伴杀死安睡中的菲律宾人、烧毁其房屋之前还不忘听他们忏悔。[1] 从
黎萨尔的评价中，可以看出这本书虽然记录了菲律宾群岛的历史，却仍
是殖民者眼中的历史，尤其是他提倡以和平方式在远东传教的呼吁对多
明我修会在菲律宾的发展起到了重要作用。此后，菲律宾的耶稣会士如
圣奥古斯丁（Gaspar de San Augustin,1650—1724）等都记录了自己及其
所在教派在菲律宾传教的历史。

　　撰写菲律宾历史的世俗历史学家第一人是莫尔加（Antonio de Morga,
1559—1636）。他在 1609 年于墨西哥城出版的《菲律宾群岛志》中，记
叙了菲律宾群岛被发现、征服、安抚和殖民的过程。尽管这部书被认为
留下了关于菲律宾部落最充分的资料，但实际上，莫尔加本人从未离开
马尼拉，也就是说，他的记叙主要是通过参阅别人的著作或通过与当地
人交谈来完成的。比较全面的菲律宾史直到 18、19 世纪之交才出现，代
表作是康塞普西翁（Juan de la Concepcion）的《菲律宾通史》和苏尼加
（Joaquin Martinez de Zuniga）的《菲律宾群岛史》。前者长达 14 卷，从
1788 年开始出版，直到 1792 年才出齐。这两部书在一定程度上超越了教
派分野，但仍然没能完全脱出教会史的藩篱，其叙述重点仍在于教会和
世俗殖民国家的斗争、殖民传教士教化当地人等。

　　从史料整理的角度来看，西班牙王室和历史学家都比较注重保存
和整理历史资料。从 16 世纪开始，西班牙王室就在锡曼加总档案馆存
贮西属太平洋殖民地的资料；18 世纪又在塞维利亚设立印度总档案馆，
保存 1830 年代以前的官方报告和公文等历史档案。[2] 菲律宾国家档案馆
建立后，保存了从 1565 年到 1898 年共 1000 多万份手稿，但就数量而
言，以 18 世纪末以后的历史档案为主。[3] 从 1890 年到 1898 年，雷塔纳

1　转引自 C. R. Boxer, "Some aspects of Spanish historical writing on the Philippines," in D. G. E.Hall ed., *Historians of South East Asia*, Oxford and New York: Oxford University Press, 1961, p.203。

2　李毓中：《西班牙塞维亚印度总档案馆所藏有关菲律宾史料的概况与目录》，《东南亚区域研究通讯》1999 年第 8 期，第 136—137 页。

3　李毓中：《菲律宾国家档案馆及其馆藏史料》，《东南亚区域研究通讯》1998 年第 4 期，第 45—46 页。

（Wenceslao E. Retana）出版了四卷本的《菲律宾藏书家档案：历史、科学、文学、政治史料与文献学研究汇编》，将大批文献公之于世。1918年，在菲律宾烟草总公司赞助下，耶稣会士巴斯特尔斯（Pablo Pastells）在巴塞罗那出版了《菲律宾群岛文献全集》。[1] 他于 1875—1892 年在棉兰老岛和马尼拉传教，后来因病回到西班牙，担任耶稣会历史学家阿斯特那因（Antonio Astrain, 1857—1928）的助手，开始从事历史研究和写作。他阅读了塞维利亚印度总档案馆的每一份手稿，然后进行精心挑选并分类，最后编辑成九卷《菲律宾群岛文献全集》，每卷前面都附有他写的长篇导论，因此，该书既是不可多得的资料集，又在一定程度上是他自己撰写的菲律宾通史。[2] 从 1825 年到 1932 年，西班牙政府陆续出版了 60 卷未公开出版文献大全，这些资料现在以 CDIA（42 卷，1864—1886）、CDIU（13 卷，1885—1932）、CVD（5 卷，1825—1837）三部文献集存世。罗德里格斯（Isacio Rodriguez）收集了第一个来到菲律宾的奥古斯丁派教士的通信和官方记录，精心选编了 19 卷《菲律宾奥古斯丁教区的历史文献》（HPAF）。现在利用最多的，尤其是不懂西班牙语的学者最方便利用的资料集是布莱尔和罗伯逊主持编译的 55 卷《菲律宾群岛》。[3] 该资料集时间跨度从麦哲伦航行到西班牙在菲律宾殖民统治结束的全过程，既有西班牙殖民官员保留的官方档案，也包括传教士的私人通信和教区记录，还有相关的汉语、葡语、荷兰语、意大利语、英语等史料，内容涵盖西班牙统治时期菲律宾社会的各个方面。这套文献集不仅具有重要的史料价值，也是一部不可或缺的工具书。

　　传教士和世俗历史学家构建了一个殖民地菲律宾的形象。在西班牙殖民史学家看来，菲律宾人基本上是"劣等民族"，华人也并不比菲

1　〔菲〕费尔南德兹：《西班牙的菲律宾史研究百年回顾》，李毓中译，《东南亚区域研究通讯》1999 年第 7 期，第 86 页。

2　Jose S. Arcilla, S. J., "Jesuit historians of the Philippines," *Philippine Studies*, Vol.44, no.3(1996), pp.377-378.

3　E. H. Blair, J. A. Robertson, *The Philippine Islands, 1493-1898*, 55 Vols., Cleveland, Ohio, 1903-1909.

律宾人好多少，唯有日本人是个例外，他们是"亚洲的西班牙人"。史学家们认为菲律宾人"忘恩负义、反复无常、鲁莽无礼、狡猾狠毒、懒惰成性、喜欢嚼舌、喜欢洗澡和保持自身干净到病态的程度"。他们还喜好争论、记仇报复，但又懦弱酗酒放荡。在西班牙殖民菲律宾后，菲律宾人学习了西班牙人的恶习而不是美德。既然菲律宾人是不可救药的，那么就需要西班牙人"以上帝的名义"来拯救菲律宾，因此西班牙国王对菲律宾群岛拥有无可争辩的占有权。那些"在智力上只相当于欧洲儿童"的菲律宾人需要传教士来统治和指导，他们只能充当奴隶，从事为西班牙殖民者服务的工作。西班牙士兵和传教士为菲律宾群岛带来了秩序和安全。如果没有西班牙的占领，菲律宾群岛或将被穆斯林，或将被中国人或日本人占领，而这些人肯定会比西班牙征服者和修士更为苛刻。

　　西班牙殖民史学家虽然保留了菲律宾历史的珍贵资料，但它显然是为殖民统治服务的，尤其是为传教士教化菲律宾人服务的。为了吸引更多的传教士到东亚，传教士编写的菲律宾史一般都具有三个特点。一是把菲律宾人写成需要教化的"野蛮人"；二是把菲律宾写成传教士进入中国、日本的前沿基地；三是强调传教士与殖民官员既有区别又相互支持，前者也搞大地产，但更注重从精神上对菲律宾人进行改造，后者则着重从政治、经济、军事等方面对菲律宾人进行残暴统治，但也从不放松对其进行精神钳制。传教士编撰了许多菲律宾当地语言的辞典，但是，这种对当地语言的整理和解释在很大程度上滤除了它的本土性，而移植了西班牙语和拉丁语的规范，这在当时被认为是科学的、先进的，但实际上是一种变相的文化殖民。西班牙殖民者在菲律宾长达 300 多年的殖民统治使菲律宾的真实历史及其编撰学出现了严重断裂，菲律宾口传史学被认为是"落后的、不可信的、非科学的"而被淘汰。文化断裂使菲律宾既游离于自己身处的亚洲之外，也没法加入宗主国所在的欧洲，成为无根的民族或是"亚洲的拉美国家"。

　　1898 年的美西战争使菲律宾落入美帝国主义的手中，菲律宾人虽然挣脱了西班牙的殖民枷锁，但并没有逃出美国的魔爪。美国人需要给殖民统治一个"冠冕堂皇"的解释，美国殖民者不仅通过把西班牙殖民者描述成暴虐的、是必须推翻的，把菲律宾人描述成低能的、需要教化的来证明自己抢占菲律宾的合法性，而且通过美化美国的殖民政策把自己塑造成菲律宾人的"大恩人"。美国的这种做法比起西班牙赤裸裸的殖民更具欺骗性，是伪善的帝国主义行径。

美国为什么要从西班牙手里夺占菲律宾？这涉及美国统治菲律宾的合法性，是美国殖民史学首先要解决的问题。有些美国历史学家认为，当麦金利总统在举棋不定的时候，他向上帝祈求，上帝给他明确启示，同意美国把"野蛮民族"基督教化并提升他们的品质，答应给予美国相应的支持和帮助。这是美国夺占菲律宾的"心理学解释"。它否认了美国在转向帝国主义后侵略菲律宾的任何经济企图，延续和发展了特纳的"边疆说"、马汉的"海上实力论"和"天定命运"的意识形态，给美国的扩张披上了一层神圣的外衣。[1]另一些美国历史学家强调美国帝国主义和欧洲帝国主义的不同，认为美国在美西战争后攫取殖民地是某些侵略分子的越轨行为，如果不是出于纯粹的慈善目的，那么至少也有5%是慈善的动机。[2]在这样说辞的掩护之下，美国总统在国内展开了宣传和说教，让美国公众相信自己对菲律宾负有道德义务，让美国商业团体感到在菲律宾可以获得商业机会。

美国殖民史学如何看待菲律宾人呢？这是美国殖民政府制定殖民政策的基础。美国派出了许多官员和调查团到菲律宾，为实行军事统治做准备。佛曼（John Foreman）、沃塞斯特（Dean C. Worcester）和绍耶（Frederic H. Sawyer）的书为美国人提供了关于菲律宾群岛和菲律宾

---

1 Julius W. Pratt, *Expansionists of 1898*, Baltimore:The John Hopkins Press, 1936. Richard Hofstadter, "Manifest destiny and the Philippines," in Daniel Aaron ed., *America in Crisis*, New York: Knopf, 1952.

2 这是当时美国财政部的说法。转引自 Jonathan Fast and Luzviminda Francisco, "Philippine historiography and the de-mystification of imperialism: A review essay," *Journal of Contemporary Asia*, 4:3(1974), p.347。

人的"权威知识",他们的观察和感受通过文本在占领的社会氛围中变成了坚固的事实,并成为政治行动的部分依据。[1]他们认为,菲律宾人"出生时尾巴骨上就有一个白人没有的点",从赫胥黎的理论来看,菲律宾人就是"不能表达自己的、非文明的土著部落人"。他们"懒惰、好赌、放荡,没有创造力,没有效率,没有理性"。菲律宾女人"前额没有明显的发际,像类人猿,留有长达腰际的头发,表现出无节制的性欲"。白人男子对她们既爱又怕,担心他们的混血儿会影响白人血统的纯正和他们在菲律宾至高无上的霸权。[2]对菲律宾人的这种刻画反过来强化了美国人的文明和高尚,为美国统治"非文明的""孩子似的"菲律宾民族并通过教育把他们带上"进步之路"提供了理由和理论基础。

美国殖民史学对美菲战争和菲律宾人的应对之性质进行了为我所用的解释。菲律宾加入马洛洛斯军队的寡头被塑造成"英雄",但他们后来的叛变行为则被有意识地遗忘,那些在1896年前就开始反抗殖民统治的农民领袖要么被忽略不记入历史,要么被定性为"土匪"而"名垂青史"。为了在意识形态上给美国统治菲律宾辩护,菲律宾人总体上被描述为不适合于自治,这些居住在菲律宾群岛上的"衣不蔽体的半野蛮部落和手持长矛的尼格利陀人"需要"文明的"美国人来统治。在占领初期投向美国营垒、有效瓦解了民族主义运动的卖国贼和买办则被认为是菲律宾社会"唯一有责任感的一群人",他们对待美国殖民者的态度

1　John Foreman, *The Philippine Islands: A historical, geographical, ethnographical, social and commercial history of the Philippine archipelago and its political dependencies, embracing the whole of Spanish rule*,New York: Charles Scribner's Sons, 1899; Dean H. Worcester, *The Philippine islands and their people: A record of personal observation and experience, with a short summary of the more important facts in the history of archipelago*, New York: The MacMillan Company, 1899; Frederic H. Sawyer, *The inhabitants of the Philippines*, New York: Charles Scribner's Sons, 1900; United States Senate, *The People of the Philippines: Letter from the Secretary of War transmitting an article on the people of the Philippines*, Washington, D.C.: Government Printing Office, 1901。最后这本书的内容是对前面这些著作的汇编。

2　Elizabeth Mary Holt, *Colonizing Filipinas: Nineteenth-century representations of the Philippines in Western historiography*, Quezon City: Ateneo de Manila University Press, 2002, pp.8-11.

被过度夸大成全部菲律宾人的态度。他们与美国人的合作拯救了"劫掠成性的菲律宾土匪和异教徒，使之不再堕入沉沦的深渊"。[1] 通过这样的历史建构，不但菲律宾民族民主革命被歪曲为由寡头领导的与美国合作的事件，而且美国夺占菲律宾也变成了合情合理的、得到菲律宾人欢迎的行动。

美国殖民史学宣扬美国的殖民政策和殖民统治相对于欧洲是"无比仁慈"的，而且后来还主动给予菲律宾独立。在 1990 年代，反映这种内容的书籍在美国竟然也能获得普利策奖，这说明美国的帝国意识是多么根深蒂固。[2] 当然，这与 1990 年代美国准备发动海湾战争的氛围也是契合的。在美国人看来，美国对菲律宾教育和工业基础设施的大规模投资不但提高了菲律宾人的民主素质，而且给菲律宾的工业化奠定了坚实基础。在菲律宾的历史教学中，"美国被描绘成一个仁慈的国家，来菲律宾只是为了把它从西班牙手中救出，并且传播民主自由的信念"。菲律宾的独立不是通过战争获得的，也比许多菲律宾政治领袖希望的来得快。菲律宾独立后出现的种种问题，其根源不在于美国的殖民统治，恰恰相反，在于对美国文化的移植不彻底，在于菲律宾传统的庇护依附关系在西班牙殖民统治时期被强化。[3]

显然，无论是西班牙的，还是美国的殖民史学，其本质都是一致的，那就是为殖民服务。通过贬损菲律宾人的历史来为殖民主义开路，为殖民寻找虚构的历史依据，消解菲律宾人的民族自豪感和自信心，进而把菲律宾人变成驯服的被殖民者。由于历史学与殖民权力结合，当地知识分子也在一定程度上产生了殖民心态，认为只有按照殖民者的史学

1 James Leroy, *The Americans in the Philippines*, 2 Vols., New York: AMF Press, 1973。该书第一版出版于 1914 年。Charles B. Elliot, *The Philippines to the end of the military regime*, New York: The Greenwood Press, 1968。该书第一版出版于 1917 年。

2 Stanley Karnow, *In our image: America's empire in the Philippines*, New York: Random House, 1989。该书在 1990 年获得普利策奖中的历史类大奖。以此书为蓝本，还制作了电影资料片：In our image: The United States and the Philippines。

3 Paul A. Rodell, "Image versus reality: A colonialist history," *Philippine Studies*, Vol.37, No.4(1989), p.514.

规范才能写出菲律宾历史。也就是说，学科规训使当地学者的历史学研究自然而然地滑入殖民史学的轨道。但是，殖民史学家的记录也为菲律宾留下了虽然具有偏见但仍不失珍贵的历史资料，为以后菲律宾民族主义史学的发展奠定了基础。

第二节 菲律宾史研究中的民族主义史学

殖民史学并不能适应历史发展的要求，随着菲律宾民族主义的兴起，殖民史学占据的主导地位逐渐被民族主义史学取代，首先吹响这个号角的是菲律宾民族英雄何塞·黎萨尔。1888 年，黎萨尔以大英博物馆收藏的莫尔加的著作《菲律宾群岛志》为底本，对其进行研读和注释，并于 1890 年在巴黎公开出版。他宣称，注释这本著作的目的就是唤醒读者被抹去的对于菲律宾历史的感知，纠正那些被篡改和诋毁的历史，并以此为基础，更好地审视现在，更好地研究未来。[1] 这是第一部从被殖民者而不是殖民者的角度撰写的菲律宾历史。[2] 此后，黎萨尔在自己参与创办的《团结报》上发表论文，引述诸如中国《诸蕃志》等典籍中的资料，论证菲律宾人早已是有道德、有文化、有相当发达的农业、手工业和商业的民族，而不是懒惰的民族，进而揭示出菲律宾文明并不是西班牙殖民者带来的事实。[3] 黎萨尔还出版了小说《不许犯我》和《起义者》，[4] 借伊瓦腊和席蒙之口，揭露了西班牙殖民者和天主教修道会的

---

1 Antonio de Morga, *Historical events of the Philippine Islands*, annotated by Jose Rizal, Jose Rizal National Centennial Commission, 1962, p. Ⅶ.

2 C. R. Boxer, "Some aspects of Spanish historical writing on the Philippines," pp.210-211.

3 参看 Jose Rizal, *Political and Historical Writings*, Manila: National Historical Institute, 2007。转引自金应熙主编《菲律宾史》，第 3 页。

4 〔菲〕何塞·黎萨尔：《不许犯我》（另有版本译作《社会毒瘤》），陈尧光、柏群译，人民文学出版社，1977。〔菲〕何塞·黎萨尔：《起义者》（另有版本译作《贪婪的统治》），柏群译，人民文学出版社，1977。

恶行，探索了菲律宾人反抗西班牙殖民统治的道路。从他的这些著述中可以看出，黎萨尔以历史学和文学为武器，通过重新发掘菲律宾文明史来鼓舞菲律宾人的民族自豪感，唤醒菲律宾人的反抗意识。换句话说，民族主义史学是作为民族意识觉醒的一个有机组成部分而起源的。

但是，黎萨尔开创的民族主义史学传统在美国夺占菲律宾后并没有被延续下来，因为美国殖民者比西班牙殖民者更具有欺骗性。美国殖民者把自己伪装成把菲律宾从西班牙殖民统治下解救出来，并为菲律宾带来民主和自由的"救世主"的形象，在一定程度上阻滞或瓦解了菲律宾民族自主意识的形成。在自治时期，伴随着菲律宾民族主义者在政治和经济方面做出的许多努力，在历史研究、编撰和教学中也出现了一些变化，菲律宾人开始讲述菲律宾民族英雄的事迹和思想。独立后，在民族主义政治家雷克托（Claro M. Recto）等人的推动下，菲律宾国会在 1956年通过了"共和国 1425 号法案"，要求全国学校尤其是高等学校必须开设关于黎萨尔的课程，并加强对他的生平和思想实践的研究。这无疑有力地冲击了殖民主义史学，重新启动了民族主义史学。

菲律宾民族主义史学兴起后，发展迅速，大致可以分为两代。第一代是以阿贡西洛（Teodoro A. Agoncillo）、康斯坦丁诺（Renato Constantino）等为代表的史学家，从整体上研究菲律宾人自己的历史，尤其强调采用自下而上的视角研究政治史。他们都在青少年时代都经历了美国殖民者的羞辱，阿贡西洛在小学时，就受到他的美国老师的侮辱，说菲律宾人是"没有尾巴的猴子"。康斯坦丁诺也深受麦卡锡主义之害，甚至不能发表任何作品。这种刻骨铭心的遭遇驱使他们探索不同于教派和殖民史学的新史学。与雷克托等民族主义政治家的接触和合作把他们带上了民族主义史学的道路。他们不但创作严肃的学术著作，而且还为小学生和大学生编写教科书，因而他们既是民族主义史学的旗手，也是民族主义的传播者。阿贡西洛的《菲律宾人民史》初版于 1960年，最后一版即第 8 版出版于 1990 年，是菲律宾各国立大学最流行的历史教科书，影响了几代青年学子。康斯坦丁诺的《菲律宾历史新探》

在菲律宾大部分青年知识分子中是一部"半神圣的"教科书，对他们产生了深远但有点不可思议的影响。[1] 第二代史学家从 1960 年代中后期开始，主要从事地方史和经济史研究，代表人物有拉尔金（John Larkin）、魏安国（Edgar Wickberg）、瓦伦（James Warren）、马斯图纳（Michael Mastura）、阿给纳尔（Filomeno V. Aguilar, Jr.）等。他们把研究视角从中心转向边缘，从马尼拉扩展到邦板牙、苏禄、比科尔等地区，同时把研究重点从政治史转向经济社会史，尤其是把菲律宾历史的统一性和多样性有机结合起来，以呈现出历史的复杂性。

如前所述，殖民史学保留了珍贵的历史资料，但殖民史学家在编辑和翻译这些资料时采用的是殖民主义的立场和方法。西班牙殖民史学家没有选取菲律宾国家档案馆的资料，美国殖民史学家在翻译西班牙语档案时做了为我所用的理解。因此，尽管这些史料非常宝贵，但存在严重缺陷。[2] 康斯坦丁诺出版了一系列小册子，揭示从这些有缺陷的资料中寻求历史真实的必要性和可能途径。他认为，"美菲关系是一种特殊关系"的说法是一个被人为制造出来的神话，它经过美国在菲律宾以英语为媒介的错误教育而变成了菲律宾精英的共识。只有纠正并重建菲律宾的历史才能达到菲律宾人主体和意识的统一，才能满足菲律宾人强化自己民族性的需求。[3] 阿贡西洛更强调发掘菲律宾人自己历史记录的重要性，尤其是革命群众留下的歌谣、传单、口号甚至咒语等，从通俗文学中发现历史。这样的认识不但拓宽了史料来源，还有助于发现菲律宾人的历史创造精神和能力。

民族主义史学坚持"通过菲律宾人的眼光来观察菲律宾历史"的视

1　Glenn Anthony May, *A Past Recovered*, Quezon City: New Day Publishers, 1987, p.3.

2　Vernon Totanes, Teodoro Agoncillo's History of the Filipino People and the history of the Filipino history book.

3　"Historical truths from biased sources"；"Origin of a myth"；"Roots of subservience"；"The Filipino Elite"；"Veneration without understanding"；"Miseducation of the Filipino"；"Society without purpose"；"Towards a New Past". 其中《非人的错误教育》《主体和意识——菲律宾的经验》和《一个神话的来源》被吴文焕译成中文，以《非人的错误教育》为书名，由菲律宾华裔青年联合会于 2001 年在马尼拉出版。

野，撰写菲律宾人自己的历史。与殖民史学把菲律宾历史写成"在菲律宾的西班牙人的历史"或把菲律宾人写成是"没有历史的民族"不同，民族主义史学家肯定菲律宾人具有创造历史的能力，拥有自己辉煌的文明史。康斯坦丁诺认为，历史是具有社会性的人创造的，其主体是菲律宾人民，而不是殖民者或个别民族英雄。推动历史和社会发展的动力来自人为追求更加美好的生活而与自然和其他人的斗争。只有通过研究这些斗争，才能揭示历史发展的连续性或非连续性，找到社会发展规律，展示不同阶级的独特社会行为，进而纠正被歪曲的历史事实，呈现人民群众的天然的英雄主义和智慧。[1]具体而言，在前殖民时代，菲律宾人已经形成多种由达图统治的巴朗盖组织。在西班牙殖民时代，菲律宾人并不是恭顺的被统治者，他们进行了多次反抗斗争，并逐渐形成统一的民族，发动了亚洲历史上第一次争取民族独立的革命。在美国统治时代，菲律宾人民依然进行了不屈不挠的抗争，最终赢得独立并建立了民主国家。这样的历史书写的是以菲律宾人为主体的历史，是反映菲律宾人自主意识不断增强的历史。

有些民族主义史学家自觉采用阶级分析方法，强调人民群众在历史上发挥的进步作用。阿贡西洛在他最重要的三部著作中都分析了不同阶层在菲律宾革命中发挥的不同作用，他认定波尼法秀是菲律宾革命之父。[2]与耶稣会神父历史学家科斯塔（Horace De la Costa）不同，阿贡西洛认为，西班牙殖民菲律宾的历史结束于1872年，此后开始了菲律宾人民革命的时代。与资产阶级历史学家赛义德（Gregorio Zaide）不同，阿贡西洛认为，菲律宾革命是人民群众的斗争。与独立初期菲律宾当政的政治领袖延续美国殖民者的思想倾向，把黎萨尔定为菲律宾具有世界影响的民族英雄不同，阿贡西洛认为，黎萨尔是资产阶级知识分子，波

---

1 Renato Constantino, *The Philippines: A past revisited*, Manila: Twentieth Printing, 2005, pp.5-6.

2 Teodoro Agoncillo, *Revolt of the Masses: The Story of Andres Bonifacio and the Katipunan*, Quezon City:University of the Philippines Press, 1956; *Malolos: The Crisis of the Republic*,Quezon City: University of the Philippines Press, 1960; *A Short history of the Filipino people*,Quezon City: University of the Philippines Press, 1960.

尼法秀才是代表下层群众领导暴力革命的英雄，是"伟大的庶民"，是无产阶级革命者，而士绅和地主阶级是被动卷入革命的，后来窃取了革命领导权并最终成为革命的叛变者。波尼法秀领导的"卡蒂普南运动"反抗的不仅是西班牙殖民者，还有本国的地主阶级。面对如此强大的敌人，唯有武装斗争才是获得胜利的道路。但是，缺乏先进理论指导和武装训练的"卡蒂普南运动"的领导权最终落到了资产阶级的手中，资产阶级的不彻底性和摇摆性导致了革命的失败。另外，阿贡西洛还强调农民革命在菲律宾历史上的连续性，认为波尼法秀领导的"卡蒂普南运动"实际上是农民运动的新发展，后来的"胡克运动"是在继续波尼法秀等未竟的事业。[1]

第一代民族主义史学家对殖民主义史学进行的清算，为菲律宾史学发展开辟了新的道路。但是，在特殊政治环境中兴起的民族主义史学不免带有矫枉过正的特点，甚至有些以论代史的痕迹。美国学者格兰·梅从方法论和史料学的角度指出了菲律宾民族主义史学的两难处境。他认为，康斯坦丁诺在《菲律宾历史新探》中并没有教给学生如何研究历史，如何做到论从史出，而是用倡导和呼吁代替了历史解释，是一部不可靠和不平衡的菲律宾历史叙述，坦率地说是"极坏的历史著作"。[2]康奈尔大学教授沃尔特斯也认为，阿贡西洛的代表作《群众的起义》是不好的历史著作，其写作风格不值得效仿，阿贡西洛是"糟糕的"历史学家，因为他并未完全遵循学院派历史学重视史料的行规。[3]格兰·梅强调，康斯坦丁诺对菲律宾革命运动的阶级分析并没有建立在对下层群众的阶级分化和19世纪后期经济状况恶化这些情况扎实研究的基础上，而这种大而无当的叙述实际上来自阿贡西洛在《群众的起义》提出的观点。在论述群众的反美斗争时，康斯坦丁诺又在很大程度上依赖于

1　Reynaldo C. Ileto, "Reflections on Agoncillo's The Revolt of the masses and the politics of history," *Southeast Asian Studies,* Vol.49, No.3(December 2011), pp.496-520.

2　Glenn Anthony May, *A Past Recovered,* p11, 4.

3　Reynaldo C. Ileto, "Reflections on Agoncillo's The Revolt of the masses and the politics of history," p.498.

阿贡西洛在《马洛洛斯》中提出的观点，认为群众全心全意抵抗美国军队占领，而士绅和精英则背叛了战争抵抗事业。他们都忽略或歪曲理解了大量档案资料，而这些资料清楚表明，地方精英坚决支持抵抗运动，确实有部分精英选择了与美军合作，但不能因此得出主要抵抗者是群众的结论。美国学者对菲律宾第一代民族主义历史学家为了说明自己的观点而随意裁剪史料的批评是有道理的，但我们也应该看到隐藏在这些批评背后的新殖民主义意图。伊莱托在比较了沃尔特斯和阿贡西洛的工作经历、价值取向、学术训练、各自所处的政治环境和民族意识之后，做出了一个貌似客观的判断，认为他们的两极观点实际上是一个硬币的两面，是因为在冷战环境下前殖民国家和被殖民国家的历史学家在研究同样的历史时侧重点不同，沃尔特斯的警告会让历史学家在得出结论时更谨慎，阿贡西洛的实践揭示了历史学的社会功能，有助于消解历史学标榜的"纯粹客观"神话。

第一代民族主义史学家关注菲律宾历史的大趋势、重要历史事件和领袖人物，但对构成菲律宾传统社会和社会整体的多样化的根基部分缺乏深入研究。虽然这样的框架性研究为具体研究指明了方向，但也逐渐显露出不足，他们的主要问题在于把菲律宾社会简单化为一个以同一速度变化的、受殖民主义影响的、没有差别的整体，忽略了它与本区域其他东南亚国家的历史联系，也忽略了不同文化、语言、宗教、经济和种植区的多样性和复杂性，最终也不利于克服以马尼拉及其周边地区为中心的、忽略菲律宾人历史能动性的传统历史编纂的弊端。[1]例如，在关于菲律宾革命的参与者的研究中，民族主义史学家为了寻找民族团结和统一性的证据，就扩大参与者的范围，认为菲律宾革命是一场全民革命；而美国殖民史学家为了说明美国介入的合法性，就极力缩小参与者的范围，把菲律宾革命限定为为了一己私利而发动的地方性暴动。要解

1　John A. Larkin, "The place of local history in Philippine historiography," *Journal of Southeast Asian History*, Vol.8, No.2 (Sep., 1967), pp.307-309.

开这样的历史之谜，只能依靠地区研究。菲律宾社会是一个由不同动力推动、按不同速度运行的地区社会组成的有机整体，各地区又都是一个不同于其他地区的统一体。只有对这些地区进行深入研究并相互比较，才能描绘出菲律宾社会的完整图景。当然，这样的历史研究必须建立在对丰富的地区性资料的挖掘基础上。除了存在华盛顿和塞维利亚的档案，在马尼拉的国家档案馆、国家图书馆和菲律宾大学图书馆都存有大量地区史的资料，这些资料的开放和利用不但使更详细、更微观、更鲜活的研究成为可能，也能从中发现新的研究课题，拓宽菲律宾史研究的范围。魏安国系统使用了菲律宾国家档案馆尚未公开出版的大量资料，超越了先前历史学家注重政治史和 19 世纪后期兴起的民族主义运动的倾向，开拓了研究华人经济和社会状况的新领域。[1] 由此开启了一个大量使用未开放的档案资料研究地方史的热潮，一时间菲律宾各档案馆人满为患，甚至还成立了若干地方档案搜集和保存中心。

第一代民族主义史学家毫无疑问深入挖掘了基于马尼拉的菲律宾政治史，但并没有就 18 世纪后期以后菲律宾的经济被纳入全球市场而导致的经济社会转型进行深入分析。换句话说，菲律宾民族主义兴起和发展的经济社会动因并未得到清楚的阐明。其实，在以马尼拉为中心的政治史中，广大的农村和当地社会被描述为在文化、经济和政治上处于"不发展"、抗拒"现代化"的停滞落后状况，菲律宾现有的统治体制是从马尼拉向全国扩散的选举 - 官僚体系，而正是这种体系在形成菲律宾民族过程中发挥了关键作用。显然，这样的解释与民族主义史学的基本理念相差甚远。到了 1970 年代初，随着地方研究的发展，菲律宾史不再是政治体系的集合体，也不再是反现代的"菲律宾价值"的体现，而是一系列充满活力的，在经济、人口和技术方面不断变化的社会的历史。菲律宾人并不抗拒变化，商人和农民是娴熟的创新者，推动其

1　Edgar Wickberg, *The Chinese in Philippine Life 1850-1898*, Quezon City: Ateneo de Manila University Press, 2000, pp. Xiv-Xv.

变革的核心价值是理性。[1]这些变化在18世纪后期表现得最为明显，因为从1780年开始到1820年，菲律宾绝大部分地区逐步被纳入世界经济体系，并按国际市场的需求形成了不同的商品农业产区，随之而来的是大规模的土地兼并重组和人口的全国性流动，形成了以不同的地方经济利益为基础的地方经济政治精英。这些精英并没有形成一个具有同质性的集团，他们在菲律宾革命中发挥了重要作用，但其地方性使之并不能团结一致，而是为了各自的利益以及不同程度的世界经济联系在革命中和后来的民族国家建构中各自为政。在国内经济结构中，沿海和低地地区与内陆和高山地区实际上也形成了一种核心与边缘的依附关系，低地精英通过不同山区的传统统治者控制了内陆地区的经济和政治。正因为如此，菲律宾实际上是由建立在不同传统基础上的不同区域组成的松散联合体，各地区都有自己的发展动力机制，中央政府在民主体制下变成了效率极低的妥协机构。正是由分工决定出口经济发展和社会分化的斯密型动力机制改变了菲律宾历史的走向。[2]

民族主义史学的新发展在菲律宾史学史上具有重要意义。它开辟了很多新研究领域，成果丰硕，拓宽了关于菲律宾历史的知识面，同时采用新方法和新视角对旧课题进行了新探讨，深化了对菲律宾历史的认识。[3]它把宏观和微观研究相结合，既展示了殖民主义和世界市场对菲律宾社会的影响，也揭示了菲律宾当地人的复杂应对，尤其是看到了菲律宾社会自身的内在矛盾性。它把长时段和短时段研究相结合，既能看到历史的断裂性和阶段性，也能看到历史的延续性和长期性。例如，菲律宾革命在某些地区造成了历史的转型，但在另一些地区几乎没有产生什么影响；在世纪之交的某些地区可能表面上看掀起了波澜，但从长远

1 Alfred W. McCoy & Ed. C. de Jesus (eds.), *Philippine Social History: Global trade and local transformations*, Quezon City: Ateneo de Manila University Press, third printing, 2001, pp.3-4.

2 Benito J. Lagarda Jr., *After the Galleons: Foreign trade, economic change and entrepreneurship in the nineteenth-century Philippines*, pp.3-5.

3 Resil B. Mojares, "Recent Philippines historiography: An evaluative review," *Philippine Quarterly of Culture & Society*, 9(1981), p.309.

来看并未改变社会结构和整体面貌。这些变化并不完全是从历史学内部产生的，在很大程度是通过学科的交叉完成的。民族主义史学家从经济学和人口学中借鉴了定量分析的方法，从人类学和社会学中借鉴了"农业过密化"、时间的空间化和空间的时间化等概念和方法，从政治学中借鉴了结构分析的方法等等。当然，这些方法的应用都需要以史料为基础。从史料来源来说，除了文字资料之外，还要重视族谱、口头传说和民间文学；从对史料的解读来看，要结合史料形成的背景来分析。根据克鲁夏克的统计，广泛利用档案进行菲律宾历史研究始于 1960 年代中期，兴盛于 1970 年代。这些档案分别存放在美国、西班牙、英国、意大利、墨西哥、印度尼西亚、澳大利亚和荷兰。瓦伦在研究苏禄的著作中引用了 24 种档案，欧文在研究比科尔的著作中引用了 22 种。[1] 最突出的例子是，麦考伊在研究伊洛伊洛的著作中引用了 16 个法人团体、11 个教区、34 个政府部门和收藏室的档案，以及 19 份私人文件、62 种报纸和期刊资料以及 472 次访谈记录。[2] 建立在此资料基础上的研究实际上也促成了菲律宾历史编纂发生方向性的变化，从强调外部因素转向内在变化，从宗主国驱动转向以菲律宾人为中心。当然，这并不是要抹杀或忽视殖民主义的历史作用，而是要在菲律宾人的历史自主性和外部影响之间求得符合历史事实的平衡。

区域史研究和专题史研究的发展无疑丰富了菲律宾史学，但是离拉尔金设想的为重建菲律宾历史架构提供必要的建筑材料的目标还有很大距离，因此，直到现在学界也没有出版一本真正建立在充分的区域史和专题史研究基础上的菲律宾历史著作。但从另一方面来看，这也意味着菲律宾民族主义史学仍有很大的发展空间。

---

1 Bruce Cruikshank, "Philippine historiography: Accomplishment and promise:1955-1976," in Donn V. Hart ed., *Philippine Studies: History, Sociology, Mass Media and Bibliography*, Northern Illinois University, Center for Southeast Asian Studies, 1978, p.10.

2 Resil B. Mojares, "Recent Philippines historiography: An evaluative review", p.312。参看 Alfred W. McCoy, *Ylo-ilo: Factional conflict in a colonial economy, Iloilo Province, Philippines, 1937-1955*, Ph.D. diss., Yale University, 2 vols. 1977。

第三节　菲律宾史研究中的后殖民史学

　　在民族主义史学发展的同时，部分历史学家发现，菲律宾历史的书写尽管注意到了下层群众，但采用的分析方式仍是西班牙或美国式的，这样的历史书写从本质上看并没有达到用菲律宾人的方式写菲律宾人自己的历史的目的。伊莱托做出了勇敢的尝试，他把卡蒂普南运动与菲律宾传统的宗教运动结合起来，用菲律宾人用自己的语言书写的资料而不是由殖民知识分子转译的资料为史料来分析，写出了菲律宾人的日常生活、变化节律和地方性知识。[1] 他的这项研究不但给自己带来了巨大的学术成功，同时也带来了无休止的学术论战，对东南亚学研究和亚洲意识的重新觉醒产生了划时代的影响。[2]

　　如果说 1970 年代的伊莱托只是无意识地探索新领域的话，那么到了 1980 年代，一系列的生活、学术、社会环境的变化则使他自觉走上了后殖民主义史学的道路。在澳大利亚的工作经历让他切实感受到种族的差别以及因此而形成的文化种族主义。虽然他在美国学习多年，但美国多元文化的现实以及被称为"东南亚学的麦加"的康奈尔大学东南亚学研究项目中西方学者与来自东南亚的学生的友好相处使他并没有感受到强烈的种族主义的威胁，但在澳大利亚，一切都不同了。"白澳政策"和强烈的排外主义让他对自己在美国接受的学术训练和形成的理念产生了怀疑，他开始反思美国殖民统治对菲律宾学术的影响。冷战结束后，美国依据条约规定撤离了设在菲律宾的基地，美菲特殊关系在一定程度

1　Reynaldo C. Ileto, *Pasyon and Revolution: Popular Movements in the Philippines, 1840-1910*.

2　伊莱托因此而获得了"福冈亚洲文化奖"的学术奖和雅典耀大学"特殊学术贡献奖"。《菲律宾研究》在 2013 年 2 月 8—9 日特意为他举行学术研讨会，探讨他的研究对菲律宾史学史、民族主义和社会运动史，对殖民主义和后殖民主义理论，对区域研究以及整个第三世界学术发展的深刻影响。

上走向终结，客观上给菲律宾学者留下了思考美国影响的空间和可能。差不多与此同时，正值菲律宾革命一百周年，菲律宾学术界积极展开反思，尤其是对美菲战争和美国殖民统治。1997 年，美国学者格兰·梅出版了《创造英雄》一书，在菲律宾学术界引起轩然大波。他认为，菲律宾学者认为波尼法秀出身贫苦、没受过适当教育，是不同于黎萨尔的激进无产阶级的结论是按照需要裁剪历史事实的结果，其实他是许多外国商社在马尼拉的代理商，更接近小资产阶级。[1]特杰罗会议是菲律宾革命史的一个转折点，此后波尼法秀失去领导权并最终被处死。菲律宾民族主义史学家依据参加了这次会议的李卡尔特将军出版的回忆录，认为导致这次权力转移的原因要么是领导层的地区差异或阶级冲突，要么是对波尼法秀的性格的不满。其实李卡尔特回忆录的可靠性成疑，波尼法秀是因为经常被批评搞独裁，而在军事指挥中变得过于民主才直接导致他失去权力。[2]阿贡西洛在《群众的起义》一书中把波尼法秀的革命活动以特杰罗会议为界分为两段，认为前期是成功的，后期是失败的；前期基本上是好人、高效的组织者，有魅力的领袖；后期变成了刻薄、多疑、政治上无能的破坏分子。在格兰·梅看来，这种把波尼法秀捧为民族英雄的历史建构建立在不可靠的资料和访谈基础上，其实，波尼法秀的政治性格并没有发生变化，革命的领导权从波尼法秀转到阿吉纳尔多也并不意味着革命的重心从群众转向了地方精英。[3]进而言之，波尼法秀和群众都不能成为菲律宾革命的主角。在格兰·梅看来，伊莱托在《基督受难诗与革命》中把波尼法秀的卡蒂普南革命思想与当地农民的千年至福运动联系起来，依据的是波尼法秀在《自由报》上发表的《他加禄人必须知道的》。在这篇文章中，波尼法秀把他加禄人的历史追溯到一年一次的说唱基督受难诗仪式的主题，认为牺牲之时就是复原逝去

1　Glenn May, *Inventing a Hero: The Posthumous recreation of Andres Bonifacio*, Quezon City: New Days Publishers, 1997, pp.49-50.

2　Glenn May, *Inventing a Hero: The Posthumous recreation of Andres Bonifacio*, p.184, footnote 4.

3　Glenn May, *Inventing a Hero: The Posthumous recreation of Andres Bonifacio*, pp.117, 134-135.

的伊甸园之际。由此可见，波尼法秀的卡蒂普南革命与千年至福运动共享他加禄农民的世界观。但是，在《自由报》第一期原件和该文的他加禄语文本已不存世的情况下，伊莱托使用的版本很可能是翻译者伪造的，他根据可疑史料得出的结论自然是不可靠的。[1] 由于格兰·梅提及的其他历史学家都已谢世，回应挑战的主角只能是伊莱托。赢得了世界声誉的伊莱托当仁不让，做出了有力的回击。他说，这样的指责不仅是不影响观点和不值得一提的吹毛求疵，而且是对自阿贡西洛出版《群众的起义》以后的菲律宾革命研究史的全面攻击。[2] 显然，梅和伊莱托之争是在后殖民时代美国历史学家和菲律宾历史学家之间的有关后殖民主义的话语主权之争。在梅的观点背后隐藏着更为深刻的认为美国文化优越的偏见，是前宗主国与前殖民地不对称文化关系的客观反映。[3] 尽管如此，对这些问题的深入探讨还是为重建菲律宾历史开辟了新道路。伊莱托、纳斐尔（Vicente L. Rafael）、奎布烟（Floro C. Quibuyen）、胡尔特等是菲律宾后殖民史学的代表人物，其中伊莱托既是从民族主义史学向后殖民主义史学过渡的关键人物，也是指导年轻的后殖民主义史学家的导师。这些学者在代表作出版时都不忘对伊莱托的开拓和指导之功表示感谢。[4]

另一位对后殖民史学产生深刻影响的是菲律宾大学的祖斯·萨拉扎尔教授。他于 1955 年在菲大获得历史学学士学位，然后负笈法国，学习民族学、人类学和语言学，并在 1968 年获得文化人类学博士学位。

1　Glenn May, *Inventing a Hero: The Posthumous recreation of Andres Bonifacio*, pp.157-161.

2　Reynaldo C. Ileto, *Filipinos and their revolution: Event, discourse, and historiography*, Quezon City: Ateneo de Manila University Press, 1998, pp.203-238.

3　Yoshiko Nagano, "Philippine historiography and colonial discourse: Eight selected essays on postcolonial studies in the Philippines," in Yoshiko Nagano ed., *Philippine historiography and Colonial discourse*, Mekong Publishing Co., Tokyo, 2004.

4　纳斐尔是伊莱托在康奈尔大学的师弟。Vicente L. Rafael, *White love and other events in Filipino history*, Ateneo de Manila Press, 2008, p. XV。胡尔特是伊莱托在澳大利亚詹姆斯·库克大学指导的博士生，他还亲自为她的书写了序言。Elizabeth Mary Holt, *Colonizing Filipinas: Nineteenth-century representations of the Philippines in western historiography*, Quezon City: Ateneo de Manila University Press, 2002, Foreword by Reynaldo Ileto, pp. vii-ix。

回国后他执教于菲大历史系，致力于推动菲律宾史学的本土化。他批评第一代民族主义史学家阿贡西洛的史学受制于美国史学传统的菲律宾史学中的"菲律宾人观点"，[1] 意指阿贡西洛的史学并没有完全脱离美国史学的桎梏，需要在重新发掘菲律宾史学传统的基础上，发展菲律宾人自己的史学。在殖民入侵之前，菲律宾虽然没有成文的历史，但在口头传说中已经形成了自己的历史概念，即 Kasaysayan。Kasaysayan 意即"具有重要意义的故事或叙述"，依据其词根 saysay 可以发现，它有两个基本含义，即故事和重要性。Kasaysayan 是由本社会的人讲述的自己的日常生活，是内在于社会的（loob），而不是外来的（labas）。[2] 显然，这不同于西班牙和美国殖民者带来的作为一个专门学科的为殖民者服务的历史概念（historía）。萨拉扎尔的方法是"采用我们菲律宾人的史学方法、使用我们菲律宾人的史料、为我们菲律宾人撰写历史"（Patayong Pananaw: From-us-for-us perspective）。这种史学方法不同于用菲律宾人思维为外国人写作历史的方法（Pangkaming Pananaw: From-us-for-you perspective）。[3] 因此，萨拉扎尔坚决主张，菲律宾人的历史应该用菲律宾语来表达，用菲律宾语表达的菲律宾历史学家是国际菲律宾研究学术圈的一道独特而亮丽的风景。其追随者主要是毕业于菲大历史系的学者，他们的代表人物有尼罗·奥坎坡（Nilo Ocampo）、费迪南德·雷尼斯（Ferdinand Llanes）、文森特·维兰（Vicente C. Villan）等。雷耶斯在比较了萨拉扎尔的本土化史学和印度的后殖民史学（庶民学派）后认为，菲律宾的本土化史学的目标是"探索菲律宾庶民阶级的社会实践意

1　转引自 Lisandro E. Claudio, "Postcolonial fissues and the contingent nation: An antinationalist critique of Philippine historiography," *Philippine Studies: Historical & Enthnographic Viewpoints*, Vol.61, No.1, mar 2013, pp.54-55。

2　Portia Reyes, *Pantayong Pananaw and Bagong Kasaysayan in the new Filipino Historiography: A History of Filipino Historiography as an History of Ideas,* Dissertation to Universitaet Bremen, 2002, pp.56, 62.

3　Ramon Guillermo, "Exposition, Critique and New Directions for Pantayong Pananaw," Kyoto Review of Southeast Asia, Issue 2, March 2003. http://kyotoreview.cseas.kyoto-u.ac.jp/issue/issue2/article_247. html.

识，而这些庶民是菲律宾民族的历史和文化的、被边缘化的承载者"。[1]

后殖民史学家反思的第一个问题就是美国的区域研究（Area Studies）范式。美国对东南亚，包括对菲律宾的研究兴起于第二次世界大战期间，人们对卷入战争的不同态度驱使学术界深入研究这些热点问题，尤其是那些参加了和平队的老兵在返回美国后开始根据自己的所见所闻所思设计研究方案，亲自动手或吸引感兴趣者进行研究。这样的研究与殖民征服前进行的探险和研究有所不同，更注重对菲律宾进行多学科的客观研究。学者要学习菲律宾语言，到菲律宾某个地区或村庄进行实地研究，寻找有学术价值和现实意义的问题，与不同学科的专家进行讨论，最后形成自己的独特观点。这些研究项目在一定程度上为把自己创造的"他者"的知识工具化提供了平台，也为美国的外交决策提供了智力或对策服务，为扩大和巩固美国在冷战时期的霸权服务。[2] 但是，从事菲律宾研究的学者既是从美国来的研究作为"他者"的菲律宾的学者，又是通过在菲律宾的研究来重新认识自己的学者。[3] 这种双重认同都要通过把用当地语言写成的文献转换成英语来完成。在这个过程中，语言和翻译的功能使菲律宾研究很难成为一个先前意义上的客观研究，反而成为一种文化建构。显然，这样的认识转变无疑受到了"后殖民理论"的影响。后殖民理论通过解构西方学者对东方的建构谱系来展现隐藏在其后的权力结构。这个权力包括殖民权力和学科的规训，殖民权力使之成为强势的知识，学科规训则使之披上科学的外衣。对区域研究采用后殖民理论进行剖析，不但揭示了美国主导的菲律宾研究的本质，还在一定程度上折射出菲美学术关系的症结。

后殖民历史学家反思的第二个问题是菲律宾历史研究中的"东方主义"问题。在伊莱托看来，美国殖民史学家建构的菲律宾形象实际上就

1 Portia Reyes, "Fighting over a Nation: Theorizing a Filipino Historiography," Postcolonial Studies, Vol.11 No.3(2008).

2 Vicente L. Rafael, *White love and other events in Filipino history,* p.3.

3 Vicente L. Rafael, "The contingencies of area studies in the United States," *Philippine Studies,* Vol.51, No.2 (2003), p.313.

是一个东方主义的形象。他们用诸如肉体 / 精神、感性 / 理性、专制 /
民主的两分法把美国塑造成给菲律宾带来文明的"先进国家",把菲律
宾刻画成"愚昧落后、需要教化"的民族。美国殖民菲律宾就是要输出
民主和自由的价值,是一种伙伴式的殖民主义,[1]但是,菲律宾人虽然崇
拜华盛顿、讲英语,也梦想过白色的圣诞节,但美国民主制度并没有完
全复制到菲律宾。在梅看来,问题的关键在于菲律宾民众并没有积极主
动反美,而是被其保护者胁迫反美;美国民主制度在菲律宾传统的庇
护 - 依附关系和西班牙落后的宗教殖民统治之下(只有利用没有服务)
扭曲变形,其中尤以庇护 - 依附关系(恩主和被保护者之间的互惠、依
赖关系)的影响巨大。群众只忠诚于自己的恩主,而不是民族国家,这
必然导致政治生活中宗派主义或地方主义的产生,形成弱国家和强社会
的格局。美国对菲律宾"他者"形象的塑造依据的是殖民主义以及二战
后的现代化理论。[2]现代化是按美国的标准改造菲律宾,按现代标准替
代菲律宾的传统。显然,这样的现代化就是美国化,而菲律宾的美国化
实际上陷入了既失去自我又不能完全转化的两难之境。

后殖民主义历史学家在解构美国殖民者设定的"美菲特殊关系"的
同时,也反思了第三个问题,即殖民关系框架内的性别问题。在美国殖
民者对菲律宾的描述中,不但菲律宾女性被按西方的父权制安排在种族
和阶级结构的最底层,而且菲律宾民族也被刻画成一个女性形象,处于
世界民族和国家结构的最底层。但是,由于菲律宾女性的性感和肉欲对
白人男性具有致命的魅力,美国殖民者又以优生学理论为武器来保持自
己种族的纯洁性和优越性。因此,菲律宾女性形象文本的形成背后隐藏
着复杂的权力关系,包括美国白人的父权制思想、种族主义、殖民主义,
影像取景式的以美国白人消费者的喜好为依归的性别歧视等。但是,权

---

1 Norman G. Owen, and Michael Cullinane (eds.), *Compadre colonialism: Philippine-American relations, 1898-1941*, Ann Arbor: Michigan papers on South and Southeast Asia, No.3, 1971.

2 Reynaldo C. Ileto, "Orientalism and the study of Philippine politics," *Philippine Political Science Journal*, 22(45), 2001, pp.8-22.

力无处不在，对权力的反抗也无处不在。在跨种族婚姻中，混血儿的出生不但打破了人为设定的种族界限，而且因为下一代的教育往往由菲律宾女性来负责，她们教给这些混血儿的不是美国文化，而是她们根深蒂固的菲律宾历史和文化知识。这实际上就是一种隐性的、适得其反的反抗。[1] 从这个意义上说，菲律宾女性的性感和肉欲既是强化种族主义和殖民统治的诱因，也是消解它的天然因素。对在菲律宾的美国白人妇女来说，她们既是美国社会的底层，又是被美国殖民帝国赋权的尊者。她们与菲律宾佣人在家务活动中密切接触，感知菲律宾人的喜怒哀乐和工作伦理，甚至释放自己的脉脉温情，但是，这种温情无法改变主仆关系，反而从日常生活的角度阐释了"仁慈的同化"的美帝国主义既定政策。[2] 从这个角度来说，美国的帝国主义政策带有强烈的女性色彩。后殖民史学家从性别的视角对殖民主义和美菲关系进行解剖，无疑为深入理解美帝国主义的虚伪性和菲律宾人民的历史创造性提供了新的路径。

后殖民主义历史学家反思的第四个问题是黎萨尔和菲律宾民族主义的关系问题。黎萨尔是菲律宾民族主义运动中一个非常重要的人物和象征，但是对他的评价以及他在菲律宾民族主义运动中的定位是一个有争议的问题。奎布烟用文本分析的方法追根溯源，在一定程度上廓清了关于黎萨尔的一些争论。在黎萨尔的侄子、室友等看来，黎萨尔根本就不是一个反对革命的人，也不是一个要求与西班牙合并的改良主义者。伊莱托通过访问卡蒂普南战士证明了这一点。但是，相反的说法之所以流行，根源在于西班牙殖民史学家留下的黎萨尔传记。塔维拉和雷塔纳都认为，黎萨尔是多才多艺的自由主义改良派知识分子，他反对波尼法秀发动的武装起义。同时，他们又都是支持美国占领菲律宾的西班牙知识分子，也为美国殖民者提供了相关的服务。塔维拉应招给舒曼委员会介

1　Elizabeth Mary Holt, *Colonizing Filipinas: Nineteenth-century representations of the Philippines in western historiography*, Quezon City: Ateneo de Manila University Press, 2002, pp.154-157.

2　Vicente L. Rafael, *White love and other events in Filipino history*, Quezon City: Ateneo de Manila University Press, 2008, p.75.

绍了黎萨尔在菲律宾的情况，形成了美国人心目中的黎萨尔的正统形象，同时也轻率地贬损了波尼法秀。他说，当波尼法秀就卡蒂普南的革命行动计划征求黎萨尔的意见时，黎萨尔表示反对，并说这是不合时宜的，服务祖国的最好方式是献身人民的生活改善和教育，以和平方式进行改良。波尼法秀向群众隐瞒了黎萨尔的真实观点，只说黎萨尔劝诫不要发动革命。塔维拉的观点因为有美国殖民当局的支持而一再以讹传讹，成为美国菲律宾史学家甚至菲律宾民族主义史学家康斯坦丁诺坚持的观点。[1] 雷塔纳在《黎萨尔传记》中认为，黎萨尔是一个反对革命的改良主义者。这个观点被把黎萨尔小说翻译成英语的作家错误采用并加以发挥，他们认为小说中的主人公伊巴纳代表黎萨尔，而埃里亚斯就是波尼法秀的化身。这种观点成为关于黎萨尔和菲律宾民族主义的另一种流行解释，也被美国殖民当局接受并引申，殖民者认为黎萨尔是热爱和平的改良主义者，在世时热情欢迎美国"仁慈地、现代化地和民主地同化菲律宾"。其实，经过历史学家的仔细研究，这些说法都没有确定的历史依据。例如，黎萨尔明确说过，他的英雄是埃里亚斯，而不是伊巴纳。由此可以看出，无论是西班牙、美国殖民史学家还是菲律宾民族主义史学家在评价黎萨尔时都对材料进行了为我所用的取舍，在不同的立场和利益基础上塑造了自己心目中的合理的黎萨尔形象。[2]

后殖民历史学家反思的第五个问题是文本转换过程中的误读问题。无论是学者在把西班牙语资料翻译成英语，或是把西班牙语资料翻译成他加禄语，还是把他加禄语资料翻译成英语的过程中，都出现了误译和根据需要添加内容的现象。[3] 后来的研究者依据这样的资料，得出的结

1　Floro Quibuyen, "Rizal and the revolution," *Philippine Studies*, Vol.45, No.2(1997), pp.227-228.

2　Floro Quibuyen, *A Nation aborted: Rizal, American hegemony, and Filipino nationalism*, Quezon City: Ateneo de Manila University Press, 1999. John N. Schumacher, S. J., "Rizal and Filipino nationalism: A New approach," *Philippine Studies*, Vol.48, No.4 (2000). Floro Quibuyen, "Rizal and Filipino nationalism: Critical issues," *Philippine Studies*, Vol.50, No.2 (2002).

3　参见〔美〕本尼迪克特·安德森《比较的幽灵：民族主义、东南亚与世界》，甘会斌译，译林出版社，2012，第293—340页。

论如何就可想而知了。波尼法秀把绝命诗翻译成他加禄语，杰奎因和寇茨再将其翻译成英语后表达的情绪都不一样，波尼法秀的译本中充满了乐观的情绪，而英译本中却充斥着两难的困惑。这些译本流入社会后，对当时正在兴起的民族解放运动产生了完全不同的影响，这从一个侧面反映了译者希望达到的政治目的。纳斐尔认为，语言和翻译在他加禄人转向天主教信仰的过程中发挥了重要作用，对天主教教义按他加禄人传统宗教进行处理有利于它的传播和接受。[1]但在民族主义建构过程中，抛弃传统的史诗式叙述转而采用插曲式的充满矛盾和歧义的叙述方式，使菲律宾的民族主义认同处于不确定和流动状态中，使菲律宾的民族主义革命意识变成了富有弹性和灵活性的话语。[2]叙述方式的改变和翻译中的误读在某种程度上是一个文学批评的问题，但是，在菲律宾史学发展的特殊环境中，它们与权力的结合塑造出了符合某种政治需要的历史学。对这种历史学的解构实际上应该是重构菲律宾史学的基础。

后殖民历史学家反思的第六个问题是菲律宾史研究中的菲律宾性（Filipino-ness）问题。后殖民史学是在民族认同高扬、对普世化的西方历史理论进行严肃反思的氛围中形成的，它的基本出发点就是要从菲律宾社会内部观察和重构菲律宾历史，进而形成弘扬"菲律宾性的"菲律宾历史。菲律宾性指菲律宾人在历史发展过程中形成的独特文化和社会个性，它表现为一系列独特的概念、心态、思维方式和处事方式等。揭示菲律宾性只能使用菲律宾语，因为菲律宾语既是菲律宾文化的载体，又是菲律宾文化的源泉和灵魂；而美式英语或西班牙语只是美国文化和西班牙文化的载体，并不能完整传达菲律宾性。即使要使用英语或西班牙文献，也必须先把它们翻译成菲律宾语，并在翻译过程中注入菲律宾文化，使之成为菲律宾人的资料。萨拉扎尔重视使用菲律宾语并不是他不会西文，而是基于他对语言学理论的深刻认识。从音位学的方法

1　Vicente L. Raefel, *Contracting Colonialism: Translation and Christian conversion in Tagalog society under early Spanish rule*, Quezon City: Ateneo de Manila University Press, 1988.

2　Vicente L. Raefel, *White love and other events in the Filipino history*, p.4.

来看，主位研究（Emic approach）可以从内部分析一种文化，而非位研究（Etic approach）是从外部去理解一种文化。显然，只有主位研究才能为菲律宾史的本土化提供方法论的保障，用英语表达并不是为菲律宾人写作的史学。为菲律宾人写的、用菲律宾语写的菲律宾人的历史才是新史学（Bagong Kasaysayan）或真正的菲律宾史学（Pagsasakasaysayang Pilipino）。[1]

后殖民史学是菲律宾史学研究中异军突起的一个流派。与非洲和拉丁美洲的后殖民史学一样，它最先也是由在欧美受过严格区域研究训练的学者发起的，在某种程度上是反思西方史学文化霸权的结果。但是，随着菲律宾历史学家的加入，后殖民史学进入文本分析的新阶段，尤其强调语言的阐释作用，从中可以看到历史编撰学的政治意涵，可以发现历史学与文学的共通性，从而进入"文史不分家"的新阶段。不过，正如塔林所说，后殖民史学的研究现状在一定程度上表现出游离于历史本身之外的倾向，也在一定程度上容易陷入历史相对主义的泥潭。[2]尽管如此，后殖民史学仍然从一个侧面揭示了菲律宾史学发展的新趋向。

第四节　中国的菲律宾史研究

菲律宾是中国一衣带水的邻邦，有很多华侨华人在菲律宾居住和生活。在古代，中菲之间就曾有密切的交流关系。在巴斯兰省，考古学家发现了中国唐代的钱币。《宋史》中记录了麻逸商人在广州经商的事迹，这是有文字记载的最早的关于菲律宾的史料。虽然中国古代典籍中有大量关于菲律宾的记载，但中国的菲律宾史研究仍处于发展阶段。中国出

1　Portia Reyes, *Pantayong Pananaw and Bagong Kasaysayan in the new Filipino Historiography: A History of Filipino Historiography as an History of Ideas,* Dissertation to Universitaet Bremen, 2002, p.354.
2　参看〔新〕尼古拉斯·塔林主编《剑桥东南亚史》第一卷第一章"东南亚史的撰写"，贺圣达等译，云南人民出版社，2003，第36—38页。

版的第一部菲律宾史著作是李长传在1936年翻译和编辑的《菲律宾史》。[1]
该书的蓝本是菲律宾民族主义史学家莱安多罗·费尔南德兹（Leandro
Fernandez）在1919年出版的《菲律宾简史》。作为菲律宾公立和私立中
学七年级的历史教材，该书强调了菲律宾民族主义的诞生，并通过发掘
和利用档案以及文献资料强调了殖民入侵前菲律宾历史的重要性。尽管
李长传的书是一本译著，但它的出版意味着中国的菲律宾史研究从一开
始就越过了殖民史学派，直接融入了当时正在兴起的民族主义史学。

　　1949年中华人民共和国成立后，毛泽东主席号召干部和群众要学
习一点外国历史。其中当然包括菲律宾的历史。根据毛主席的指示，对
于每个国家至少都应该出版一本中文版的历史著作，或是由中国学者撰
写，或是翻译外国学者的著作。但是，在当时的条件下，中国历史学者
很难完成这一重大政治任务。且由于当时中国与菲律宾没有建立正式外
交关系，中国学者研究菲律宾历史既缺乏必要的原始资料，也缺乏走出
国门进行学术交流的机会。只是到了中菲建交前夕，为了满足一些干部
和外交官的阅读需要，才出版了一些关于菲律宾史的中国学者自己撰写
的和翻译的书籍。这是新中国菲律宾史研究的第一朵浪花。

　　这一时期翻译的书籍有赛义德的《菲律宾革命》和《菲律宾共和
国：历史、政府与文明》。[2]中国人编写的著作有广东省第一汽车制配
厂工人理论组、中山大学历史系七三届工农兵学员、中山大学历史系
东南亚历史研究室合编的《菲律宾简史》和《菲律宾史稿》。[3]赛义德
（Gregorio F. Zaide）是费尔南德兹的优秀学生，也是菲律宾著名的民族
主义史学家。在这两本书中文版的前言或说明中，译者都指出作者夸大

1　李长传编译《菲律宾史》，1936。

2　〔菲〕格雷戈里奥·F. 赛迪：《菲律宾革命》，林启森译，李永锡校订，广东人民出版社，1979；
　　〔菲〕格雷戈里奥·F. 赛义德：《菲律宾共和国：历史、政府与文明》，吴世昌译，商务印书
　　馆，1979。

3　广东省第一汽车制配厂工人理论组、中山大学历史系七三届工农兵学员、中山大学历史系东
　　南亚历史研究室合编《菲律宾简史》，商务印书馆，1977；广东省第一汽车制配厂工人理论小
　　组、中山大学历史系东南亚历史研究室编著《菲律宾史稿》，商务印书馆，1977。

了资产阶级知识分子的作用，同时低估了菲律宾群众的历史作用；作者赞美了反对西班牙殖民主义的斗争，却把美帝国主义者刻画成仁慈的、开明的菲律宾统治者；所有这些相互矛盾的观点都源自作者的资产阶级立场和唯心主义的历史观。从这些评论中可以发现中国译者的深层思想是教条的阶级斗争理论。在两本中国人写的著作中，采用的分析框架源自五种生产方式理论，即原始社会、奴隶社会、封建社会、半殖民地半封建社会、资本主义社会和社会主义社会。根据"人民群众撰写自己的历史"和"知识分子与工人、农民相结合"的原则，这两本书都是由这三种人组成的写作小组共同完成的。另外，这 4 本书都没有正式公开出版。中国人写的这两本书是作为范本来参考学习的，赛义德的两本书则是供批判用的。从资产阶级和无产阶级两种历史观的比较中，中国领导人和干部坚定了建设社会主义的信心。

中国研究菲律宾历史的第二朵浪花发生在 1978 年后到世纪之交。1978 年，中国开始实施改革开放政策。菲律宾华侨回到自己的祖籍地从事投资和学术交流工作，同时一些中国人也受到他们在菲律宾的亲戚邀请走出国门，到访菲律宾或进行学术交流。为了满足两国之间交流日益增强的需要，一些研究菲律宾历史和中菲关系史的书籍得以出版，包括中山大学东南亚研究所编辑的《中国古籍中有关菲律宾资料汇编》[1]，黄滋生和何思兵撰写的《菲律宾华侨史》[2]，陈衍德撰写的《现代中的传统：菲律宾华人社会研究》[3] 和金应熙主编的《菲律宾史》[4]。

《中国古籍中有关菲律宾资料汇编》从 117 种中国古籍中编选了许多有价值的历史资料。这些古籍包括从《宋史》到清代的外交档案的官方资料，还包括了地方志和旅行者的日记。从这本汇编中，我们能了解中菲贸易和文化交流的历史，也能了解菲律宾历史上的社会、政治和经

1　中山大学东南亚历史研究所编《中国古籍中有关菲律宾资料汇编》，中华书局，1980。

2　黄滋生、何思兵：《菲律宾华侨史》，广东高等教育出版社，1987。

3　陈衍德：《现代中的传统：菲律宾华人社会研究》，厦门大学出版社，1998。

4　金应熙主编《菲律宾史》。

济制度的某些侧面，以及菲律宾反对西班牙殖民者的斗争史。毫无疑问，这是中国人研究菲律宾历史的重要原始资料。黄滋生和何思兵的书是研究菲律宾华侨史的第一部著作，时间跨度从 1570 年代到 1945 年。其主要内容是论述殖民当局对待华人政策和菲律宾华侨反对殖民主义的斗争，当然这些都是随着华人经济地位的变化而变化的。陈衍德的书论述了菲律宾华人社会从传统向现代的转变，回答了菲律宾华人在融入菲律宾社会的同时为什么还能够保持自己的传统文化价值的问题。金应熙教授主编的《菲律宾史》是迄今为止中国最重要的菲律宾史著作，叙述了菲律宾从古代到 1986 年人民力量革命的历史。从这部著作的内容来看，它集中论述的是殖民统治和菲律宾人民基于经济变化的争取民族独立的斗争。显然，第二朵浪花在继续强调反殖民斗争的同时，也强调了经济史的研究。这不但深化了中国学界对菲律宾史的理解，还从一个侧面回应了中国改革开放对历史研究带来的挑战。由于中国在改革开放初期吸引外资在一定程度上是通过海外华侨来完成的，华侨史研究迅速成为一个热点。另外，一些友好的华侨和华人企业家也愿意资助学术研究。在菲律宾殖民史研究中，殖民主义的"双重使命"逐渐取代了对殖民主义的片面批判。殖民主义的建设性使命与它的破坏性使命一样都得到强调。这就意味着，中国的菲律宾史编撰开始去意识形态化，走向展现全面真实的历史。

　　第三朵浪花主要由在 21 世纪获得博士学位的学者激发。进入新世纪后中国研究菲律宾历史的代表作包括：施雪芹撰写的《菲律宾天主教研究：天主教在菲律宾的殖民扩张与文化调适（1565—1898）》，周东华撰写的《战后菲律宾现代化进程中的威权主义起源研究》[2]，赵振祥等撰写的《菲律宾华文报史稿》和庄国土、陈华岳主编的《菲律宾华人

1　施雪芹：《菲律宾天主教研究：天主教在菲律宾的殖民扩张与文化调适（1565—1898）》，厦门大学出版社，2007。

2　周东华：《战后菲律宾现代化进程中的威权主义起源研究》，人民出版社，2010 年。

通史》[1]，以及笔者撰写的《森林与发展：菲律宾森林滥伐研究（1946—1995）》，等等。[2] 仅从这些著作的题目来看，就能发现中国的菲律宾史研究在视角、方法和主题上已经走向多元化。与前一个阶段主要进行通史写作不同，新时期中国的菲律宾史研究大多数是专题和具体研究。

　　施雪芹的著作通过分析"菲律宾的天主教化"和"天主教的菲律宾化"展现了天主教从殖民扩张的工具转化为菲律宾民族文化的一个有机组成部分的进程。尽管天主教在菲律宾广为传播，也发生了相应的变化，但最终仍然逃脱不了与政治分离的命运。宗教民族主义即使具有某些普遍价值，但不可能变成菲律宾的主导性政治文化。在梳理历史过程的基础上，施雪芹还借鉴吸收了跨文化交流的理论和研究方法。周东华借了现代化理论或发展政治学的方法，探讨了威权主义在菲律宾的起源。他认为，美式民主在菲律宾的崩溃是不可避免的，因为它造成了依附和不发展。由于野心勃勃的马科斯总统继承和融合了黎萨尔和奎松（Manuel L. Quezon）的政治文化，美式民主必然被"宪政威权主义"或"一人民主"所取代。赵振祥等的著作描述了菲律宾华文报纸从1888年到2006年的曲折发展历程。从表面上看，它是在写传媒史，但实际上它通过华文报纸历史化和情景化来系统反映了华人的媒体、经济、政治和菲律宾人相互作用的复杂关系。庄国土和陈华岳主编的《菲律宾华人通史》是菲律宾华侨华人史研究的集大成著作。该书最大的特点是从菲律宾华人的视角，通过借鉴多元文化论、族群文化模式等社会学理论，全面分析菲华社会的历史发展过程及其不同时期的特点。笔者的著作采用环境史的新视角，辨析了多种不同的观点，认为菲律宾的森林滥伐是发展型国家实施的片面发展战略造成的。此外，通过两国学者的共同努力，中非关系史的档案整理和编辑也步入了新阶段。主要由邹爱莲和吴文焕推动与编辑的《清代中国与东南亚各国关系档案史料汇编》（第二

1　赵振祥、陈华岳、侯培水等：《菲律宾华文报史稿》，世界知识出版社，2006；庄国土、陈华岳主编《菲律宾华人通史》，厦门大学出版社，2012。

2　包茂红：《森林与发展：菲律宾森林滥伐研究（1946—1995）》，中国环境科学出版社，2008。

卷：菲律宾卷）由国际文化出版公司出版。[1] 这本书收录的档案时间跨度从 1724 年到 1911 年，内容涉及清朝与苏禄的朝贡贸易关系、清政府在马尼拉建立领事馆、菲律宾火山喷发等。除了中文档案，该书还收录了用英文和西班牙语书写的档案，并且还有一些珍贵的地图和照片。所有档案都是影印的，并附有年代索引。这本书无疑对研究清代的中菲关系具有重要价值。与第三朵浪花中的多元化相伴的是中国历史思维的深化和碎化。自 1978 年以后，经过 20 多年的历史思想启蒙，中国历史学家的思想已经日益开放，尤其是受过正规多层次学历教育的学者许多都有多次在国外大学和研究机构访问进修的经历。他们熟悉国际菲律宾史研究的最新趋势，愿意采用不同视角进行专题研究。他们在选择研究课题时主要从两方面思考：一是要在学术研究的谱系中有所作为，能够推进学术研究的发展；二是要有助于中国从菲律宾历史中吸取经验和教训。因此，这些学者的研究课题非常分散，但也非常新鲜。

与美国、西班牙、菲律宾或日本的菲律宾史研究相比，中国的菲律宾史研究尚不发达，但确实发展迅速，并具有一些自己突出的特点。

首先，中国的菲律宾史研究受到了国内政治文化和气氛的严重影响。当阶级斗争理论主导时，中国的菲律宾史编撰是按生产方式的演进和资产阶级民族民主革命史的叙述方式来建构的。当中国社会的主要任务转向推动经济发展和现代化建设时，中国的菲律宾史编撰便是按现代性的增长以及是否具有可持续性来建构的。中国的菲律宾史编撰与政治文化变化同步，这确实是具有中国特色的菲律宾史编撰学。

其次，中国的菲律宾史研究的重点之一是中菲关系史和菲律宾华侨史研究。在中国政府于 1955 年宣布不承认双重国籍之前，海外华人是中国历史的一个边缘部分。1955 年后，华侨变成了菲律宾历史的一部分。这种大背景的变化改变了菲律宾华侨的命运，他们的主要任务由如何支

1　中国第一历史档案馆编《清代中国与东南亚各国关系档案史料汇编》（第二卷：菲律宾卷），
　　国际文化出版公司，2004。

持中国的国家建设变成了如何融入菲律宾、变成菲律宾人。菲律宾华侨也养成了一个良好习惯，那就是积极资助撰写华侨自己的历史，探讨华人的转变，夯实寻根的文化基础。因此，几乎所有研究菲律宾华侨史的著作都是由菲律宾华侨资助或部分资助的，这类著作的出版实际上就是在全球化时代中国与菲律宾文化交流的结晶和证明。

再次，菲律宾史研究正在逐渐成为区域国别研究的背景。在改革开放前，中国的菲律宾和东南亚研究的重点是历史研究。但在改革开放后，由于采用了区域研究的模式，中国的东南亚研究变成了一个以语言训练和社会科学研究为主的多学科研究领域。在某些大学的东南亚学研究机构，大部分学者来自外语系的东南亚语专业，主要从事东南亚语言和文学研究。来自历史学系的学者极少。而在另外某些大学的东南亚研究机构中，几乎所有学者都转向研究东南亚现状和现实问题，一些受过专门历史学训练的学者也不得不改弦更张。在这样的研究框架和结构中，历史研究从高深的专业研究转向满足普通读者需要的一般研究。这种变化一方面解构了菲律宾史研究作为基础学科的价值，但另一方面扩大了历史学的受众和读者面。也就是说，菲律宾史研究在中国正在变成菲律宾区域国别研究中的一个边缘领域。

最后，中国的菲律宾史研究者主要使用英文史料和一些保存在美国的档案。中国学者愿意采用地方或菲律宾人的视野，但能够使用的史料很少，这就局限了他们的视野，限制了他们表达"群众的细小声音"的能力。就时间而言，中国的菲律宾史研究主要集中在美国殖民统治时期和菲律宾共和国时期，前殖民时期和西班牙殖民时期以及日本殖民时期的历史都少有人问津，因为中国研究菲律宾史的学者基本不懂西班牙语、他加禄语和日语。即使有些高校的东南亚研究中心有懂这些语言的学者，但因为他们隶属于外语学院而很少与历史学学者进行真正的学术合作。历史学者想学习这些语言，但因为不同科系之间存在行政界限而难以实现。

总之，从纵向来看，中国的菲律宾史研究发展迅速；但从横向来看，它不但发展缓慢，而且正在被边缘化。这种状况既不能满足中国历史学发展的要求，也不能适应中菲关系发展的要求。

　　菲律宾史学的发展与菲律宾人民的历史命运息息相关。生活在菲律宾群岛上的各族人民在与自然的斗争中创造了自己的历史和独特的历史叙述方式，但是随殖民主义而来的不仅是菲律宾被纳入世界资本主义体系，其历史编撰也被西班牙化和美国化，形成了影响深远的殖民史学派。这种史学在表面上看是告别了非科学的历史学传统，但实际上却是为殖民者服务的史学，是对菲律宾人民创造的历史的歪曲反映。然而，这种历史编撰形式中蕴含的欧美民族主义思想又为菲律宾民族主义运动的兴起提供了思想基础，民族主义史学随着民族解放运动及其后的民族国家建设获得大发展，菲律宾人民逐渐重新成为自己历史的主角，菲律宾文化的统一性、多样性和复杂性得以展现。中国的菲律宾史研究从起步开始，就加入民族主义史学的潮流中，但却是从中国的政治文化结构出发，对菲律宾史进行中国式建构。虽然民族主义史学在一定程度上颠覆了殖民史学的偏见和恶意，但它依然秉承了欧美史学自启蒙运动以来所坚持的进步观念。从深层次来看，从殖民史学向民族主义史学的进化并没有彻底完成菲律宾史学的菲律宾化。后殖民史学就是在美国受历史学训练的菲律宾历史学家对这种状况的一种自觉反思和修正。在西方文化依然占据主流地位的氛围中，要想用自己的方式发出自己的"细小声音"（small voice）并不是一件容易的事情。菲律宾历史学家正在用解构的方法厘清一些约定俗成的"科学"的历史知识，但这只是第一步。中国的菲律宾史研究在进入 21 世纪后，逐渐表现出碎化的特点，甚至在区域国别研究中被边缘化。因此，接续自己的传统、创造自己的历史编撰将是更为艰巨但又不得不完成的历史任务。

参考文献

一 史料

1. 政府文档

2002 Census of Fisheries: Philippines, Manila: National Statistics Office, 2005.

7 Years & 4 Seas: Our Quest for Sustainable Fisheries, A Special End-of-project Report to Partners on the Implementation of the Fisheries Improved for Sustainable Harvest (FISH) Project in Coron Bay, Danajon Bank, Lanuza Bay and Tawi-Tawi Bay, Philippines, 2003-2010; Fisheries Improved for Sustainable Harvest (FISH) Project, Cebu City, Philippines, 2010.

Annual Report of the Bureau of Health for the Philippine Islands,

1904—1914. Manila: Bureau of Public Printing.

Annual Report of the Commissioner of Public Health, 1903—1915. Manila: Bureau of Public Printing.

Aspects of Poverty in the Philippines: A Review and Assessment, Vol I : Overview, Country Programs Department, East Asia and Pacific Regional Office, The World Bank,1980.

Census of the Philippine Islands in the Year 1903, Vol. 4. Washington: United States Bureau of the Census, 1905.

Economic Resources and Development of the Philippine Islands, New York City: Philippine Commercial Agencies,1920.

Fisheries Statistics of the Philippines, Bureau of Fisheries, 1954—1972, Bureau of Fisheries, Philippines.

In Turbulent Seas: The Status of Philippine Marine Fisheries, Coastal Resource Management Project of the Department of Environment and Natural Resources, Cebu City, Philippine, 2004.

People of the Philippines, Washington, D.C.: Government Printing Office, 1901.

Philippine Fisheries Profile: 1977-2018, https://www.bfar.da.gov.ph/publication

  Quarterly Bulletin of Public Works, 1912—1927, American Historical Collection, Rizal Library, Ateneo de Manila University.

Report of the National Monetary Commission. Washington: Government Printing Office, 1912

Report of the Philippine Commission to the Secretary of War, 1902-1916. Washington: Government Printing Office.

Report of the Philippine Health Service, 1915-1922, Manila: Bureau of Public Printing.

Report of the Special Mission to the Philippine Islands to the Secretary of War. Washington: Government Printing Office, 1922.

Reports of the Taft Philippine Commission. Washington: Government Printing

Office, 1901.

The 1973 Constitution of the Republic of the Philippines, http://www.gov.ph/
constitutions/1973-constitution-of-the-republic-of-the-philippines-2/

*The People of the Philippines: Letter from the Secretary of War transmitting an article on
the people of the Philippines,* Washington, D.C.: Government Printing Office,
1901.

2. 档案

Acuerdo del Supremo Consejo de Citado de 5 de Oct de 1792, Ultramar 636,
AGI.

Copia del Oficio que Pasó el Señor Superintendente General de estas Islas
al Factor Gral Don Pedro de la Peña, en 22 de Agosto de 1796, y Planes
Propuesto para Extender Las Siembras de Tabaco a la Provincia de Cagayan
e Isla de Marinduque, No.5, Ultramar, 634, AGI.

El Tabaco Estancado en Filipinas, Manila:Imp.de "La Oceania Espanola", 1883.

Gaceta de Manila, Año XI, tomo II, numero 0265 (septiembre 24, 1871).

Instrucciones Generales de la Real Renta del Tabaco en las Islas Filipinas, España —
Ministerio de Hacienda, Reimpresas en la imprenta de Sampaloc: por D.
Cayetano Julian Enriquez, 1829.

Memoria de Juan de Cuéllar sobre la Canela, 22 de Enero, 47, N.12, 1789, 23, AGI.

RG 5: International Health Board/Division Rockefeller Foundation Archives,
Rockefeller Archive Center, Sleepy Hollow, Tarrytown, New York.

二　研究著作

1. 西班牙语著作

Diogo de Lemos, *Começase a vida de nosso padre sam Domingos,* Lisboa: Germão
Galharde, 1525.

en las islas Filipinas, Barcelona: Edicions Universitat Barcelona, 2019.

Fernando Oliveira, *Arte da guerra do mar*, Coimbra: João Álvares, 1555.

Jerónimo Cardoso, *Grammaticae introductiones breviores & lucidores*, Lisboa: João de Barreira, 1552.

Joaquin Martinez De Zuñiga, *Estadismo de las Islas Filipinas: ó, Mis Viajes por este País*, anotada por W.E. Retana, Tomo Segundo, Madrid:Imprenta de la Viuda de M. Minuesa de los Rios, 1893.

Josep M. Fradera, *Filipinas, la Colonia más Peculiar, la Hacienda Pública en la Definición de la Política Colonial,1762-1868*, Madrid: Consejo Superior de Investigaciones Científicas, 1999.

Leonor de Noronha, *Esta he a segunda parte da historia de nossa redenção*, Coimbra : João de Barreyra, 1554.

Luis Alonso, *El Costo del Imperio Asiático: La Formación Colonial de Las Islas Filipinas bajo Dominio Español,1565-1800*, México: Instituto Mora, La Coruña, España: Universidad de Coruña, 2009.

Manel Ollé and Joan—Pau Rubiés eds., *Códice Boxer, El. Etnografía colonial e hibridismo cultural en las islas Filipinas*, Barcelona: Edicions Universitat Barcelona, 2019.

Miguel Ángel Medina, *Paralelismo entre la 'doctrina christiana en lengua española y mexicana' y la 'doctrina en lengua china' (México 1548-Manila 1593)*, Navarra: Servicio de Publicaciones de la Universidad de Navarra,1990.

Ruy Gonçalves, *Dos privilegios e praerogativas*, Coimbra: João de Barreyra, 1557; Codrus Rufus, *Tratado notavel de huma pratica*, Coimbra: João de Barreira a custa de Miguel Maceyra, 1560.

Sinibaldo de Mas, *Artículo sobre Las Rentas de Filipinas:Copiado del Boletin Oficial del Ministerio de Hacienda, num.174, de 28 de abril de 1853*, Madrid: Imp.y Estereotipia de M. Rivadeneyra, 1853.

Tomas de Comyn, *Estado de las Islas Filipinas en 1810*, Madrid: Imprenta de

Repullés, 1820.

Venancio Concepción, *"La Tragedia" del Banco Nacional Filipino,* Manila: The Cellar Book Shop, 1927.

Zoilo Espejo, *Cartilla De Agricultura Filipina,* Manila: Imp.de Ramirez y Giraudier, 1869.

2. 菲律宾语著作

N. G. Tiongson, *Kasaysayan at Estetika ng Sinakulo, at Ibang Dulang Panrelihiyon sa Malolos: Kalakip Ang Orihinal, Partitura, mga Larawan ng Pagtatanghal.* Quezon City: Ateneo de Manila University Press, 1975.

3. 英文著作

A. Florendo, Z. A. Austria, *Sagala: The Queen of Philippine Festivals,* Quezon City: Fashion Designers Association of the Philippines, 2006.

Alastair Fowler, *The Mind of the Book: Pictorial Title pages,* Oxford and New York: Oxford University Press, 2017.

Alexander S. Wilkinson ed., *Illustration and Ornamentation in the Iberian Book World, 1450–1800,* Leiden: Brill, 2021.

Alexander Spoehr, *Protein from the Sea: Technological Change in Philippine Capture Fisheries,* Pittsburgh: Department of Anthropology, University of Pittsburgh, 1980.

Alfred W. McCoy and Ed. C. de Jesus eds., *Philippine Social History: Global Trade and Local Transformations,* Quezon City: Ateneo de Manila University Press, 1982.

Alison Cullingford, *The Special Collections Handbook,* London: Facet, 2011.

Anthony Reid, *A History of Southeast Asia: Critical Crossroads,* Hoboken: John Wiley & Sons, 2015.

Benito Legarda Jr., *After the Galleons: Foreign Trade, Economic Change &*

Entrepreneurship in the Nineteenth-Century Philippines, Quezon City: Ateneo de Manila University Press, 1999.

Bonifacio S. Salamanca, *The Filipino reaction to American rule, 1901-1913*, Quezon City: New Day Publishers, 1984.

Charles B. Elliot, *The Philippines to the end of the military regime*, New York: The Greenwood Press, 1968.

Clifford Geertz, *Agriculture Involution: The Social Process of Ecological Change in Indonesia*, Berkeley: University of California Press, 1963.

Clifford Geertz, *The Interpretation of Cultures*, New York: Basic Books, 1973.

Clifford Geertz, *Works and Lives: The Anthropologist as Author*, Stanford: Stanford University Press, 1988.

Conner Bailey ed., *Small-scale Fisheries of San Miguel Bay, Philippine: Social Aspects of Production and Marketing*, Institute of Fisheries Development and Research, College of Fisheries, University of the Philippines in the Visayas, Quezon City, Philippines; International Center for Living Aquatic Resources Management, Manila, Philippines; and the United Nations University, Tokyo, Japan, 1982.

D. G. E. Hall ed., *Historians of South East Asia*, Oxford and New York: Oxford University Press, 1961.

Daniel Aaron ed., *America in Crisis*, New York: Knopf, 1952.

Daniel F. Doeppers and Peter Xenos eds., *Population and History: The Demographic Origins of the Modern Philippines*, Quezon City: Ateneo de Manila University Press, 1998.

Daniel F. Doeppers, *Feeding Manila in Peace and War,1850-1945*, Madison: The University of Wisconsin Press, 2016.

Daniel M. Bunag ed., *Philippine Fisheries Yearbook: 1953*, Manila: Editorial and Business Office, 1950.

Daniela Bleichmar et al., eds., *Science in the Spanish and Portuguese Empires, 1500–*

1800, Stanford: Stanford University Press, 2008.

Danilo C. Israel and Cesar P. Banzon, *Overfishing in the Philippine Marine Fisheries Sector*, Singapore: The Economy and Environment Program for South East Asia, 1998.

Dean H. Worcester, *The Philippine islands and their people: A record of personal observation and experience, with a short summary of the more important facts in the history of archipelago*, New York: The MacMillan Company, 1899.

Domiciano K. Villaluz, *Fish Farming in the Philippine*, Manila: Bookman, 1953.

Donn V. Hart ed., *Philippine Studies: History, Sociology, Mass Media and Bibliography*, Northern Illinois University, Center for Southeast Asian Studies, 1978.

Eamon Duffy, *The Stripping of the Altars*, Yale: Yale University Press, 1992.

Ed. Ferdando Napkil Zialcita, *Quiapo: Heart of Manila*, Quezon City: Ateneo de Manila University & Metropolitan Museum of Manila, 2006.

Edgar Wickberg, *The Chinese in Philippine Life 1850-1898*, Quezon City: Ateneo de Manila University Press, 2000.

Ediberto C. De Jesus, *The Tobacco Monopoly in the Philippines, Bureaucratic Enterprise and Social Change,1766-1880*, Metro Manila Quezon City: Ateneo de Manila University Press, 1980.

Edwin Wolf, Doctrina Christiana, *The First Book Printed in the Philippines, Manial, 1593*, Washington, D.C.: Library of Congress, 1947.

Elizabeth Mary Holt, *Colonizing Filipinas: Nineteenth-century representations of the Philippines in Western historiography*, Quezon City: Ateneo de Manila University Press, 2002.

Emma Helen Blair and James Alexander Robertson eds., *The Philippine Islands, 1493-1898*, 51 Volumes, Cleveland, Ohio: The Arthur H. Clark Company, 1907.

Eric Tagliacozzo and Wen–Chin Chang eds., *Chinese Circulations: Capital, Commodities, and Networks in Southeast Asia*, Durham, NC: Duke University

Press, 2011.

Erich H. Jacoby, *Agrarian Unrest in Southeast Asia*, London: Asian Publishing House, 1961.

Ferdinand Marcos, *An Ideology for Filipinos*, Manila: Marcos Foundation, 1980.

Ferdinand Marcos, *Five Years of the New Society*, Manila: Marcos Foundation, 1978.

Ferdinand Marcos, *In Search of Alternatives: The Third World in an Age of Crisis*, Manila: NMPC Books, 1980.

Ferdinand Marcos, *Notes on the New Society of the Philippines*. Manila: The Marcos Foundation, 1973.

Floro Quibuyen, *A Nation aborted: Rizal, American hegemony, and Philippine nationalism*, Quezon City: Ateneo de Manila University Press, 1999.

Fr. Angel Aparicio O.P. ed., *Catalogue of Rare Books: University of Santo Tomas Library*, Vol.1, Catalogue of Books Printed Between the Years of 1492 and 1600, Manila: University of Santo Tomas Library, 2001.

Frederic H. Sawyer, *The Inhabitants of the Philippines*, New York: Charles Scribner's Sons, 1900.

George Bryan Souza and Jeffrey Scott Turley, *The Boxer Codex: Transcription and Translation of an Illustrated Late Sixteenth-Century Spanish Manuscript Concerning the Geography, History and Ethnography of the Pacific, South-East and East Asia*, Leiden: Brill, 2015.

George Bryan Souza and Jeffrey Scott Turley, *The Boxer Codex: Transcription and Translation of George E. Taylor, The Philippines and the Unite States: Problems of Partnership*, New York: Praeger, 1964.

Gerard Lico, *Edifice Complex: Power, Myth, and Marcos State Architecture*. Quezon City: Ateneo de Manila University Press, 2003.

Gitta Bertram, Nils Büttner, and Claus Zittel, *Gateways to the Book: Frontispieces and Title Pages in Early Modern Europe*, Leiden: Brill, 2021.

Glenn Anthony May, *A Past Recovered*, Quezon City: New Day Publishers, 1987.

Glenn Anthony May, *Social Engineering in the Philippines: The Aims, Execution, and Impact of American Colonial Policy,1900-1913*, Quezon city: Quezon City: New Day Publishers,1984.

Glenn May, *Inventing a Hero: The Posthumous recreation of Andres Bonifacio*, Quezon City: New Days Publishers, 1997.

Henry Parker Willis, *Our Philippine Problems: A Study of American Colonial Policy*, New York: Henry Holt and Company, 1905.

Henry T. Lewis, *Ilocano Irrigation: The Corporate Resolution*, Honolulu: University of Hawaii Press, 1991.

Herbert E. Warfel and Pablo Bravo, *Outlook for Development of a Tuna Industry in the Philippines*, Washington D.C.: United States Government Printing Office, 1950.

Herbery E. Warfel and Porfirio R. Manacop, *Otter Trawl Explorations in Philippine Waters*, Washington D.C.: United States Government Printing Office, 1950.

Ian R. Smith et al., *Philippine Municipal Fisheries: A Review of Resources, Technology and Socioeconomics*, Manila: International Center for Living Aquatic Resources Management, and the Fishery Industry Development Council, 1980.

Irving Leonard, *Books of the Brave*, 2nd ed., Berkeley: University of California Press, 1992.

J. C. Bulatao, *Phenomena and Their Interpretation : Landmark Essays, 1957-1989.* Quezon City: Ateneo de Manila University Press, 1992.

J. W. P. Capili et al., *Mabuhay to Beauty!: Profiles of Beauties and Essays on Pageants.* Quezon City: Milflores Pub, 2003.

James Delbourgo and Nicholas Dew eds., *Science and Empire in the Atlantic World*, New York: Routledge, 2008.

James Leroy, *The Americans in the Philippines*, 2 Vols., New York: AMF Press,

1973.

Jeanne Frances I. Illo and Jaime B. Polo, *Fishers, Traders, Farmers, Wives: The Life Stories of Ten Women in a Fishing Village*, Manila: Institute of Philippine Culture, Ateneo de Manila University, 1990.

Jim Richardson, *The Light of Liberty: Documents and Studies on the Katipunan, 1892–1897*, Quezon City: Ateneo de Manila University Press, 2013.

John A. Larkin, *Sugar and the Origins of Modern Philippine Society*, Berkeley: University of California Press, 1993.

John D. Blanco, *Frontier Constitutions: Christianity and Colonial Empire in the Nineteenth-Century Philippines*, Berkeley: University of California Press, 2009.

John Farley, *To Cast Out Disease: A History of the International Health Division of Rockefeller Foundation (1913-1951)*, Oxford and New York: Oxford University Press, 2004.

John Foreman, *The Philippine Islands: A historical, geographical, ethnographical, social and commercial history of the Philippine archipelago and its political dependencies, embracing the whole of Spanish rule*, New York: Charles Scribner's Sons, 1899.

John G. Butcher, *The Closing of the Frontier: A History of the Marine Fisheries of Southeast Asia, c. 1850-2000*, Singapore: Institute of Southeast Asian Studies, 2004.

Jonathan J. G. Alexander, *The Painted Book in Renaissance Italy: 1450-1600*, New Haven: Yale University Press, 2016.

Jose Rizal, *Political and Historical Writings*, Manila: National Historical Institute, 2007.

José Rizal, *Writings of Jose Rizal, Vol. VI : Events in the Philippine Islands*, Manila: Jose Rizal National Centennial Commission, 1962.

José S. Reyes, *Legislative history of America's economic policy toward the Philippines*, New York: Columbia University, 1923.

Julius W. Pratt, *Expansionists of 1898*, Baltimore: The John Hopkins Press, 1936.

Karl J. Pelzer, *Pioneer Settlement in the Asiatic Topics*, New York: American Geographical Society, 1945.

Ken De Bevoise, *Agents of Apocalypse: Epidemic Disease in the Colonial Philippines*, Princeton: Princeton University Press, 1995.

Kevin Ingram, ed., *The Conversos and Moriscos in Late Medieval Spain and Beyond*, Vol. 4, Resistance and Reform, Leiden: Brill, 2021.

Leonard F. Giesecke, *History of American economic policy in the Philippines during the American colonial period, 1900-1935,* New York & London: Garland Publishing Inc.

Leslie E. Bauzon, *Philippine Agrarian Reform, 1880-1965*, Singapore: Institute of Southeast Asian Studies.

Lewis E. Gleeck, *American Institutions in the Philippines, 1898-1941*, Manila: Historical Conservation Society, Manila, 1976.

Liana T. McManus and Chua Thia–Eng eds., *The Coastal Environmental Profile of Lingayen Gulf, Philippines*, Manila: International Center for Living Aquatic Resources Management, 1990.

Linda A. Newson, *Conquest and Pestilence in the Early Spanish Philippines*, Honolulu: University of Hawaii Press, 2009.

M. Hernando ed., *Lino Brocka: The Artist and His Times*, Manila: Sentrong Pangkultura Ng Pilipinas.

Margaret M. Smith, *The Title-Page: Its Early Development, 1460-1510,* London.

Maria SerenaI Dioknp and Vilegas N. Ramon, *Life in the Colony, in Kasaysayan the Story of the Filipino People*, Vol.4, Hongkong: Asia Publishing Company Limited, 1998.

Marie Antonette Juinio–Menez and Gary F. Newkirk eds., *Philippine Coastal Resources Under Stress*, Coastal Resources Research Network, Dlhousie

University, Canada, and Marine Science Institute, University of the Philippines, Philippines, 1995.

Mark Harrison, *Medicine in an Age of Commerce and Empire: Britain and Its Tropical Colonies*, Oxford and New York: Oxford University Press, 2010.

Mary Steedly, *Hanging without a Rope: Narrative Experience in Colonial and Postcolonial Karoland*, Princeton, New Jersey: Princeton University Press, 1993.

Maximo M. Kalaw, *Self-Government in the Philippines*, New York: The Century Co., 1919.

José Rizal, *Writings of Jose Rizal vol.V1: Events in the Philippine Islands*. Manila: Jose Rizal National Centennial Commission, 1962.

Norman G. Owen, and Michael Cullinane eds., *Compadre colonialism: Philippine-American relations, 1898-1941*, Ann Arbor: Michigan papers on South and Southeast Asia, No.3, 1971.

Onofre D. Corpuz, *An Economic History of the Philippines*, Quezon City: University of the Philippines Press, 1997.

Paul D. Hutchcroft, *Booty Capitalism: The Politics of Banking in the Philippines,* Ithaca: Cornell Vniversity Press, 1998.

Peter Boomgaard eds., *A World of Water: Rain, Rivers and Seas in Southeast Asian Histories*, Leiden: KITLV Press, 2007.

Peter W. Stanley, *A Nation in the Making: The Philippines and the United States, 1899-1921*, Cambridge and Massachusetts: Harvard University Press, 1974.

R. A. Orsi, *The Madonna of 115th Street : Faith and Community in Italian Harlem, 1880-1950,* New Haven: Yale University Press, 1985.

Renato Constantino, *The Philippines: A past revisited*, Manila: Twentieth Printing, 2005.

Reynaldo C. Ileto, *Filipinos and their revolution: Event, discourse, and historiography*, Quezon City: Ateneo de Manila University Press, 1998.

Roehlano M. Briones, *Philippine Agriculture to 2020: Threats and Opportunities from*

Global Trade, Philippine Institute for Development Studies, 2013.

Roland Barthes, *Rustle of Language*, trans. R. Howard, New York: Farrar Strauss and Giroux, 1986.

Roland Barthes, *The Responsibility of Forms*, trans. R. Howard, New York: Farrar Strauss and Giroux, 1985.

Stanley Karnow, *In our image: America's empire in the Philippines*, New York: Random House, 1989.

Stuart J. Green et al., *Philippine Fisheries in Crisis: A Framework for Management*, Cebu City: Coastal Resource Management Project of the Department of Environment and Natural Resources, 2003.

Stuart J. Green et al., *The Fisheries of Central Visayas, Philippines: Status and Trends*, Cebu City: Coastal Resource Management Project of the Department of Environment and Natural Resources and the Bureau of Fisheries and Aquatic Resources of the Department of Agriculture, 2004.

Teodoro Agoncillo, *A Short history of the Filipino people*, Quezon City: University of the Philippines Press, 1960.

Teodoro Agoncillo, *Malolos: The Crisis of the Republic*, Quezon City: University of the Philippines Press, 1960.

Teodoro Agoncillo, *Revolt of the Masses: The Story of Andres Bonifacio and the Katipunan*, Quezon City: University of the Philippines Press, 1956.

Vicente L. Raefel, *Contracting Colonialism: Translation and Christian conversion in Tagalog society under early Spanish rule*, Quezon City: Ateneo de Manila University Press, 1988.

Vicente L. Rafael, *White love and other events in Filipino history*, Quezon City: Ateneo de Manila Press, 2008.

Vicente S. Hernandez, *History of Books and Libraries in the Philippines, 1521-1900*, Manila: National Commission for Culture and the Arts, 1996.

W. Cameron Forbes, *The Philippine Islands, Vol. I*, Boston; New York: Houghton

Mifflin Company, 1928.

Walter Benjamin, *Illuminations*, New York: Schocken Books, 1969.

Warwick Anderson, *Colonial Pathologies: American Tropical Medicine, Race, and Hygiene in the Philippines*, Quezon City: Ateneo de Manila University Press, 2007.

Wilfredo G. Yap, *Rural Aquaculture in the Philippines*, FAO Regional Office for Asia and the Pacific Publication 1999/20, 1999.

William Henry Scott, *Barangay: Sixteenth-Century Philippine Culture and Society*, Quezon City: Ateneo de Manila University Press, 1994.

William Henry Scott, *History on the Cordillera: Collected Writings on Mountain Province History*, Baguio City: Baguio Printing & Publishing, 1975.

Yoshiko Nagano ed., *Philippine historiography and Colonial discourse,* Tokyo:Mekong Publishing Co., 2004.

Yoshiko Nagano, *State and Finance in the Philippines, 1898-1941: The Mismanagement of an American Colony,* Singapore: NUS Press, 2015.

4. 中文著作

〔英〕D.G.E. 霍尔:《东南亚史》, 中山大学东南亚历史研究所译, 商务印书馆, 1982。

〔美〕埃莉诺·奥斯特罗姆:《公共事务的管理之道: 集体行动制度的演进》, 余逊达、陈旭东译, 上海译文出版社, 2012。

〔法〕爱弥儿·涂尔干:《宗教生活的基本形式》, 渠敬东、汲喆译, 商务印书馆, 2016。

〔澳〕安东尼·瑞德:《东南亚的贸易时代: 1450—1680 年》, 吴小安、孙来臣译, 商务印书馆, 2010。

包茂红:《森林与发展: 菲律宾森林滥伐研究 (1946—1995)》, 中国环境科学出版社, 2008。

〔美〕本尼迪克特·安德森:《比较的幽灵: 民族主义、东南亚与世界》,

甘会斌译，译林出版社，2012。

陈衍德:《现代中的传统:菲律宾华人社会研究》，厦门大学出版社，
　　1998。

〔美〕大卫·利连索尔:《民主与大坝:美国田纳西河流域管理局实录》，
　　徐仲航译，上海社会科学院出版社，2016。

〔美〕多萝西·罗斯:《美国社会科学的起源》，王楠等译，生活·读
　　书·新知三联书店，2019。

〔葡〕多默·皮雷士:《东方志:从红海到中国》，何高济译，江苏教育
　　出版社，2005。

〔菲〕格雷戈里奥·F. 赛迪:《菲律宾革命》，林启森译，李永锡校订，
　　广东人民出版社，1979。

〔菲〕格雷戈里奥·F. 赛义德:《菲律宾共和国:历史、政府与文明》，
　　吴世昌译，商务印书馆，1979。

广东省第一汽车制配厂工人理论小组，中山大学历史系东南亚历史研究
　　室编著《菲律宾史稿》，商务印书馆，1977。

广东省第一汽车制配厂工人理论组，中山大学历史系七三届工农兵学
　　员，中山大学历史系东南亚历史研究室合编《菲律宾简史》，商务印
　　书馆，1977。

〔菲〕何塞·黎萨尔:《不许犯我》，陈尧光、柏群译，人民文学出版社，
　　1977。

〔菲〕何塞·黎萨尔:《起义者》，柏群译，人民文学出版社，1977。

黄滋生、何思兵:《菲律宾华侨史》，广东高等教育出版社，1987。

贾晋珠:《谋利而印:11 至 17 世纪福建建阳的商业出版者》，邱葵、邹
　　秀英、刘倩等译，福建人民出版社，2019。

金应熙主编《菲律宾史》，河南大学出版社，1990。

〔英〕雷蒙德·卡尔:《不可能的帝国——西班牙史》，潘诚译，东方出
　　版中心，2019。

李长传编译《菲律宾史》，1936。

〔法〕列维-斯特劳斯:《结构人类学》，中国人民大学出版社，2009。

〔美〕米尔顿·弗里德曼、〔美〕安娜·施瓦茨:《美国货币史：1867——
　　1960》，巴曙松、王劲松等译，北京大学出版社，2009。

〔新〕尼古拉斯·塔林主编:《剑桥东南亚史》第一卷，贺圣达等译，云
　　南人民出版社，2003。

〔英〕普拉提克·查克拉巴提:《医疗与帝国：从全球史看现代医学的诞
　　生》，李尚仁译，社会科学文献出版社，2019。

〔美〕乔纳森·休斯、〔美〕路易斯·凯恩:《美国经济史》(第8版)，
　　杨宇光等译，上海人民出版社，2013。

施雪芹:《菲律宾天主教研究：天主教在菲律宾的殖民扩张与文化调适
　　(1565——1898)》，厦门大学出版社，2007。

〔美〕唐纳德·沃斯特:《帝国之河：水、干旱与美国西部的成长》，侯
　　深译，译林出版社，2018。

〔美〕唐纳德·沃斯特:《在西部的天空下：美国西部的自然与历史》，
　　青山译，商务出版社，2014。

〔法〕涂尔干:《乱伦禁忌及其起源》，汲喆等译，上海人民出版社，2006。

王海刚:《明代书页广告研究》，岳麓书社，2011。

王明珂:《羌在汉藏之间：川西羌族的历史人类学研究》，中华书局，
　　2008。

〔德〕韦伯:《宗教社会学》，康乐、简惠美译，广西师范大学出版社，
　　2005。

吴飞:《浮生取义》，中国人民大学出版社，2009。

吴飞:《人伦的"解体"》，生活·读书·新知三联书店，2017。

〔美〕肖恩·威廉·米勒:《被入侵的天堂——拉丁美洲环境史》，谷蕾、
　　李小燕译，江苏人民出版社，2022。

〔美〕亚历山大·格申克龙:《经济落后的历史透视》，张凤林译，商务
　　印书馆，2012。

赵振祥、陈华岳、侯培水等著《菲律宾华文报史稿》，世界知识出版社，

2006。

中国第一历史档案馆编《清代中国与东南亚各国关系档案史料汇编》第
　二卷《菲律宾卷》，国际文化出版公司，2004。

中山大学东南亚历史研究所编《中国古籍中有关菲律宾资料汇编》，中
　华书局，1980。

周东华:《战后菲律宾现代化进程中的威权主义起源研究》，人民出版
　社，2010。

庄国土、陈华岳主编《菲律宾华人通史》，厦门大学出版社，2012。

三　学术论文

1. 英文论文

Albert W. Herre, "Outlook for Philippine Fisheries," *Far Eastern Survey*, Vol.
　17, No. 23, 1948. Flor Lacanilao, "State of Philippine Coastal Fisheries,"
　SEAFDEC Asian Aquaculture, Vol. 20, No. 6, 1998.

Albert W. Herre, "The Fisheries of Lake Taal (Bombon), Luzon, and Lake
　Naujan, Mindoro," *The Philippine Journal of Science*, Vol. 34, No. 3, 1927.

Alexander Spoehr, "Change in Philippine Capture Fisheries: An Historical
　Overview," *Philippine Quarterly of Culture and Society*, Vol. 12, No. 1, 1984.

Alfred W. McCoy, *Ylo-ilo: Factional conflict in a colonial economy, Iloilo Province,
　Philippines, 1937-1955*, Ph.D. diss., Yale University, 1977.

Alvin Seale, "The Fishery Resources of the Philippine Islands, Part I,
　Commercial Fishes," *The Philippine Journal of Science*, Vol. 3, No. 6, 1908.

Barton Evermann and Alvin Seale, "Fishes of the Philippine Islands," *Bulletin
　of the Bureau of Fisheries*, No. 607, 1907.

Bruce Cruikshank, "Silver in the Provinces: A Critique of the Classic View of
　Philippine Economic History in the Seventeenth and Eighteenth Centuries,"
　Philippine Quarterly of Culture and Society, Vol.36, No.3, 2008.

C. J–H. MacDonald, "Folk Catholicism and Pre–Spanish Religions in the Philippines," *Philippine Studies*, Vol.52, No. 1, 2004.

Carl C. Plehn, "Taxation in the Philippines. II," *Political Science Quarterly*, Vol.17, No.1, 1902.

Charles R. Boxer, "A Late Sixteenth Century Manila MS," *Journal of the Royal Asiatic Society*, Vol. 82, No. 1–2, 1950.

D. De la Cruz, "Coincidence and Consequence: Marianism and the Mass Media in the Global Philippines," *Cultural Anthropology*, Vol. 24, No. 3, 2009.

Daniel Burton–Rose, *Integrating Inner Alchemy into Late Ming Cultural History A Contextualization and Annotated Translation of Principles of the Innate Disposition and the Lifespan (Xingming guizhi) (1615)*, PhD diss., University of Colorado at Boulder, 2009.

Daniel Pauly et al., "Fishing Down Marine Food Webs," *Science*, Vol. 279, No. 5352,1998.

Daniel Pauly, "Anecdotes and the Shifting Baseline Syndrome of Fisheries," *Trends in Ecology & Evolution*, Vol. 10, No. 10, 1995.

Deogracias. V. Villadolid, "The Fisheries of Lake Taal, Pansipit River, and Balayan Bay, Batangas Province, Luzon," *The Philippine Journal of Science*, Vol. 63, No. 2, 1937.

Ediberto C. De Jesus, *Tobacco Monopoly in the Philippines, 1782-1882*, Ph.D.diss., Yale University, 1973.

F. V. Aguilar Jr., "The Pacto de Sangre in the Late Nineteenth–century Nationalist Emplotment of Filomeno Aguilar Jr." "The Pacto De Sangre in the Late Nineteenth–Century Nationalist Emplotment of Philippine History", *Philippine Studies*, No, 1/2, 2010.

Floro Quibuyen, "Rizal and Filipino nationalism: Critical issues," *Philippine Studies*, Vol.50, No.2, 2002.

Floro Quibuyen, "Rizal and the revolution," *Philippine Studies*, Vol.45, No.2,

1997.

Geronimo Silvestre and Daniel Pauly, "Estimates of Yield and Economic Rent from Philippine Demersal Stocks (1946−1984) Using Vessel Horsepower as an Index of Fishing Effort," *University of the Philippines in the Visayas Fisheries Journal*, Vol. 1 No. 2, 1985; Vol. 2, No. 1−2, 1986; Vol. 3, No. 1−2, 1987.

Gliceria M. Tuazon and Milagros Ancheta, "Effects of Mine Tailings on the Fishery Resources of Calancan Bay," *The Philippine Journal of Fisheries*, Vol. 21, No. 1, 1990.

Henry Parker Willis, "Philippine National Bank," *Bankers Magazine*, Vol. 95, No. 2. 1917.

Henry Parker Willis, "The Philippine National Bank," *Journal of Political Economy*, Vol. 25, No. 5. *History*, Vol.5, No.1, 1999.

Janne Dalby and Thomas Kirk Sorensen, *Coral Reef Resource Management in the Philippines − With Focus on Marine Protected Areas as a Management Tool*, MS Thesis, University of Copenhagen, 2002.

John A. Larkin, "Philippine History Reconsidered: A Socioeconomic Perspective," *The American Historical Review*, Vol.87, No.3, 1982.

John A. Larkin, "The place of Local History in Philippine Historiography," *Journal of Southeast Asian History*, Vol.8, No.2, 1967.

John N. Crossley and Regalado Trota Jose. "The University of Santo Tomas Hours: Surprising Discovery of A Treasure," *Philippiniana Sacra,* Vol.46, No. 138, 2011.

John N. Crossley, "One Man's Library, Manila, ca. 1611: A First Look," *Script & Print*, Vol.30, No. 4, 2006.

John N. Schumacher, "Rizal and Filipino nationalism: A New approach," *Philippine Studies*, Vol.48, No.4, 2000.

Jonathan A. Anticamara, and Kevin T. B. Go, "Spatio−temporal Declines in Philippine Fisheries Jonathan Fast and Luzviminda Francisco," "Philippine historiography and the de-mystification of imperialism: A review essay," *Journal of Contemporary Asia*, Vol.4, No.3, 1974.

Jose S. Arcilla, "Jesuit historians of the Philippines," *Philippine Studies*, Vol.44, No.3, 1996.

Karl J. Pelzer, "The Spanish Tobacco Monopoly in the Philippines, 1782-1883 and the Dutch Forced Cultivation System in Indonesia, 1834-1870," *Archipel*, Vol. 8, 1974.

Katharine Bjork, "The Link That Kept the Philippines Spanish: Mexican Merchant Interests and the Manila Trade, 1571-1815," *Journal of World History*, Vol.9, No.1, 1998.

Lisandro E. Claudio, "Postcolonial fissues and the contingent nation: An antinationalist critique of Philippine historiography," *Philippine Studies*, Vol.61, No.1, 2013.

Maria Lourdes Diaz-Trechuelo, "The Economic Development of the Philippines in the Second Half of the Eighteenth Century," *Philippine Studies*, Vol.11, No.2, 1963.

Mary Beth Winn, "Printing and Reading the Book of Hours: Lessons from the Borders," *Bulletin of the John Rylands Library*, Vol.81, No. 3, 1999.

Matthew Hill, *Intercolonial Currents: Printing Press and Book Circulation in the Spanish Philippines, 1571-1821,* PhD diss., The University of Texas at Austin, 2015.

Matthew Hill, "The Book Trade in the Colonial Philippines," *Book History*, Vol.20, No. 1, 2017.

Mercedes G. Planta, *Prerequisites to a Civilized Life: The American Colonial Public Health System in the Philippines, 1901 to 1927*, A Dissertation Submitted for The Degree of Doctor of Philosophy, Department of History, National University of Singapore, 2008.

Onofre D. Corpuz, "Land and Agriculture in the Philippines: An Economic History Perspective," *Philippine Review of Economics and Business*, Vol.29, No. 2,

Dec 1992.

P. Alcedo, *Traveling Performance: An Ethnography of a Philippine Religious Festival.* PhD diss., University of California, Riverside, 2003.

Paul A. Rodell, "Image versus reality: A colonialist history," *Philippine Studies*, Vol.37, No.4, 1989.

Paul Dalzell et al., "The Characteristics of Philippine Small Pelagic Fisheries and Options for Management," *The Philippine Journal of Fisheries*, Vol. 22, 1991.

Paula De Vos, "An Herbal El Dorado: the Quest for Botanical Wealth in the Spanish Empire," *Endeavour*, Vol.27, No.3, September 2003.

Peter J. Rubec, "The Need for Conservation and Management of Philippine Coral Reefs," *Environmental Biology of Fishes*, Vol. 23, No. 1–2, 1988.

Porfirio R. Manacop, "Commercial Trawling in the Philippines," *The Philippine Journal of Fisheries*, Vol. 3, No. 2, 1955.

Porfirio R. Manacop, "The Future of the Trawling Industry in the Philippines," *Bulletin of the Fisheries Society of the Philippines*, Vol. 1, 1950.

Porfirio R. Manacop, "The Sexual Maturity of Some Commercial Fishes Caught in Manila Bay," *The Philippine Journal of Science*, Vol. 59, No. 3, 1936.

Portia Reyes, *Pantayong Pananaw and Bagong Kasaysayan in the new Filipino Historiography: A History of Filipino Historiography as an History of Ideas,* Dissertation to Universitaet Bremen, 2002.

Priscilla Caces–Borja, "On the Ability of Otter Trawls to Catch Pelagic Fish in Manila Bay," The R. Wendt, "Philippine Fiesta and Colonial Culture," *Philippine Studies,* Vol.46, No. 1, 1998.

Ramon Guillermo, "Exposition, Critique and New Directions for Pantayong Pananaw," *Kyoto Review of Southeast Asia*, Issue 2, 2003.

Reynaldo C. Ileto, "Orientalism and the study of Philippine politics," *Philippine Political Science Journal*, Vol.22, No.45, 2001.

Reynaldo C. Ileto, "Reflections on Agoncillos 'The Revolt of the masses' and the politics of history," *Journal of Southeast Asian Studies*, Vol.49, No.3, 2011.

Richard Hooley, "American Economic Policy in the Philippines, 1902−1940: Exploring a Dark Age in Colonial Statistics," *Journal of Asian Economics*, No. 16, 2005.

Robert M. Zingg, "American Plants in Philippine Ethnobotany," *The Philippine Journal of Science*, Vol.54, No.2, June, 1934.

Russell K. Skowronek, "End of the Empire: The Spanish Philippines and Puerto Rico in the Nineteenth Century," *Itinerario*, Vol.21, No. 2, 1997.

Russell K. Skowronek, "The Spanish Philippines: Archaeological Perspectives on Colonial Economics and Society," *International Journal of Historical Archaeology*, Vol.2, No.1, March 1998.

Theodore Roosevelt, "Land Problems in Puerto Rico and the Philippine Islands," *Geographical Review*, Vol. 24, No. 2, 1934.

Vicente L. Rafael, "The contingencies of area studies in the United States," *Philippine Studies*, Vol.51, No.2, 2003.

Warwick Anderson, "Science in the Philippines," *Philippine Studies,* Vol. 55, No. 3, 2007.

Westremundo M. Rosario et al., "Oyster Depuration: One Answer to Polluted Estuaries," *ICLARM Newsletter*, Vol. 5, No. 3, 1982.

William Henry Scott, "The Word Igorot," *Philippine Studies*, Vol.10, No.2, april 1962.

William Lytle Schurz, "The Spanish Lake," *Hispanic American Historical Review*, Vol.5, No.2, 1922.

2. 西班牙语论文

Gregorio Nieva, "Nuestras Mayores Facilidades Bancarias Hoy," *The Philippine Review*, Vol. 3, No. 1 and 2. 1918.

José Cosano Moyano, "Notas a la Fiscalidad Filipina durante el Gobierno de Don José de Basco y Vargas (1778−1787)," *Boletín de la Real Academia de Córdoba de Ciencias, Bellas Letras y Nobles Artes*, Vol.104, 1983.

Miguel Ángel Medina, Paralelismo entre la 'doctrina christiana en lengua española y mexicana'y la 'doctrina en lengua china' (México 1548−Manila 1593), Navarra, Spain: Servicio de Publicaciones de la Universidad de Navarra, 1990.

Santiago de Luxán Meléndez, "El Proceso de Construcción del Estanco Imperial Hispánico 1620−1786. Las Reformas Borbónicas del Siglo XVIII," *Anuario de Estudios Atlánticos*, Vol.AEA, núm.65, 2019.

Serafín Becerra Martín and David Cuevas Góngora, "El Rondeño Don José Vasco y Vargas un Militar Ilustrado en la Segunda Mitad del Siglo XVIII," *Takurauna*, No.2,2012.

3. 中文论文

霍然:《神圣与世俗的跨越——从马尼拉黑耶稣节看菲律宾民间天主教节日》,《世界宗教文化》2015 年第 2 期。

李猛:《论抽象社会》,《社会学研究》1999 年第 1 期。

李毓中:《菲律宾国家档案馆及其馆藏史料》,《东南亚区域研究通讯》1998 年第 4 期。

李毓中:《西班牙塞维亚印度总档案馆所藏有关菲律宾史料的概况与目录》,《东南亚区域研究通讯》1999 年第 8 期。

林叶:《"废墟"上的栖居——拆迁遗留地带的测度与空间生产》,《社会学评论》2020 年第 4 期。

戚志芬:《中菲交往与中国印刷术传入菲律宾》,《文献》1988 年第 4 期。

许瀚艺:《布洛卡影像中的"新社会"批判》,《读书》2020 年第 5 期。

张西平:《菲律宾早期的中文刻本再研究》,《南洋问题研究》2010 年第 3 期。

图书在版编目（CIP）数据

菲律宾史新论 / 包茂红主编 .-- 北京：社会科学
文献出版社，2025.5.--（北京大学海上丝路与区域历
史研究丛书）.--ISBN 978-7-5228-5046-7

Ⅰ.K341

中国国家版本馆 CIP 数据核字第 2025UK2439 号

·北京大学海上丝路与区域历史研究丛书·

菲律宾史新论

主　　编 / 包茂红

出 版 人 / 冀祥德
责任编辑 / 白纪洋
责任印制 / 岳　阳

出　　版 / 社会科学文献出版社·历史学分社（010）59367256
　　　　　　地址：北京市北三环中路甲29号院华龙大厦　邮编：100029
　　　　　　网址：www.ssap.com.cn
发　　行 / 社会科学文献出版社（010）59367028
印　　装 / 北京联兴盛业印刷股份有限公司

规　　格 / 开本：787mm×1092mm　1/16
　　　　　　印张：18.5　字数：263千字
版　　次 / 2025年5月第1版　2025年5月第1次印刷
书　　号 / ISBN 978-7-5228-5046-7
定　　价 / 98.00元

读者服务电话：4008918866
▲ 版权所有 翻印必究